CATALOGUE

DES

TRAVAUX PERSONNELS, DOSSIERS GÉNÉALOGIQUES, AUTOGRAPHES

PIÈCES DIVERSES

ET

BIBLIOTHÈQUE

DE

MADAME LA COMTESSE DE RAYMOND

LÉGUÉS EN MAJEURE PARTIE

AUX ARCHIVES DÉPARTEMENTALES DE LOT-ET-GARONNE

OÙ ILS FORMENT

LE FONDS DE RAYMOND

PAR

G. THOLIN

ARCHIVISTE DÉPARTEMENTAL

AGEN

IMPRIMERIE ET LITHOGRAPHIE Vᵉ LAMY

1889

Héliogr. et Imp A Durand Paris

*A Monsieur Léopold Delisle
hommage respectueux
G. Tholin*

CATALOGUE

DU

FONDS DE RAYMOND

CATALOGUE

DES

TRAVAUX PERSONNELS, DOSSIERS GÉNÉALOGIQUES, AUTOGRAPHES,

PIÈCES DIVERSES

ET

BIBLIOTHÈQUE

DE

MADAME LA COMTESSE DE RAYMOND

LÉGUÉS EN MAJEURE PARTIE

AUX ARCHIVES DÉPARTEMENTALES DE LOT-ET-GARONNE

OU ILS FORMENT

LE FONDS DE RAYMOND

PAR

G. THOLIN

ARCHIVISTE DÉPARTEMENTAL.

AGEN

IMPRIMERIE ET LITHOGRAPHIE Vᵉ LAMY

1889

EXTRAIT

DU TESTAMENT DE MADEMOISELLE MARIE-FRANÇOISE-HENRIETTE DE RAYMOND, CHANOINESSE DE L'ORDRE DE SAINTE-ANNE DE MUNICH, DEMEURANT A AGEN, DÉPOSÉ AUX MINUTES DE Me BOTHIAN, NOTAIRE A AGEN.

Je donne et lègue aux Archives départementales de Lot-et-Garonne tous mes manuscrits généalogiques sur les familles de l'Agenais et autres que j'ai dressés, mes registres de documents en liasses que j'ai réunis, la table en chêne blanc qui est dans ma chambre, la grande chaise à mes armes et l'encrier en porcelaine de Sèvres, aussi à mes armes, qui sont dans mon cabinet et qui m'ont servi pendant tout le temps de mes travaux.

Plus, toute ma bibliothèque nobiliaire et héraldique, collection de mémoires sur de vieux procès et collection de lettres de faire part, plans, cartes et gravures d'anciens monuments d'Agen et ma collection d'autographes.

Je donne également aux dites Archives ma bibliothèque historique ou littéraire, en exceptant toutefois quelques volumes que je désignerai.

Je fais ce legs aux dites Archives aux conditions suivantes :

C'est qu'il sera formé un fonds qui sera dit : « Fonds de Raymond; » que rien n'en sera distrait, même les ouvrages qui feront double avec ceux qui sont aux dites Archives ; que le tout sera catalogué à part et dont le catalogue sera fait par l'Archiviste et sera imprimé à trois cents exemplaires aux frais de ma succession et dans l'année qui suivra mon décès, et qui sera mis en vente et assez répandu pour que les travailleurs de près ou de loin puissent travailler d'après mes livres ou d'après moi.

Ce legs ne sera délivré aux dites Archives qu'après l'impression du catalogue, et je veux en outre qu'il lui soit affecté une pièce particulière pour que tout y soit réuni.

Je n'ai jamais rien fait imprimer ; je n'autorise l'impression que de passages de généalogies qu'on pourra m'emprunter.

Je donne en outre auxdites Archives les bois de bibliothèques ouvertes qui contiennent mes livres et une somme de deux mille francs en argent destinée à l'installation de ce fonds et à poser des châssis vitrés ou des grilles pour préserver les livres ....

Je donne et lègue à mon neveu Pierre de Secondat de Montesquieu, fils du baron Charles de Montesquieu, le priant de leur donner asile dans ses archives de famille, tous mes papiers de famille, qui sont classés en ordre dans des portefeuilles, et un dossier considérable sur diverses familles du nom de Raymond, ceux des Ducause de Nazelles et de Pinteville, qui sont dans la grande armoire de l'antichambre de ma chambre.

Je lui donne et lègue, en outre, tous mes souvenirs de

famille et quelques livres, dont le catalogue joint à mon testament contiendra l'énumération.

Tous ces legs, sans aucune exception, demeureront grevés d'un usufruit au profit de mon héritière générale et universelle avec dispense absolue d'inventaire et de caution. Je la prie toutefois de laisser l'Archiviste du département prendre connaissance sans déplacement des livres ou papiers dont il aura besoin pour lui ou pour les autres.

Fait à Agen, le 22 septembre 1885.

CODICILE

DE MADAME LA COMTESSE DE RAYMOND, FAISANT SUITE A SON TESTAMENT DU 12 OCTOBRE 1885.

Par codicille de ce jour je donne et lègue à Pierre de Montesquieu, déjà nommé dans mon testament du 22 septembre 1885, les ouvrages suivants :

En général tout volume, grand ou petit format, soit en reliure pleine, soit en demi reliure, frappé à mes armes ou à celles des Bastard, et quelques autres volumes en reliure pleine, sans armes, reliés par Brany, Trautz-Bauzonnet, Capé, Petit.

Tous les ouvrages en papier de Hollande, grands ou petits formats, et les ouvrages portant mon nom.

S'il a de son père les tirages de la Société de la Gironde, *il laissera, s'il le veut, la même collection tirée à mon nom aux* Archives, *et aussi un exemplaire relié en brun, à mes armes, de l'étude de Tamizey de Larroque sur* Florimond de Raymond.

J'ajoute à ces volumes :

1º *Une vieille édition de* Michel Montaigne, *reliée en parchemin, qui est bonne mais qui est incomplète de quelques pages;*

2º *Un* Vertot, *en 4 volumes in-4;*

3º *L'*Académie des Sciences et des Arts *d'Isaac Bullart, ouvrage assez rare, qui contient le portrait de Florimond de Raymond;*

4º *La grande édition d'*Alfred de Musset ;

5º *Les 7 volumes du* Bibliophile Français ;

6º Le Moyen âge et la Renaissance, 5 *volumes en mon nom;*

7º Viollet-le-Duc, *grand papier, qui ne porte qu'en partie les armes des Bastard;*

8º *Les deux éditions publiées par Hachette des* Mémoires de Saint-Simon. *Elles ne seront pas achevées quand je mourrai. Je demande audit Pierre de les continuer, puisque j'en ai pris l'engagement;*

9º *Quelques petits volumes publiés par* Aubry, *et dont quelques-uns sont reliés en parchemin. La reliure des* Dépenses de Marguerite d'Angoulême *a été spécialement faite pour moi.*

Le nobiliaire de Saint-Allais, *reliure pleine en rouge et* la table manuscrite que j'ai faite sur tous les noms de cet ouvrage et qui est probablement la seule qui en ait jamais été faite.

Si, suivant mon intention, je n'ai pas acheté la seconde édition, qui est fort bon marché, je demande Pierre d'en donner un exemplaire aux Archives. Cet ouvrage manquerait trop à ma collection de livres nobiliaires.

10° Un manuscrit entièrement écrit de ma main, relié en veau, que j'ai intitulé La Famille de Raymond, que j'ai commencé en sèche généalogie et fini à l'aide des lettres et mémoires de famille.

Mais, comme je veux que le souvenir de mes livres reste complet, lorsque l'on fera l'inventaire de la Bibliothèque pour les Archives, comme je le demande par mon testament, tous ceux que je donne et lègue à Pierre de Montesquieu, seront catalogués avec ceux que je donne aux Archives avec cette mention : donné à P. de M., sauf à la première mention qui portera Pierre de Montesquieu, en entier.

MADAME LA COMTESSE MARIE DE RAYMOND

PAR

Philippe TAMIZEY de LARROQUE (¹)

De douloureuses circonstances ne m'ont pas permis de remplir un des devoirs les plus sacrés que l'amitié nous impose : retenu auprès de mon fils très gravement malade et dont la vie, à ce moment, était même en danger, je n'ai pas eu la consolation d'aller prier auprès du cercueil d'une femme que j'aimais comme une sœur et qui, j'ose le dire, m'aimait comme un frère. L'hommage qu'il m'a été impossible d'apporter, le jour de ses funérailles, à la comtesse Marie-Françoise-Henriette de Raymond, chanoinesse du Chapitre de Sainte-Anne de Munich, je voudrais le lui rendre ici, et la place est bien choisie, car la *Revue de Gascogne* était une de ses lectures favorites, et cent fois elle m'a parlé de notre recueil avec une estime et une sympathie dont je tiens à transmettre l'expression à tous mes chers collaborateurs.

Ce n'est pas un éloge solennel que je veux écrire ; je louerai la femme d'élite que nous venons de perdre, comme elle aurait voulu être louée : avec simplicité, avec abandon, dédaignant les effets oratoires et préférant aux exagérations d'un panégyrique la sincérité, la familiarité d'une cordiale causerie.

Je dirai d'abord comment je devins l'ami, le grand ami de la comtesse Marie de Raymond, il y a de cela bien près d'un

---

(1) Extrait de la *Revue de Gascogne*. Mai 1886. Tiré à part à 100 exemplaires.

quart de siècle. C'était l'époque où la plus aimable des chanoinesses, qui longtemps se contenta de beaucoup lire, commençait à beaucoup travailler; l'époque caractérisée, pour tous les habitués de son hospitalière maison, par la transformation en un cabinet d'étude de sa *salle de billard*, les livres, comme un flot toujours montant, ayant peu à peu — les doux tyrans! — envahi toute la pièce. Madame de Raymond réunissait alors des notes sur les gentilshommes de l'Agenais qui, en 1789, avaient été admis à voter pour l'élection de l'ordre de la Noblesse aux Etats Généraux Quelques renseignements lui manquaient : ma chère cousine, Madame de Pérès, lui dit que j'étais un vaillant chercheur et qu'elle ferait bien de s'adresser à moi. Madame de Raymond suivit le conseil de son amie. Je fus assez heureux pour justifier la confiance dont j'avais été honoré. La *bonne comtesse* accueillit ma communication avec cette parfaite bonne grâce qui fut toujours une de ses plus attrayantes qualités ; elle me demanda d'autres renseignements, que naturellement je m'empressai de lui fournir. Ainsi s'établit entre nous une correspondance qui devait durer tout le reste de sa vie et qui a été tellement active que, le dernier jour où j'ai eu la faveur de la voir, elle a pu me dire en riant : *Savez-vous bien que je possède plus de trois mille lettres de vous ?* Ce nombre effrayant s'explique très bien : Madame de Raymond et moi nous avons toujours été, depuis vingt-cinq ans, d'infatigables travailleurs, et pour l'un comme pour l'autre pas un jour ne s'est passé sans être embelli par quelque recherche. Quand l'un de nous, étudiant une page d'histoire et particulièrement une page d'histoire gasconne, ne trouvait pas tout ce qu'il aurait voulu trouver, il interrogeait *son camarade* ; la réponse n'était pas toujours satisfaisante; on cherchait encore de part et d'autre, on échangeait des conjectures, des textes; on discutait le tout et, après s'être mis d'accord, on attaquait une autre question avec une nouvelle ardeur. C'étaient de continuels recommencements, et la navette entre Agen et Gontaud ne s'arrêtait pas, pour ainsi dire. Joignez à ces incessantes incursions dans le passé mille sujets de causerie contemporains, un livre nouveau, un article de revue, une anecdote littéraire ou mondaine, la capture d'un autographe, car, à tous nos autres traits d'union s'ajoutait celui-là : nous étions de fervents collectionneurs l'un et l'autre, et le vainqueur ne manquait jamais d'annoncer à son rival le moindre accroissement de butin.

Ce qui, pendant longtemps, alimenta le plus notre correspondance, ce fut Florimond de Raymond. Madame Marie (je demande la permission de l'appeler ici comme nous l'appelions d'habitude) avait un culte pour tous ses aïeux et un culte particulier pour l'érudit et l'écrivain qui a été la principale gloire de sa famille. De mon côté, j'avais été très vivement attiré vers le docte autant qu'original conseiller au Parlement de Bordeaux, et des mille et un *lièvres* poursuivis dans ma vie de chasseur littéraire, c'est assurément un de ceux que j'ai eu le plus de plaisir à prendre. Mais avant de le prendre, que de difficultés ! Les biographes n'avaient presque rien dit du célèbre magistrat, et le peu qu'il avaient dit ne valait pas grand'chose. Il fallait tout retrouver, tout reconstituer C'était un labeur immense. Avec quel enthousiasme nous l'accomplîmes ! Et combien l'arrière petite-nièce du bouillant polémiste — l'ardeur généreuse de son sang se retrouvait dans les veines de mon amie — m'encourageait et m'aidait ! Que de lettres remplies de toutes les émotions que donnent l'espérance, la crainte, la déception, le succès ! Je me suis souvent demandé s'il n'y a rien de plus doux, dans l'existence d'un chercheur, qu'une collaboration comme celle-là.

Ce que nous avions fait avec tant de flamme pour notre cher et grand ressuscité, Florimond de Raymond, nous le fîmes aussi pour divers autres personnages, tantôt pour des Agenaises plus fameuses par leur beauté que par leur vertu, comme Anne de Maurès (1) et Madame d'Hallot, tantôt pour des compatriotes

---

(1) Après avoir publié dans le *Cabinet historique*, une notice sur Mlle de Maurès (1874) et dans la *Revue de l'Agenais*, l'inventaire des meubles de la pécheresse (1878), j'eus la bonne fortune, en compagnie de mon excel-

comme Claude Sarrau, le maréchal d'Estrades, l'abbé Jean-Jacques Boileau, Balthazar de Toiras, seigneur de Cauzac. Mais, en dehors des travaux publiés, que de travaux où reparaît notre fraternelle association et dans lesquels Madame de Raymond apportait surtout le résultat de ses recherches au fond des recueils généalogiques et des dossiers de vieux papiers des vieilles familles, tandis que je me chargeais du dépouillement des livres et documents historiques! Parmi les manuscrits du fonds qui doit à jamais porter le glorieux nom de *fonds de Raymond*, un des plus importants est consacré aux *Capitaines gascons mentionnés dans les Commentaires de Blaise de Monluc*. Pendant des années entières mon amie et moi nous avons cherché un peu partout des indications relatives à tous ces nobles guerriers. Aux *notes* dont ils ont été l'objet de la part du savant éditeur des *Commentaires*, le baron Alphonse de Ruble, il s'agissait de substituer des *notices* étendues, où non seulement leur vie entière serait retracée, mais où encore auraient été racontées les destinées de leurs aïeux et de leurs descendants. C'était trop difficile et trop vaste pour être jamais achevé. Madame de Raymond s'en occupait encore, il y a quelques semaines, et il en est question dans une des dernières lettres que j'ai eu l'honneur de recevoir d'elle. Je crois bien que de tous ses recueils, qui représentent des milliers de journées d'un travail opiniâtre et que l'on n'aurait jamais attendu d'une femme du monde, c'était celui qui lui était le plus précieux, en exceptant toutefois les recueils qui concernaient sa famille, et que, dans l'ardeur d'une piété filiale qui montait jusqu'à la passion, elle mettait au-dessus de tout.

---

lent ami, M. Adolphe Magen, de retrouver dans une des salles du musée de Carpentras une médaille à l'effigie de *l'amie du duc d'Epernon*. J'adressai aussitôt à Madame de Raymond ce triomphant télégramme qui devait lui aller au cœur : *Avons découvert portrait de Nanon. Vous en aurez une photographie.* M. Magen raconte le plus agréablement du monde l'incident de cette trouvaille dans ses impressions d'un voyage dans le Comtat-Venaissin, encore inédites en partie, mais dont la publication complète est prochaine.

Ces détails sur notre intimité montrent combien j'ai le droit de louer une femme que j'ai pu parfaitement connaître, parfaitement apprécier. On a déjà dit d'elle beaucoup de bien (1); on n'en dira jamais assez. Elle possédait la plus haute intelligence et le plus noble cœur; ce qui rehaussait encore toutes ses grandes qualités, c'était une modestie, une simplicité dont le charme était toujours nouveau. Elle cherchait à voiler son mérite avec autant de soin que d'autres se complaisent à l'étaler. De même qu'elle cachait les abondantes aumônes qu'elle répandait continuellement dans la main des pauvres, elle aurait voulu cacher ses beaux talents, ses profondes connaissances, en un mot tout ce qui constituait son éclatante supériorité et faisait d'elle la reine intellectuelle de toute la région. *Je ne suis pas une savante*, disait-elle souvent, *mais seulement une curieuse*. La vérité, c'est que personne au monde, même parmi les plus renommés spécialistes, ne savait aussi admirablement qu'elle l'histoire des vieilles familles de la France. Fécondant par une rare sagacité des lectures infinies, elle démêlait avec une dex-

---

(1) Sans parler des journaux de Paris, je mentionnerai les articles nécrologiques publiés, le lendemain de sa mort, le 25 avril, dans l'*Avenir de Lot-et-Garonne* et dans le *Journal de Lot-et-Garonne*. Le rédacteur en chef de ce dernier journal, M. Xavier de Lassalle, ami dévoué de Madame de Raymond, a déploré sa perte en termes touchants. Les divers journaux d'Agen ont reproduit, le 30 avril, une remarquable communication de M. Georges Tholin, archiviste du département de Lot-et-Garonne, annonçant avec toute l'émotion de la reconnaissance que Madame de Raymond, « après tant de services rendus pendant sa vie à ceux qui s'intéressent à l'histoire du pays, a voulu continuer son œuvre patriotique même après sa mort », et qu' « elle a légué aux Archives départementales les manuscrits composés par elle, une collection de documents et d'autographes et sa riche bibliothèque ». J'emprunte à la communication du savant Archiviste un passage qui signale une démonstration des érudits gascons bien flatteuse pour l'inspiratrice et la protectrice de tant de publications relatives à notre région : « La Société des Archives historiques de la Gascogne, fondée il y a deux ans, et qui a déjà publié de si excellents travaux, inaugurait ses séances, à Auch, par une acclamation à Madame de Raymond, membre fondateur ».

térité parfaite les écheveaux les plus embrouillés. Aidée de son excellente mémoire et surtout de son ferme bon sens — ce bon sens appelé si heureusement par Jasmin *l'aînat* de l'esprit, — elle était toujours en garde contre les erreurs où roulent si souvent les généalogistes de profession. C'était merveille de la voir retrouver — parfois en quelques instants — l'état civil d'un gentilhomme de tous inconnu, qu'il fût du siècle dernier, ou du siècle de Louis XIV, ou enfin de ce que nous nous amusions à appeler ensemble le *siècle de Monluc*. Dieu sait que de consultations lui étaient de toutes parts demandées ! Il en venait de toutes les provinces ; il en venait de Paris, il en venait de l'étranger. Son temps, sa peine, ce n'était rien pour elle : le plaisir d'obliger la dédommageait de toute fatigue. Elle donnait avec la même souriante facilité ses renseignements aux travailleurs dans l'embarras, et son argent aux personnes dans l'indigence, et, la voyant ainsi doublement et constamment généreuse, je la surnommais la providence des pauvres de tout genre.

Bonne pour tous, Madame Marie l'était au suprême degré pour ceux qu'elle aimait. Rarement on a poussé aussi loin qu'elle le dévouement de la parente et de l'amie. Fille modèle, elle a comblé de soins et de tendresses son père, sa mère ; elle a été comme une seconde mère pour sa sœur, Madame Gavini de Campile, si digne d'une telle affection, car elle est la grâce et l'amabilité personnifiées. Il était doux de voir Madame de Raymond auprès de ses amis. Ses beaux yeux avaient alors un tel rayonnement de joie, que tout autour d'elle semblait en être magiquement illuminé. Combien agréables étaient les réunions chez cette maîtresse de maison, qui était à la fois une si grande dame et une si avenante amie ! Combien son enjouement, son entrain, ses prévenances, complétaient heureusement, dans les déjeuners qu'elle nous offrait, le luxe splendide et les exquises délicatesses de sa table ! Quel durable souvenir garderont de ces charmantes fêtes ceux qu'elle appelait ses *amis littéraires*, et qu'elle aimait tant à grouper autour d'elle, le docteur Jules de Laffore, notre vénérable doyen, convive et érudit également consciencieux ; M. Philippe Lauzun, qui était le plus jeune de nous tous et que sa spirituelle vivacité faisait surnommer *Philippe-le-hardi* ; M. Adophe Magen, aussi petit mangeur qu'aimable causeur, et qui, comme nous le disions, négligeait les *mets fins* pous se rabattre sur les *mots fins* ; M. Gaston Séré qui, soit avocat, soit homme du monde, parle si bien, parle comme un livre, un de ces livres qu'il aime tant, et à qui je ne pardonnerai jamais, lui qui tourne à ravir les sonnets, de n'en avoir publié qu'un seul qui vaut, il est vrai, bien plus qu'un long poème ; M. Georges Tholin, encore un poète celui-là, un poète excellent doublé d'un éminent archéologue ; enfin le *Gontaudais*, heureux de se trouver en aussi parfaite compagnie et tenant tête, d'une part, à ceux qui montraient le plus de gaieté, et, d'autre part, à ceux qui montraient le plus d'appétit ! Tout le monde, ce jour là, avait une verve étincelante, mais personne n'en avait autant que Madame Marie. La verve était chez elle une qualité dominante ; c'était comme une de ces sources vives et jaillissantes qui jamais ne sont taries. La verve de sa parole se retrouve dans tout ce qu'elle a écrit et donne à tout une singulière saveur. Qu'il s'agisse de ses lettres intimes, de ses souvenirs de famille ou de ses souvenirs d'agenaise (1), sa prose rapide semble avoir des ailes ; il s'en dégage quelque chose de communicatif, d'entraînant, d'électrique ; certaines pages sont délicieuses.

Revenons à un sujet qui m'est cher entre tous, l'amitié de

---

(1) Madame de Raymond, l'été dernier, m'a confidentiellement donné lecture de ses doubles souvenirs. Ce fut pour moi un régal sur lequel la discrétion me défend d'insister. Mais je puis sans le moindre scrupule parler d'un autre manuscrit, dont mon amie m'a remis, quelques semaines avant sa mort, une copie faite par elle-même. Ce manuscrit, intitulé : *Comment je travaille*, est rempli de révélations et d'appréciations intéressantes. Ce fragment d'autobiographie ne mériterait que des éloges si la modestie excessive de l'auteur n'y faisait sa part trop petite et si sa non moins excessive bienveillance n'y faisait, au contraire, la part d'un de ses amis trop grande : c'est la mienne que je veux dire.

Madame de Raymond. Avant de terminer cette causerie, bien irrégulière, on le voit, et bien capricieuse, je tiens à rappeler deux ou trois faits qui montreront mieux que toutes les paroles combien cette amitié était généreuse et délicate.

Quand M. l'abbé de Carsalade du Pont et moi nous publiâmes les *Mémoires de Jean d'Antras de Samazan*, la dépense fut plus considérable que nous ne l'avions pensé. Mon cher collaborateur était alors un pauvre curé de campagne et moi j'étais un malheureux propriétaire déjà cruellement atteint par le phylloxéra. Madame Marie, ayant eu connaissance des difficultés de la situation, déclara gracieusement (oh ! l'adroit prétexte !) qu'elle aimait trop la Gascogne pour ne pas contribuer aux frais d'impression d'un ouvrage qui faisait tant d'honneur à cette province « pépinière de héros, » et avec un élan qui doublait le prix du bienfait, elle nous envoya une somme que nous accueillîmes comme les Hébreux à jeun durent accueillir les cailles grasses qui du ciel tombaient à leurs pieds.

Un peu plus tard, la bonne comtesse apprit que dans l'humble presbytère de Mont-d'Astarac, où avaient été réunis déjà, autour d'un magnifique chartrier, bien des volumes de grande valeur, manquait un ouvrage qui, précieux pour tous, est indispensable à un érudit s'occupant surtout d'histoire et de généalogie : je veux parler des *Mémoires du duc de Saint-Simon*. Aussitôt elle adresse des instructions à son libraire et, un beau jour, le secrétaire général de la Société de Gascogne eut la douce surprise de voir arriver les vingt volumes de la plus récente et de la meilleure des éditions alors connues (1). Ces

---

(1) Madame de Raymond n'obligea pas un ingrat, comme le témoigne le petit billet suivant, que je reçus le surlendemain de la mort de notre amie et où vibre ce que l'on a si bien nommé le cri du cœur : « Je suis écrasé, mon cher ami, par la triste nouvelle que j'apprends. Pauvre chère comtesse, comme nous l'aimions et comme elle nous aimait ! Quelle perte ! Quel vide au milieu de nous ! Notre fraternité est bien cruellement atteinte Je ne trouve dans mon cœur brisé aucune parole de consolation à vous adresser, tant j'ai besoin d'être consolé moi-même. Avez-vous pu aller rendre à cette chère dépouille les derniers devoirs de l'amitié ? Hélas ? j'ai été retenu ici par mon ministère. Adieu, cher ami. Je vous embrasse dans la douleur et dans les larmes. — *Jules de Carsalade Du Pont.* »

jeux de fée bienfaisante, Madame de Raymond les adorait, et je ne saurais dire combien de fois elle a spontanément comblé les vides de ma collection (1). Elle qui tenait tant à ses livres, elle qui était si passionnément bibliophile, elle accomplissait, quand il s'agissait de faire le bonheur d'un ami les plus héroïques sacrifices, et, dans l'entraînement de sa générosité, elle allait — phénomène inouï parmi les collectionneurs, chez qui s'épanouit presque toujours un luxuriant égoïsme ! — elle allait jusqu'à se séparer — non sans des déchirements de cœur que voilait un suave sourire — d'une pièce peu commune, parfois même d'une pièce unique, qui faisait l'orgueil de cette admirable volière où abondaient les oiseaux rares et précieux — au plus beau plumage, ajouterai-je, pour continuer ma métaphore et pour caractériser la plupart de ses volumes, ornés des plus élégantes, des plus parisiennes reliures.

Gravement souffrante depuis longtemps, Madame de Raymond se savait frappée à mort. Elle accepta d'un cœur résigné la pensée d'une fin prochaine, pensée qui jetait tout son entourage dans les plus cruelles anxiétés. Confiante en la bonté de Dieu, qui a dit ce mot où tout se résume : *Aimez-vous les uns les autres*, elle prit avec un mâle courage, avec une inaltérable sérénité toutes les dispositions suprêmes, qu'elle appelait les préparatifs du grand voyage. Ce fut d'une main ferme qu'elle

---

(1) Tout dernièrement encore, j'avais à peine témoigné le désir de lire un ouvrage nouveau, dont on disait quelque bien, que, refusant de me le prêter, elle mit sa joie à me le donner. Un jour, je m'en accuse, j'abusai de sa faiblesse pour ses amis et, à force d'instances, je lui arrachai — c'est le mot — un autographe auquel elle attachait beaucoup de prix, une lettre très curieuse de Madeleine Brohan. Que de fois, depuis ce jour, ne m'a-t-elle pas gaîment reproché mon demi-larcin, me traitant de *frère quêteur!* Je suis heureux de pouvoir dire que j'ai réparé mes torts d'une façon éclatante en remplaçant un peu plus tard, dans le portefeuille de Madame Marie, la lettre de la séduisante actrice, par la lettre d'une admirable reine, lettre adressée à une personne de ma famille et signée *Marie Amélie*.

écrivit son admirable testament, où se reflètent avec tant d'éloquence ses beaux et patriotiques sentiments (1). Elle expira le samedi saint, 24 avril, à sept heures du matin. Cet évènement, quoique prévu, consterna toute la ville d'Agen. Chacun pleurait la *bonne comtesse* et louait sa belle vie si tôt brisée, car on meurt prématurément à soixante ans quand on est tant aimé (2). Le lundi de Pâques, à dix heures du matin, les funérailles de Madame de Raymond furent l'occasion d'une manifestation émouvante : toute la population était là, frémissante de douleur et de sympathie, bénissant à plein cœur la mémoire de celle qui avait fait tant de bien, mémoire qui, protégée par la reconnaissance de toute une province et d'une série indéfinie de travailleurs, sera toujours florissante et honorée.

---

(1) J'espère que l'on imprimera ce testament en tête du catalogue du fonds de Raymond qui, selon une promesse de M. G. Tholin, « sera prochainement publié ». On sera surtout frappé, dans la lecture de ce testament, de la beauté d'une page consacrée à Blaise de Monluc, guerrier et écrivain, auquel Madame de Raymond désire qu'on érige une statue sur une des places publiques de la ville d'Agen. J'aime à croire que rien n'empêchera la réalisation d'un vœu auquel applaudira toute la Gascogne, si fière d'un de ses plus grands hommes de guerre et d'un de ses plus grands écrivains.

(2) Marie-Françoise-Henriette de Raymond était née à Agen le 28 juin 1825. Sur sa noble famille, où, depuis le XVI° siècle, le culte des lettres a été héréditaire, voir diverses pages du charmant petit volume publié sous ses auspices par M. G. Tholin sous ce titre : *Le livre de raison des Daurée d'Agen*, Agen, 1880, in-18. M. de Laffore a préparé avec un soin extrême une généalogie très étendue de la maison de Raymond, avec accompagnement de nombreuses et importantes pièces justificatives. J'ai vu dans le cabinet du savant généalogiste le manuscrit qui formerait un gros volume in-4°. Combien il serait désirable qu'un travail aussi considérable et auss bien fait ne restât pas inédit !

MADAME LA COMTESSE MARIE DE RAYMOND

PAR

MM. Ad. MAGEN et G. THOLIN [1]

Un grand vide vient de se faire à Agen, dans les rangs des personnes du monde, et, bien plus loin, dans tout le Sud Ouest, parmi les amateurs fervents, les zélateurs attitrés de l'histoire. Madame la comtesse Marie de Raymond, chanoinesse du chapitre de Sainte-Anne de Munich, est décédée le 24 avril, des suites d'une maladie qui avait duré à peine trois jours. Elle avait été constamment aux uns une hôtesse — une hôtesse incomparable — aux autres une patronne, en même temps qu'une émule, à tous une providence. Penser qu'on ne la verra plus dans ces rôles qu'elle jouait avec un naturel si charmant, c'est un sujet de profonde tristesse. On y prenait tant d'intérêt, on s'y était, d'ailleurs, si bien accoutumé que le trouble où l'on s'est trouvé, et qui n'est pas près de finir, va presque jusqu'au désarroi.

La vie de Madame de Raymond peut tenir en quelques lignes. Née à Agen, le 28 juin 1825, elle y fit son éducation sous le professeur Platelet, reçut des leçons du peintre Flamand Béhaeghel, qui demeurait à deux pas de chez elle, prit, vers douze ans, le goût des sceaux par les cachets armoriés, puis celui du blason, puis celui des vieux titres, féconda ces goûts

---

[1] Extrait de la *Revue de l'Agenais*. Mai-Juin 1886. Tiré à part à 50 exemplaires.

par l'étude et finit par s'y absorber ou à peu-près, du moins, jusqu'à sa mort.

Cette application de ses rares facultés à des travaux d'ordre presque viril, et si dignes d'elle, nous a paru constituer sa vraie marque de nature. Nous en tirons la règle à suivre pour la notice qu'on va lire. M. Tamizey de Larroque, notre ami, en quelques pages de la *Revue de Gascogne*, où son esprit, déjà si délicat, s'est pénétré des nuances du cœur, a essayé de reproduire tous les aspects de cet aimable modèle. On sait s'il y a réussi ! Nous n'en abordons guère qu'un ici, celui par lequel ce modèle s'enlève en puissant relief sur le fond des types mondains, pour en sortir et se classer ailleurs. C'est donc le patient chercheur, l'habile généalogiste et l'ami passionné de l'histoire sérieuse que nous voulons surtout faire connaître en elle.

L'œuvre maîtresse de Madame de Raymond, c'est la collection de ses généalogies manuscrites, — achevées ou simplement préparées — des anciennes familles de la Guienne, principalement de l'Agenais. Cela représente un labeur considérable qu'on ne pourra justement apprécier qu'à l'aide de l'inventaire dont la publication est prochaine (1). On peut toutefois, en attendant, signaler l'origine et faire ressortir les caractères d'une vocation exceptionnellement précoce et obéie, marquer les progrès accomplis avec les années, donner enfin une idée de la méthode employée à conduire les recherches et à rédiger les monographies.

La figuration des armoiries, éveilla, comme nous l'avons dit, la curiosité de Madame de Raymond. Une collection de cachets armoriés date de son enfance. Plus de deux mille empreintes

---

(1) Voici pourtant, quelques indications numériques : généalogies achevées, 83 ; dossiers de notes généalogiques sur 17 ; familles et 80 capitaines ou personnages figurant dans les *Commentaires* de Monluc ; descendance de la noblesse de la sénéchaussée d'Agenais depuis 1789, notes sur 258 familles.

sur cire d'Espagne, dont un bon nombre ont été détachées de vieilles enveloppes, compose aujourd'hui ce fonds très curieux. Qu'est-ce une armoirie, sinon une signature (1), un état civil en couleur et en emblêmes ? La variété des types, naturellement, est infinie comme sont les familles, si bien qu'on a été conduit à faire du blason une science à part, qui a sa grammaire et ses dictionnaires, en d'autres termes ses règles et ses lois.

Madame de Raymond possédait à fond cette science ; en outre elle dessinait bien. Dans ses manuscrits mis au net et dans ses notes, qui abondent, on trouve un grand nombre d'armoiries simplement tracées à la plume ou rehaussées de métaux et de couleurs. Parfois un espace vide qui devait être rempli par la figure d'un écu, en surmonte la très juste, et très précise description. Ainsi, quelque longue que puisse être notre vie — celle de Madame de Raymond a été courte — nous laissons toujours, comptant sur un avenir qui ne nous appartient pas, quelque chose d'inachevé.

Apprendre le blason, c'est la première étape d'un feudiste. Il peut arriver à savoir beaucoup, pour avoir soigneusement étudié tout ce qui a été publié sur les anciennes familles ; mais veut-il se mêler de dresser à son tour des généalogies en débrouillant les chartriers seigneuriaux, d'autres épreuves sont à subir. Il faut s'exercer à lire les écritures anciennes, à comprendre les vieux idiomes régionaux, sans exception du latin, cette langue et ces idiomes étant employés dans les actes antérieurs à 1550. C'est au prix d'une persévérance dont la femme offre peu d'exemples en dehors des tendances naturelles de son sexe, que Madame de Raymond en était venue à déchiffrer les actes

---

(1) A partir de la fin du XIIIe siècle, des armoiries furent souvent figurées aux clefs de voûte, aux culs-de-lampe ou aux chapiteaux des églises. Ces armoiries, quand on en peut faire sûrement l'attribution, donnent des noms, même des dates. Nos vieilles églises du Lot-et-Garonne, sont curieuses sous ce rapport, mais la plupart des armoiries qu'on y voit restent à déterminer.

postérieurs à cette date. Quant à l'étude du latin, qu'elle entreprit courageusement, il fallait de si longs efforts pour la pousser au point voulu qu'elle finit par y renoncer. Si toutefois elle faillit à cette partie de la tâche qu'elle s'était elle-même imposée, c'est qu'elle comptait sur les amis pour atténuer les inconvénients de sa défection. Elle avait raison d'y compter, car elle put, avec leur aide, tirer parti des actes notariés rédigés en langue latine, qui, de temps en temps, passaient par ses mains.

La nécessité de former une bibliothèque héraldique, s'imposa bientôt à Madame de Raymond. Elle y céda sans hésiter, mais en se garant des ardeurs qui font aller plus loin que les belles folies. Rarement elle recula devant le haut mais juste prix d'un livre important qu'il lui convenait d'avoir. En revanche, le prix était-il excessif, si violent que fût son désir, elle trouvait dans sa forte raison des arguments qui la modéraient et lui faisaient attendre en paix le retour de l'occasion perdue. Il ne manque à la collection qu'elle a formée si intelligemment aucun des ouvrages qui sont les classiques de l'histoire des anciennes familles. On y rencontre notamment la plupart de ces monographies luxueuses qu'on ne tire qu'à petit nombre pour les parents et les amis, au grand regret des amateurs voués par le fait à un long supplice. Il y a là un ensemble de ressources dont l'équivalent n'existe guère en dehors des bibliothèques publiques de Paris.

Les mémoires sur l'histoire de France depuis le XVIe siècle sont représentés dans cette collection par les éditions les plus estimées. Les recueils de documents inédits y forment un fonds très important.

La bibliothèque littéraire a droit à une mention. Personne de moins exclusif dans ses goûts que Madame de Raymond. Tout lui était bon de ce qui est vraiment bon à quel titre que ce puisse être. Si l'on peut dire qu'elle fut possédée de la passion des vieux auteurs, elle n'était pas des dernières à rechercher et à connaître celles des productions modernes que de sérieuses qualités recommandent à la faveur publique.

Une biographie se fait avec toutes sortes d'éléments. Le catalogue d'une bibliothèque constitue, à ce point de vue, un document qui n'est pas à négliger. La prédominance des études héraldiques étant ici manifeste, les études préférées de Madame de Raymond doivent, par le fait, concentrer notre attention.

En matière de généalogie, deux cas peuvent se présenter. Ou tout est à faire, comme il arrive pour nombre de familles placées autrefois au premier rang dans notre pays d'Agenais, ou des éléments anciens existent, et, après les avoir groupés, rectifiés et complétés, il faut chercher les traces de la filiation, les suivre jusqu'à nos jours. Cet autre cas est celui des gentilshommes dont les généalogies ont été établies par d'Hozier et ses émules, les feudistes du siècle dernier.

En ce qui regarde les familles qui rentrent dans ce dernier cas, Madame de Raymond avait adopté un procédé fort simple. Pour déterminer les générations ultimes, elle s'adressait aux lettres de deuil. Il est rare qu'on oublie, plus rare encore qu'on néglige de consigner à son rang dans les listes inscrites sur ces lettres, toute indication qui peut flatter l'amour-propre, et le sentiment, même profond, de la perte dont ont fait part, n'exclut pas l'ostentation des titres. Ces documents qui, d'ordinaire, ont le sort malheureux des inutilités, étaient l'objet de ses soins très attentifs. Elle en laisse environ huit mille, classés en trente portefeuilles. Dans quelle collection privée pourrait-on chercher utilement un nombre approchant de ces pièces rares, nécrologe de la noblesse française pour une espace d'au moins trente années? M. Paillard, qui fut préfet de Lot-et-Garonne après avoir été élève de l'Ecole des Chartes, avait eu la même pensée. On déposait, par son ordre, aux archives, toutes les lettres de faire part qui lui étaient adressées et celles que le hasard se chargeait de lui fournir. Cette collection qui formait déjà deux fortes liasses n'avait été, toutefois, ni continuée par son successeur immédiat ni reprise par les autres. La prévoyance de Madame de Raymond vient heureusement combler les vides d'une série qu'il sera, d'ailleurs, assez malaisé de tenir à jour; car il faut des relations étendues pour réunir ces pièces volantes dont la distribution est d'ordinaire très limitée.

Parmi les travaux personnels de Madame de Raymond, citons la recherche de la descendance des familles nobles de l'Agenais qui ont fourni des représentants à la grande assemblée électorale de 1789. Cela occupe un gros registre. Les lettres de deuil ont produit assez d'informations pour que la plupart de ces généalogies dont le premier degré se rapproche plus ou moins de 1789, aient atteint sans lacune la génération actuelle. On n'eût pu, sans cette ressource, prétendre à un tel résultat. Les noms de nombreuses familles, même des plus accréditées, sont aujourd'hui tout à fait oubliés dans le lieu où elles vécurent L'un de nous en a eu la preuve au cours de plusieurs tournées à travers le Lot-et-Caronne, dont Madame de Raymond avait compté tirer quelque profit. Ce qu'il amassa de butin, après des efforts obstinés et portant sur des points précis, ne vaut pas la peine qu'on en parle.

On n'a pas l'idée du nombre de familles puissantes ou titrées qui se sont éteintes avant la révolution dont nous venons d'inscrire la date inoubliable. En ce qui concerne l'Agenais, celles dont l'origine est notoirement chevaleresque — des reconnaissances de fiefs, des comptes de dîmes remontant au XIIIe siècle, des actes de la guerre de cent ans en font connaître plusieurs centaines — sont à ce point réduites qu'on pourrait compter sur les doigts leurs derniers représentants. Plus près de nous, combien de capitaines qui figurent avec honneur dans les chroniques du XVIe siècle, et dont les noms patronymiques ont disparu de notre état civil ! Morts deux fois, pour ainsi dire, ils sont dignes de revivre. Il importe peu que pas un contemporain n'ait à tirer vanité de leur mérite; le pays les revendique, ils appartiennent à l'Histoire.

Madame de Raymond a eu l'honneur de réparer de grands oublis. Dans le cours de ces dernières années, elle a pu mettre sa signature au bas des généalogies achevées de quelques-unes de nos grandes familles, les Boville, les du Fossat, les Monferrand, etc. Mais un dossier qu'elle formait avec une attention particulièrement active et vigilante, c'est celui des personnages gascons, amis de Monluc ou ses ennemis, qui figurent dans les *Commentaires*. Tout ce qui, de près ou de loin, se rapporte à leur famille et peut servir à leur biographie a été relevé par elle, et consigné avec un soin jaloux. On trouve dans le portefeuille qui contient ce curieux travail les éléments d'additions importantes aux notes des cinq gros volumes qu'a publiés M. de Ruble, et qui constituent, de l'aveu de tous, la meilleure édition connue des écrits du célèbre maréchal (1).

Ainsi le nom de Raymond sera doublement lié à celui d'un grand capitaine qui fut aussi un maître écrivain. Florimond de Raymond, conseiller au Parlement de Bordeaux, mit au jour, dans cette ville, en 1592, la première édition des *Commentaires*, service éminent rendu à l'histoire et aux lettres françaises, et dont sa mémoire ne reçoit pas moins d'honneur que de ses œuvres personnelles. Souhaitons que les éditions futures de cette « Bible des soldats, » comme l'appelait Henri IV, soient ac-

---

(1) Disons, toutefois, que des notes aussi amples ne pouvaient entrer dans un livre publié sous les auspices de la Société de l'Histoire de France et faisant partie de sa collection. Alors même que M. de Ruble eût eu à sa disposition le dossier formé par Madame de Raymond, il n'eût pas eu la faculté de l'utiliser intégralement. C'était beaucoup déjà d'identifier les personnages, comme il l'a fait le plus souvent, et de pouvoir, à leur sujet, renseigner le lecteur par quelques lignes. Son édition visait, d'ailleurs, non quelques-uns, mais le public. Dans le pays du maréchal, où tout est plein de lui, il est naturel et légitime qu'on aille jusqu'à réclamer tout ce qu'on peut trouver d'informations sur sa personne et sur ses actes, dussent-elles absorber l'ouvrage, comme il arrive au *Saint-Simon*, — chef-d'œuvre d'érudition plantureuse, — que M. de Boislisle publie pour la Société de l'Histoire de France, mais absolument en dehors du système appliqué jusqu'à présent aux publications de ladite Société. C'est pourquoi il convient de réunir pour l'impression tous les documents inédits qui se rapportent à Monluc. Un des auteurs de cette notice s'en occupe actuellement. Quelques notes empruntées aux portefeuilles de Madame de Raymond trouveront peut-être leur place dans le travail projeté.

compagnées — enrichies serait plus juste — des notes patiemment recueillies par l'arrière petite-nièce du premier en date de ses éditeurs.

Si les études généalogiques confinent à la grande histoire, elles y touchent, par moments, et contribuent toujours à l'éclairer. Mais les monographies locales en bénéficient davantage encore, car les annales des juridictions seigneuriales qui, chez nous, dépassaient en nombre les royales, se résument souvent dans celles d'une famille.

Madame de Raymond s'était peu à peu rompue à la méthode scientifique justement exigée de nos jours, et ses derniers travaux sont manifestement supérieurs aux premiers, en ce sens surtout que les sources y sont indiquées avec précision. Une correspondance suivie avec des érudits notables, MM. Tamizey de Larroque (1), de La Plagne-Barris, de Carsalade du Pont, Curie-Seimbre, etc., les conseils toujours présents de M. le docteur J. de Bourrousse de Laffore, le d'Hozier de la Guienne, ont pu la fixer sur les procédés à suivre pour utiliser au mieux les documents. Mais, dans l'art un peu instinctif, plus savant encore, de la recherche, nul ne savait s'ingénier comme elle et nul n'a pu se réjouir d'avoir fait plus de découvertes. Chez quels héritiers éloignés, obscurs, et comme perdus retrouver les archives de familles éteintes? Comment, après des odyssées et des éclipses plusieurs fois séculaires, remettre à flot et ramener au jour des parchemins dont l'existence n'était même pas soupçonnée? C'est le secret des chercheurs, qui, le plus souvent, ne sont heureux qu'à la condition d'être doués, instruits, comme nous disions, perspicaces, infatigables.

Des relations très étendues, une haute situation donnaient à Madame de Raymond des facilités spéciales dont elle usait,

---

(1) Dans sa notice de la *Revue de Gascogne*, que nous avons déjà signalée, M. Tamizey de Larroque parle de six mille lettres échangées depuis vingt-cinq ans avec Madame de Raymond, qui avait pieusement conservé les trois mille lettres de notre ami de Gontaud.

pour ses travaux, habilement et largement. En outre et grâce à sa fortune, elle trouvait des intermédiaires qui fouillaient, en son intention, dans les registres de paroisse, dépouillaient les anciennes minutes des notaires, transcrivaient des généalogies inédites, des pièces du Cabinet des Titres ou des divers dépôts publics, et ces inventaires des chartriers seigneuriaux qui suppléent souvent aux actes perdus. Mais elle préférait encore prendre les notes elle-même, heureuse au delà de ce qu'on pourrait dire quand, ayant obtenu en communication un fonds inexploré, elle ouvrait les liasses, dégageait les pièces, s'attaquait aux cotes, puis au texte, et, le sens pénétré, résumait et classait. Plus d'une fois elle recourut à nous pour l'aider à lire, au besoin à deviner, dans des parchemins troués par la dent des rats, usés dans les plis par celle du temps ou blanchis par l'eau des toitures. Il nous semble encore la voir, telle qu'un jour elle nous apparut, derrière un rempart de papiers empilés dans d'énormes sacs de toile qu'elle caressait d'un regard presque attendri. Ce n'était pas moins, s'il nous en souvient, que les riches archives du château de Bazillac ou une partie du fonds de Fimarcon qui allaient lui livrer leurs secrets Elle y employa plusieurs mois et ce temps lui parut court. Ses registres sont pleins de notes tirées de ces fonds précieux qu'elle a été la première à explorer et à faire connaître.

Une sincérité parfaite donne un grand prix à ses travaux personnels. Il ne lui semblait pas moral que l'histoire des familles se résumât en des panégyriques. L'histoire n'a sa raison d'être qu'à la condition qu'on dise tout ce qu'on sait et qu'on ne dise rien qui ne soit ou qu'on n'estime vrai. Un des auteurs de cette notice causait un jour avec Madame de Raymond du livre de raison de la famille Daurée, qu'il publiait en ce moment et dont elle faisait les frais (1). La reproduction de ce mémo-

---

(1) Il était bien à prévoir que les avances de Madame de Raymond ne seraient pas entièrement couvertes par la vente du livre, mais cette considération n'était pas de nature à réfréner sa libéralité. M. Tamizey de

rial devait, en principe, être intégrale, sauf le texte d'un arrêt de condamnation à mort prononcé au xvi° siècle contre un trésorier général de Guienne, convaincu de malversation. Ce personnage portait un grand nom, un nom encore vivant, et M. Daurée de Prades, dont la bienveillance était extrême, sans exiger qu'on omît le cas, en exprimait fortement le désir. On jugea convenable de céder, mais Madame de Raymond en eut regret. « Il faut tout dire, faisait-elle. D'ailleurs le temps amnistie. Une condamnation frappant au xvi° siècle n'atteint pas une famille vivant au xix° ; puis, où s'arrêter dans la voie des réticences? Je sais des familles qui voudraient dissimuler des ancêtres protestants ou des alliances bourgeoises, tout ce qu'il y a de plus innocent au monde. C'est à peu près comme si on souhaitait qu'un homme, au soleil, n'eût pas d'ombre. Faites, avec cela, des portraits ressemblants (1). »

Voici un trait non moins frappant de la probité scrupuleuse qui distinguait Madame de Raymond en matière de généalogie. Un autre de nous que celui qui a édité le livre de raison dont il vient d'être parlé, va publier prochainement les mémoires de

---

Larroque a cité un trait pareil, une contribution spontanée au payement de l'édition des Mémoires de Jean d'Antras. Citons-en, d'avance, un troisième, concernant la publication de mémoires historiques dont il va être question, et qui sont sous presse. Une série inouïe de malchances a retardé cette publication, qui lui tenait fort au cœur. Elle avait voulu que son exemplaire fût imprimé sur un papier spécial qui en fît un exemplaire unique. Le choix de ce papier fut longuement discuté entre nous. Ce nous est un amer regret qu'elle ne puisse voir son vœu réalisé.

(1) Madame de Raymond aimait beaucoup les portraits ressemblants. C'est pourquoi nous trouvons dans sa bibliothèque trois éditions différentes des *Mémoires de Saint Simon*, le plus grand portraitiste des temps modernes et de tous les temps. Elle l'aimait naturellement aussi pour ses récits anecdotiques sur les anciennes familles. Rendre les grands traits d'une vie, produire quelque pièce intéressante, infuser un peu de sève dans d'arides nomenclatures de noms, de prénoms et de titres, à ses yeux ce n'était pas compromettre l'histoire, mais la servir en la faisant vivre.

Geoffroy de Vivant, capitaine huguenot, d'après le texte manuscrit qui s'est conservé dans la famille. Une généalogie, réduction fidèle d'un travail volumineux composé par Madame de Raymond, doit faire suite au récit du chroniqueur. Récemment, un membre de la famille, dont le nom patronymique, assez bizarre d'ailleurs, a disparu sous le nom féodal, nous fit prier de vouloir bien n'inscrire que ce dernier nom dans le chapitre de la généalogie consacré à la branche dont il est. Tout ce qui dépendait de nous, c'était d'en référer à l'auteur premier du travail, lequel, probablement, répondrait par un *velo* formel Ainsi dit, ainsi fait. Nous voici chez Madame de Raymond, soumettant l'humble requête. Elle écrivait, assise à son bureau, devant un tas de minutes. Au premier mot, elle posa sa plume, au dernier elle la reprit et avisant une grande feuille blanche, y traça d'une main ferme un NON colossal en lettres rouges. Le rire nous vint, elle se piqua : « Perdez-vous la tête, fit-elle, ou voulez-vous simplement, vous amuser ? Vous connaissez bien ma devise : *Rien de moi ne changera*. Cette devise, je m'y tiens. Si M. de X, un galant homme que j'aimerais à obliger, persiste dans sa fantaisie et que vous teniez à lui plaire, je vous déclare l'auteur unique et responsable de la généalogie. J'aimerais mieux perdre la main droite que de voir un faux se produire sous mon nom, car c'est un faux, ne vous y trompez pas ! » Elle ajouta, après un silence, avec un léger mouvement d'épaules : « Et tout cela pour un nom très honorable ! Comme si un nom bien porté pouvait être ridicule ! »

Un grand nombre de travaux préparés par Madame de Raymond méritent d'être publiés. Non seulement elle n'a pas voulu les faire imprimer de son vivant, mais une clause de son testament porte l'interdiction formelle d'une publication intégrale, à quelque époque que ce soit. Ces généalogies ne pourront, en conséquence, être utilisées que par extraits et comme source de renseignements.

Elle était trop au-dessus des préjugés pour en subir un des plus sots, celui qui s'attache, en France plus peut-être qu'ailleurs, aux femmes qui écrivent. Sa modestie était grande et sincère ; c'est tout le secret de sa conduite. Notre excellent ami M. Jacques Noulens ayant un jour inscrit son nom parmi ceux de ses collaborateurs sur la *Revue d'Aquitaine*, elle en fut si contrariée qu'elle lui écrivit, sans perdre une minute, pour qu'il voulût bien réparer son tort volontaire ou non. « Je ne suis pas femme de lettres, nous dit-elle, un peu émue, bas bleu encore moins. J'écris à la diable, vous savez, ne mettant ni points ni virgules, le français, guère plus peut-être ? Voyez d'ici le bel effet que ferait ma prose dans une revue (1) ! »

Son bonheur était d'obliger, d'obliger discrètement. Elle poussait en avant ses amis, leur passait comme on dit, ses découvertes, applaudissait plus fort que personne à leur succès. Autant il lui répugnait de publier elle-même quoi que ce fût, même un texte, autant elle excitait les autres à travailler pour le public.

Dans une réunion, chez elle, il y a trois ans, on discuta sur l'intérêt qu'il y aurait à mettre au jour les états des dîmes du diocèse d'Agen pendant le XIIIe siècle, états dont les originaux sont perdus, il est vrai, mais dont M. J de Bourrousse de Laffore possède heureusement l'inventaire. Elle insista particulièrement pour qu'on se mît promptement à l'œuvre. « Rappelez-vous, ajouta-t-elle que c'est chez moi qu'a été pris l'engagement de publier ces textes. » Cet engagement non encore

---

(1) Si ses manuscrits, dont la mise au net était très soignée, se font lire facilement, son écriture épistolaire était, en effet, très lâchée. Nous étions un des jours de l'automne dernier, chez le bénédictin de Gontaud. Une lettre arrive d'Agen, dans un tas d'autres venues de partout. « C'est de la Comtesse, » fait-on. — M. Tamizey ouvre et lit, ou veut lire : impossible, Madame la prend : pas davantage. Nous essayons, aussi, sans être plus heureux ; de sorte que nous voilà trois à jeter la langue aux chiens. Ce ne ut que plus tard, après de longs efforts, que la lettre fut déchiffrée. Madame de Raymond rit de fort bon cœur quand, au retour, nous lui contâmes l'embarras où elle nous avait mis.

rempli ne tardera pas à l'être. Ceux qui l'ont pris ont à cœur de payer une dette que rend sacrée, en quelque sorte, la mort de leur créancier.

Après avoir mis constamment son initiative, sa bourse, ses livres, tout jusqu'au fruit de ses recherches, à la disposition de quiconque paraissait vouloir travailler, Madame de Raymond n'avait qu'un souci, c'est que l'œuvre patriotique, l'œuvre agenaise qu'elle avait entreprise et soutenue toute sa vie, ne fût pas interrompue par sa mort. « Savez-vous, disait-elle à l'un de nous, après une indisposition qui l'avait laissée plus triste que d'habitude, savez-vous à quoi je pensais au moment où vous entriez ? Nous nous faisons vieux ; j'ai bientôt soixante ans, vous sept ou huit de plus. A ces âges, on ne va guère loin. Qui restera-t-il, après nous, pour continuer nos essais ? J'en vois trois, quatre, pas davantage. Ce sont, il est vrai, des piocheurs, que la besogne n'effraie pas, et qui la font bien, mais eux aussi partiront, et après ?... Dites leur donc de former des élèves. Il n'est que temps,... si ce n'est pas trop tard. »

Ses dernières volontés n'étaient pas un secret. Son admirable testament, dicté par un esprit viril et tout entier tracé d'une main ferme, a ému fortement, non surpris ses intimes. La ville d'Agen, Le Lot-et-Garonne, le pays pour tout dire, avait pris dès sa jeunesse, une large part de ses préoccupations. Le vieux nom des Raymond plus d'une fois inscrit dans nos annales, ne devait pas disparaître avec elle. La fin suprême de quiconque a poursuivi l'accomplissement d'une œuvre où l'intelligence a le rôle éminent, c'est trop souvent l'oubli qui tombe d'un poids lourd sur ses travaux, la transformation, la déformation du milieu qu'il la créé et dans lequel il a vécu. Un laboureur peut mourir dans son champ resté le même, chaque année mûrira sa moisson. Pareille continuité de l'œuvre n'existe pas dans d'autres milieux. Madame de Raymond a su mieux que d'autres, pour l'avoir vu souvent d'assez près, ce que deviennent entre des mains étrangères, les manuscrits, les titres de famille, et combien cruelle est la scène des enchères démembrant une bibliothèque formée avec des soins tendres. Aussi, n'ayant pas autour d'elle de point d'appui ferme pour l'avenir, a-t-elle songé au pays, — au pays qui, lui, ne meurt pas — et destiné le fonds Raymond aux archives départementales.

Son affection intelligente concilie tous les intérêts, ceux de la famille et ceux du pays. Madame Gavini de Campile avait l'usufruit des manuscrits et des livres. Interprétant dans le sens le plus large les intentions de sa sœur et s'inspirant des généreux conseils de son mari, elle a renoncé à ce bénéfice avec une spontanéité qui l'honore. Dans un an, — un an au plus — après la publication du catalogue et l'appropriation d'une salle spéciale (1), le fonds Raymond sera versé aux archives départementales pour être mis à la disposition du public studieux qui les fréquente. Nous ne doutons pas que ce public n'y devienne aussitôt plus nombreux.

On y trouvera des livres rares pour la plupart, et coûteux, que Madame de Raymond avait acquis en vue de cette destination finale et qui servaient, en attendant, aux recherches de de ses amis. Les règlements si libéraux qui régissent nos dépôts publics, sont plus étroits que ne l'était le sien, formulé en un seul article : « mains ouvertes ».

Ses livres, naturellement, avaient débordé dans son hôtel. Ils sont dispersés dans quatre pièces. Ceux qu'on a le plus à consulter étaient réunis dans la salle de billard, laquelle est de belles dimensions. L'une des parois principales disparaît sous des étagères où pas un espace n'est perdu. Les livres y sont plus serrés qu'il ne faudrait, mais à peu près classés comme il convient. Sur le tapis vert du meuble principal devenu peu à peu comme un membre important de la bibliothèque, s'entas-

---

(1) Ces obligations ne doivent pas constituer une charge pour le département. Une somme de deux mille francs prélevée sur la succession doit être affectée à l'aménagement de cette salle. La succession a aussi la charge des frais d'impression du catalogue.

sent les dossiers en œuvre et les papiers à dépouiller. De grands fauteuils s'offrent au visiteur. Voici la table de travail devant laquelle Madame de Raymond s'asseyait à midi sonnant (1), en face d'une grande toile, hommage d'un obligé, qui représente Henri IV visitant Geoffroy de Vivant grièvement blessé à son service. L'ensemble de la pièce était sérieux et gai tout à la fois. On n'y voyait rien, à aucun moment, de ce qui dépare le milieu où, dédaigneux de l'ordre bourgeois, l'homme d'étude oublie la marche du temps, qui se mesure aux couches de poussière. Tout reluisait. L'encrier, gravé aux armes, était de pur cristal ; le porte-plume, massif, de bel ivoire. Celui de nous qui écrit ces lignes a éprouvé un serrement de cœur le jour où il a trempé cette plume dans cet encrier pour écrire la première ligne d'un inventaire après décès.

C'est à M. J. de Bourrousse de Laffore et à Madame de Raymond que nous avons constamment adressé les personnes occupées à des recherches sur les anciennes familles, sûrs à l'avance, de l'accueil et des renseignements qui les attendaient chez l'une et chez l'autre.

Un Religieux Bénédictin qui parcourait le pays en quête de documents sur un Agenais illustre qui fut évêque de Marseille, ayant ouï parler de Madame de Raymond, désira lui être présenté. Son voyage n'avait pas été sans fruits. Aux archives de Bergerac, il avait appris que Belzunce était de famille protestante ; nos archives départementales venaient de le lui montrer remplissant, bien que très jeune encore, la fonction de grand vicaire du diocèse d'Agen. Madame de Raymond lui offrit tout un dossier plein de choses nouvelles. « Vous aviez raison, nous dit-il, le lendemain. J'ai trouvé dans cette maison beaucoup de

---

(1) Un portrait de Madame de Raymond a été fait par M. Calbet, jeune peintre agenais d'un talent inégal, qui cherche encore sa voie et qui la trouvera, s'il le veut fortement. Ce portrait, dont une copie figurera sans doute à la salle Raymond, est un de ses meilleurs ouvrages.

documents utiles, une bonne fortune à quoi je m'attendais ; mais ce à quoi je ne m'attendais pas, c'était d'y trouver aussi une grande dame du xviiie siècle. » Cet étranger caractérisait d'un mot tout un côté de la vie de Madame de Raymond qui, ayant travaillé, tant que durait le jour, comme un scribe qui gagne sa vie (1), était, le soir, toute au monde. Il avait compris, deviné ce que pouvait être son salon.

On se plaint, non sans raison, qu'il n'y ait plus de salons en France. Grâce à Madame de Raymond, Agen en a possédé un où tout honnête homme était admis, où l'on se sentait comme chez soi et dans un milieu bien français. Réunis, par l'attrait d'une causerie facile, sous l'œil bienveillant d'une maîtresse de maison à l'esprit et au cœur très ouverts, qui mettait la saine liberté de notre vieux langage bien au-dessus de la pruderie gourmée et jugeait que la politesse ne va pas sans simplicité, des hommes d'opinions très diverses s'y sont coudoyés pendant plus d'un quart de siècle, discutant sur la politique, sur la littérature et sur l'art, avec une constante égalité de ton, une aisance, une courtoisie parfaites. Un tel résultat, toujours rare, l'est surtout dans des temps troublés, comme le nôtre ; il tient presque du merveilleux. C'est la finesse, la bonté, le sens droit de Madame de Raymond qui ont fait ce miracle.

---

(1) Son domestique, Marcellin, nous disait : « Madame se tue d'écrire comme si elle y était obligée ; elle fait aussi de belles peintures où on voit de l'or qui luit comme sur les louis neufs. A sa place, je vendrais tout cela, et bien cher ! » Cet homme ne comprenait pas, — et combien pensent comme lui ? — qu'on pût trouver quelque plaisir dans l'accomplissement d'une tâche gratuite, fût-elle librement choisie.

ÉTAT DU FONDS DE RAYMOND

DIVISIONS DU CATALOGUE.

Madame Gavini de Campile ayant bien voulu renoncer, par acte notarié du 4 mai 1886, à l'usufruit du fonds de Raymond qui lui était réservé, les manuscrits, à l'exception d'un seul, les ouvrages héraldiques et une partie des ouvrages d'histoire ont été remis, dès le mois d'octobre 1886, aux Archives départementales, où ils ont été installés provisoirement dans une salle spéciale.

Les livres et objets qui sont restés à l'hôtel de Raymond se répartissent en quatre catégories :

1º Les ouvrages d'histoire et de littérature de la bibliothèque personnelle de Madame la comtesse de Raymond qui, en vertu de son testament, appartiennent aux Archives et dont l'usufruit est conservé par Madame Gavini de Campile ;

2º Les ouvrages légués à M. Pierre de Montesquieu par le codicille en date du 12 octobre 1885, publié ci-dessus ;

3º L'ancienne bibliothèque de la famille de Raymond, telle qu'elle était constituée avant le décès de M. le comte de Raymond (2 avril 1863.) Le partage de cette bibliothèque n'ayant jamais été fait, une moitié reste la propriété de Madame Gavini de Campile, l'autre moitié, qui appartenait à Madame de Raymond, doit faire retour aux Archives. Rien n'a été traité pour le futur partage de ces livres ;

4. *Les meubles de bureau et de bibliothèque, les gravures, etc., qui doivent également revenir aux Archives.*

Suivant la volonté de Madame de Raymond, le présent catalogue est dressé pour la bibliothèque entière, quelle que soit d'ailleurs la destination des livres. Mais, en raison de la dispersion actuelle et des attributions diverses de ce fonds, il a paru nécessaire de diviser ce catalogue en trois parties.

La première comprend les manuscrits et dossiers généalogiques qui sont l'œuvre de Madame de Raymond, les autres manuscrits de toute nature, les documents historiques et les titres de famille, les autographes, les cachets armoriés, les lettres de faire part, qui ont tous été remis aux Archives.

La seconde se compose de tous les livres qui ont été également versés aux Archives.

La troisième est un inventaire des livres et des meubles qui restent provisoirement ou définitivement en dehors des Archives.

Pour cette troisième partie on a fait usage de signes conventionnels pour indiquer la propriété des divers objets et ouvrages.

Les titres des livres qui doivent revenir aux Archives ne sont accompagnés d'aucun signe, ceux des ouvrages légués à M. Pierre de Montesquieu sont suivis de cette note : donné à P. de M. (ainsi que l'a dicté Madame de Raymond.) Les numéros des ouvrages de l'ancienne bibliothèque de Raymond, appartenant pour moitié à Madame Gavini de Campile et pour l'autre moitié aux Archives, sont accostés d'une astérisque.

Afin que cette distinction serve à déterminer pour l'avenir les droits réciproques, le catalogue ainsi rédigé sera soumis à l'approbation des intéressés, qui déclareront à la suite l'approuver en entier ou sauf réserves, s'il y a lieu.

Un numérotage continu et une table méthodique commune aux trois parties corrigera l'irrégularité forcée de la mise en ordre.

Le fonds héraldique est de beaucoup le plus important. Pour son classement on s'est conformé aux divisions établies dans la Bibliothèque héraldique de la France *par Joannis Guigard, (Paris, Dentu, 1861, in-8), mais en étendant quelque peu le programme. Ainsi les ouvrages sur l'histoire des provinces seront introduits dans ce fonds. En achetant la monographie d'une ville ou d'un château, Madame de Raymond se préoccupait avant tout d'en tirer les renseignements généalogiques qui se trouvent épars dans toutes les publications de ce genre. Le parti adopté pour le classement de ces livres répond à l'esprit qui a présidé à la formation de la bibliothèque. D'ailleurs, en employant une autre méthode, on eut été amené à multiplier outre mesure les subdivisions : par exemple* Histoire des provinces, *environ 40 subdivisions ;* Histoire nobiliaire des provinces, *40 subdivisions. Avec la division du catalogue des livres, on aurait eu 160 subdivisions pour cet unique objet.*

Ces observations s'appliquent au fonds héraldique. Une division spéciale sera consacrée aux ouvrages de toute nature publiés par des auteurs agenais. Pour les autres catégories de livres, on a adopté le système de classement de J.-Ch. Brunet.

Nous nous servirons de toutes les abréviations usitées dans les catalogues.

PREMIÈRE PARTIE.

GÉNÉALOGIES & DOSSIERS GÉNÉALOGIQUES

1. — (Registre autographe.) — In-folio, 70 ff., contenant en plus 8 pièces diverses, 1 cahier de 10 ff., et trois tableaux généalogiques.

Généalogie de la famille de *Saint-Géry*. — (1404.) Le cahier de 10 feuillets est une copie d'une généalogie de la maison de Saint-Géry, appartenant aux Tombebœuf-Beaumont. — Fiefs et propriétés : Salvagnac et Saint-Géry (Lot), Saint-Loup. — Branche des seigneurs de Magnas et de La Mothe-Ando. — Commission de gouverneur de la ville de Lectoure, accordée à Antoine de Saint-Géry par de La Valette, lieutenant général en Guienne (29 avril 1570.) — Branche de Sérilhac Saint-Léonard. — Etat des gentilshommes de la sénéchaussée de Condomois assemblés pour le service du roi par ordre du maréchal d'Albret, le 2 juillet 1674. — Tableau explicatif du testament de Marguerite de Garros, veuve de Joseph de Saint-Géry (1683.) — Tableau généalogique de La Taste. — Notes sur les contrats de mariage des Saint-Géry depuis l'année 1404.

2. — (Registre autographe.) — In-folio.

Généalogies agenaises, rédigées entre les années 1869 et 1875.

De Lacuée de Cessac. — (XVIIe s.) 19 pp., tableau généalogiq., armes, 3 pièces annexées.

De Laborde de Lacassagne. — (1621.) 9 pp., tableau généal.

De Loubatéry. — (1542.) 4 pp., tableau généal.

De Lamourous. — (1537.) 31 pp., tableau généal., armes. Généal. d'après Lainé (*Archives de la noblesse de France*, t. II), complétée. 2 pièces annexées.

De Muraille. — (xvii° s.) 20 pp., tableau généal., armes.

De Nargassier. — (1562.) 13 pp., tableau généal., armes.

De Colineau. — 1 p.

De Raignac. — (fin xv° s.) 40 pp., tableau généal., armes, arbre généal., 4 pièces annexées.

De Redon. — (1555.) Abrégé de la généal. de Redon par d'Hozier, augmentée et conduite jusques à nos jours. 81 pp., 13 pièces annexées, dont une relative à la fondation du couvent des religieuses de la Visitation d'Agen, à laquelle contribua Isabeau de Cambefort, veuve de Thomas de Redon.

De Sarrau. — (1582.) 57 pp., tableau généal., armes.

De Saint-Gillis. — (1629.) 45 pp., tableau généal., armes.

De Sabaros. — (1560.) 46 pp., tableau généal., armes. 3 branches : aînée ; — du Bédat ; — de Lamothe-Rouge. 3 pièces annexées.

De Viau, Bouchet de Roger, Roger de Bellegarde. — (xvi° s.) 16 pp., tableau généal., armes, 2 pièces annexées. Copie d'une lettre de Fénis (1666) relative à la publication d'œuvres de Théophile de Viau.

3. — (Registre autographe.) — In-folio.

Généalogies agenaises rédigées entre les années 1869 et 1875.

De Boissonnade. — (xvi° s.) 70 pp., tabl. généal., armes.

De Carmentran. — (1520.) 28 pp., tableau généal., armes.

De Coquet, barons de La Roche de Guimps en Guienne. — (xvi° s.) 10 pp. — 2ᵐᵉ branche des seigneurs de Saint-Lary, 5 pp. — 3ᵐᵉ branche, établie à Montpezat en Agenais, 8 pp. — 4ᵐᵉ branche, 18 pp. — Armes des Coquet de Monbrun, 2 pièces.

De Courtête. — *(1494.)* 24 pp., tabl. généal., armes. Copie du testament olographe de François de Cortête, le poète, du 6 septembre 1650, 6 pp.

De Cunolio d'Espalais. — (xvi° s.) 26 pp., tabl. généal., armes. Généalogie par O'Gilvy, (T. I du *Nobiliaire de Guienne*), abrégée et continuée, 8 pièces annexées.

Daurée. — (fin xv° s.) 12 pp., tabl. généal., armes, 3 feuilles de notes annexées et 2 pièces.

De Faure. — (xv° s.) 33 pp., tabl.

De Gardes, de Clairet, de Guiron, de Bassignac et de La Maurelle. — 44 pp., tabl.

D'Hallot, en Normandie, Beauce, Ile-de-France, Agenais. — (xiii° s.) 16 pp., tabl., armes. Notes sur les généalogies de la famille d'Hallot dans La Chenaye-Desbois et d'Hozier.

De Jeyan. — (1584.) 31 pp., tabl., armes.

4. — (Registre autographe.) — In-folio.

Généalogies agenaises, rédigées entre les années 1869 et 1880.

Boudon de Saint-Amans. — (1415.) 22 pp., tabl., armes, 2 pièces annexées.

De Bressolles. — (xvii° s.) 40 pp., tabl. et 1 pièce annexée.

De Cambefort, branche agenaise. — (1395.) 22 pp., tabl., armes des seigneurs de Selves et de Lamothe-Bezat.

De Gascq, seigneurs de Montréal en Agenais. — (xvi° s.) 20 pp., tabl., armes.

De Godailh, seigneurs d'Arasse, de Fontirou, de Saubabère. — (1484.) 27 pp., tabl.

De Las, originaires d'Armagnac, seigneurs d'Espalais, de La Mothe-Mazères, juridiction de Port-Sainte-Marie, de Lacépède, de Laroque, de Lacenne, en Agenais, de Brimont, en Bruilhois. 5 branches. — (1443.) 53 pp., 2 tabl., armes, 3 pièces annexées.

De Mésanger, en Bretagne et en Agenais, seigneurs de La Minaudière, de Lisle, de La Touche, de Plissonnières, de Boussac. — (xvi° s.) 33 p., tabl., armes.

D'Urvoy. — (xv° s.) 10 pp, et 1 tabl.

De Montméjean, seigneurs de Montméjean, de Roucoutelles, en Rouergue, de Saint-André, du Tuquo, de Lagnelis, de Briteste, en Agenais. — (1236.) La branche d'Agen (1597.) 32 pp., tabl., armes, 2 pièces annexées.

De Pellicier, en Agenais et Bruilhois. — (1547.) 16 pp., armes.

Rangouse, originaires de Villeneuve-d'Agenais, venus à Agen au xvii° siècle, seigneurs de Beauregard. — (1591.) 23 pp., tabl., armes, 5 pièces annexées.

De Singlande, seigneurs de Naux. — (comm. du xvii° s.), 16 pp., tabl.

De Sevin, en Savoie, Orléanais, Agenais. — (1410.) Branches des Sevin-Talives, Sevin du Pécile, Sevin-Baneville, Sevin de Sommes, Sevin Miramion. 57 pp., tabl., 7 pièces annexées, dont une copie d'un arbre généalogique.

De Sabaros, en Agenais, seigneurs de Lamothe-Rouge, du Bédat, Saint-Laurens, Martel, Sarrauzet. — (xvi° s.) 41 pp., tabl., armes, pièce annexée.

De Saint-Pierre, seigneurs de Bailhesbatz, Trebous et de La Brugière, à Simorre, en Gascogne. — 12 pp.

De Thimbrune de Valence, originaires d'Artois, seigneurs de Valence, Castels, Saint-Pierre-de-Laval, Tayrac, Fontenilles, Cuq, marquis de Valence, barons de Cambes, en Agenais. — (1403.) 46 pp., tabl. armes. Comme pièce annexée, une généalogie de la famille du Bruelh, alliée.

De La Tour, seigneurs de Fontirou et de Saubabère. — (1604.) 14 pp., tabl. armes.

5. — (Registre autographe.) — In-folio.

Généalogies rédigées entre les années 1877 et 1880.

De Beauville. — (1472.) Des quatre premiers barons de l'Agenais. 15 pp., tableau généal., armes, 2 pièces annexées.

Bardonin de Sansac. — (xvi° s.) 11 pp., 2 pièces.

D'Escodeca de Boisse. — (1298.) Seigneurs de Boisse, Montsavignac, Allemans (bar.), Mirambeau (marq.), Pardaillan, Mauvesin (marq.), Haut-Castel, Monblan (comté.) 28 pp., tableau généal., 8 pièces.

Dangeros. — (1288.) 3 branches. 67 pp., 2 tableaux généal., 1 pièce. Copies des pièces historiques conservées dans les archives de la famille Dangeros : donation du château de Castelgaillard à noble Gausseren Dangeros ; — 2 lettres du duc de Mayenne, datées du camp de Nérac, le 8 juillet 1621 et du camp de Caussade, le 16 août 1621, à noble Bernard Dangeros ; — 2 lettres des ducs d'Epernon, etc,

De Gaufreteau. — (xv⁰ s.) 3 branches. 52 pp., tableau généal.

De Janin de Gabriac. —(1454.) 37 pp., armes. Seigneurs de Cadelen, en Albigeois, de Montay et de Roquesérière (bar.), en Quercy. 2 branches. — Copie de pièces justificatives.

De Lansac. — (1414.) 20 pp., 3 notes annexées.

De Lespès de Lostelneau. — (1530.) 26 pp., 2 tableaux généal., de Lespès et de Melet, armes, note annexée.

Copie du « Compulsoire de l'attestation de monsieur le « mareschal de Monluc sur l'incendie de Tarbes, eglises « cathedralle et autres, etc. 5 pp. A ce document sont jointes 2 lettres indiquant que la pièce a été publiée dans les *Essais historiques sur le Bigorre*, par A. Davezac, Bagnères de Bigorre, Dossun, 1823, t. II, p. 212.

Montlezun Campagne, en Armagnac. — 5 pp. Preuves de noblesse et cotes de pièces.

De Narbonne. — Copie de la généalogie de cette maison faisant partie des archives du marquisat de Firmarcon, château de Lagarde-Fimarcon, sénéchaussée de Condom, acquises à Lectoure le 7 mai 1879 par le comte Lombard de Bussière, et transportées à Dolomieu, département de l'Isère, pour être réunies aux archives de la maison de Narbonne, enlevées en 1810 du château d'Aubiac près Laplume, 22 pp.

De Thoiras, seigneurs de Causac et Moncuquet en Agenais. — (1288.) 38 pp., tabl. généal., armes, vue du château de Causac, dessin au crayon.

De Verdusan, comtes, marquis de Miran, seigneurs de Verdusan, de Miran, Samatan, Villeneuve, barons de Montaigu,

Saubimont, Saint-Loubès, Guizerix, Mauroux, Encause, barons de Causac en Agenais, seigneurs de Pechseq en Quercy. — (1231.) 59 pp., tabl. généal., armes. Copies de pièces justificatives, 9 pp.

6. — (Registre autographe.) — In-folio.

Généalogies rédigées en 1880.

De Bazillac, en Bigorre. — (xii° s.) 50 pp., tabl., armes. Deux photographies de pièces, de 1198 et 1298, sont jointes à cette généalogie, dressée d'après les archives de la maison de Bazillac, conservées au château de Saint-Léonard, canton de Saint-Clar (Gers). — Appendices : maison de Lévis, d'après La Chenaye-Desbois pour l'intelligence des diverses branches alliées aux Bazillac, tabl., armes ; — maisons de Castelnau-Coaraze, tabl., armes ; — de Lambès, 2 tabl., armes ; — d'Auderic de Savignac de Bazillac, armes 22 pp. ; — de Bossost de Campels de Bazillac, tabl , armes, 52 pp., 3 pièces annexées, dont un cahier de 10 pp., composé de cotes de pièces relatives à la famille de Bossost de Campels, transcrites par M. de Bibal.

De Pardaillan de Lamothe-Gondrin. — Tabl., photographie des ruines du château de Pardaillan. Généalogie (xv° s.) de Rocafort, de Maurilhac, Dubois, de La Tour, de Ségur, de Fayolles, 42 pp.

Seigneurs *de Poucharramet*, diocèse de Lombez, près Muret. Historique, 3 pp. (1222.) Familles : *Baron* et *Daulin*, 2 pp. ; — *de Mascaron*, 34 pp. Cotes de pièces justificatives de la généalogie de Mascaron.

De Vandomois, seigneurs de Veau en Brie, de Taurignan, Gaussan, Lahitte, Mascaron et Poucharramet, en Comminges. —Armes, généal., 9 pp.

De *Ingonous* ou *Jougounous*, seigneurs de Sanguède et de Poucharramet. — Armes, généal., 10 pp.

De Bertrand. (Toulouse, Paris.) — Armes, généal., 7 pp.

Nota. — Toutes les généalogies qui précèdent ont été composées d'après les archives du château de Saint-Léonard (Gers.)

De Lasseran de Manssencôme, de Montesquiou de Lasseran, de Manssencôme et Labit, Monluc, de Baylens de Poyanne, de Lasseran-Manssencôme Monluc (Condomois.) — (1319.) 27 pp., tabl., 2 pièces annexées. « Notes sur les seigneurs de Labit et le capitaine Lavit que Monluc appelait : « *mon cousin germain.* »

7. — (Registre autographe.) — In-folio, 72 pp.

Généalogies: *de Bazillac* (Bigorre); — *d'Audric de Bazillac* (Languedoc, Bigorre); — *de Boussort de Campels* (Gascogne.) Ces généalogies auraient été dressées par M. J. de Carsalade du Pont, qui s'était aidé du brouillon de Mme de R., et transcrites en 1882.

8. — (Registre autographe.) — In-folio, 35 pp.

« Généalogie de la maison *de Montferrand* (Guienne) par la comtesse M. de R., 1881. » — (Fin du xive s.) Tabl., armes, 8 pièces annexées, dont 3 lettres de M. Ph. Tamizey de Larroque et 5 pp. de notes sur les Montferrand, relevées par M. Denis de Thézan.

9. — (Cahier autographe.) — In-folio, 51 pp.

Généalogie de la famille *d'Albert de Laval*, seigneurs de Laval, d'Aignan. Chigniac, Couyssel, Cessac, Labarthe, Saint-Bauzel, d'Auriolle, Parazols, Madaillan, etc., en Agenais. — (xve s.) Tabl., armes, 4 pièces annexées.

10. — (Cahier autographe.) — In-folio, 17 pp.

Généalogie de la famille *Barbier de La Serre.*

11. — (Cahier autographe.) — In-folio, 29 pp.

Généalogie de la famille *de Carbonneau*, achevée le 25 octobre 1881. — Tabl., armes.

12. — (Cahier autographe.) — In-folio, 8 pp.

Généalogie de la famille *de Cieutat*, seigneurs de Villebeau, Brauval, Le Roy, barons de Pujols, Tombebouc, en Agenais, achevée le 12 mai 1881. — Tabl.

13. — (Cahier autographe.) — In-folio, 45 pp.

Généalogie de la famille *de Digeon*, seigneurs de Torry, Fluxeaux de Rosay (Bourgogne, Beauce), Boisverdun, d'Autremat, de Peyrières, de Monteton, de Saint-Pardoux, Péchalvet (Agenais), Poudenas, Lasserre (Gascogne). — (1394.) Tabl., armes.

14. — (Cahier autographe.) — In-folio, 58 pp.

Généalogie de la famille *de Ferrand*, seigneurs barons de Mauvezin, Cocumont, Escassefort, Castelnaud, Clermont-Soubiran, Sauveterre, Lavezou, La Palisse, Saint-Laurens, Pardaillan, Montastruc, Bellegarde, etc., (Agenais, Bazadais, Bordelais, Périgord, Pays messin, Paris.) — (xve s.) 3 pp. de notes annexées. Généal. achevée en 1885.

15. — (Cahier autographe.) — In-folio, 111 pp.

Généalogie des *du Fossat*, barons de Madaillan, en Agenais, seigneurs de Rauzan et sires de Lesparre, en Bordelais, seigneurs barons et marquis de Montataire, en l'Ile-de-France, seigneurs et barons de Cancon et Montvieil, en Agenais, seigneurs du Cauze et barons d'autre Madaillan, etc. — (xiiie s.) Tabl., armes, une note annexée et une copie d'une pièce des archives du château de Cauzac, cataloguée aux Archives départementales E. S^t 326.

16. — (Cahier autographe.) — In-folio, 16 pp.

Généalogie de la famille *de Gordièges* (Auvergne), seigneurs de Gabriac (Rouergue), de Mazières (Agenais), de Lisse, (Condomois.) — (1391). Tabl., armes. Généal. achevée en 1882.

17. — (Cahier autographe.) — In-folio, 10 pp.

Généalogie de la famille *Ichard*. — (xvie s.)

18. — (Cahier autographe.) — In-folio, 67 pp.

Généalogie de la famille *de La Goutte*, seigneurs marquis de La Poujade, vicomtes de Cours, seigneurs d'Anthe, de La Duguie, de Perricard (Agenais), seigneurs barons de Buscon (Bruilhois), seigneurs de Prats, du Vignial, de Castanède (Périgord.) — (XVIe s.) Tabl. armes, 3 pièces annexées. Généal. achevée en 1882.

19. — (Cahier autographe.) — In-folio, 30 pp.

Généalogie de la famille *de Longueval*, sieurs de La Font del Nègre, de Languerie et de Villard (Périgord, Agenais.) — (XVIIe s.) Tabl., armes, 7 calques de pièces justificatives. Généal. achevée en 1881.

20. — (Cahier autographe.) — In-folio, 24 pp.

Généalogie de la famille *de Lusignan*, seigneurs barons puis marquis de Lusignan, seigneurs de Galapian et autres lieux, en Agenais. — (XVIe s.) Armes, notes sur les travaux publiés jusques à ce jour pour rattacher les Lusignan de l'Agenais à ceux du Poitou.

21. — (Cahier autographe.) — In-folio, 49 pp.

Généalogie de la famille *de Lustrac*, en Agenais, chevaliers, écuyers, seigneurs de Lustrac, de Canabazes, marquis de Fronsac, barons de Lias, de Losse. — (XIIIe siècle.) Tabl. Généal. achevée le 31 mars 1886.

22. — (Cahier autographe.) — In-folio, 24 pp.

Généalogie de la famille *de Nort*, seigneurs de Barrau, Naux, Franc, Tourtarel, barons de Savignac, co-seigneurs de Feugarolles, Lamothe-Ferrand. — (1481.) Tabl., armes. Généal. achevée le 30 avril 1884.

23. — (Cahier autographe.) — In-folio, 64 pp.

Généalogie de la famille *de Pellegrue* ou *Pelegrue*, ou *Pelagrue*, barons de Pelegrue, seigneurs barons d'Eymet, du Puch-Gensac, de Lugagnac, de Roquecor, de Casseneuil, de Montagudet (Bazadais, Agenais, Quercy) —(1481.) 2 tabl.

24. — (Cahier autographe.) — In-folio, 35 pp.

Généalogie de la famille *de Raffin*, seigneurs de Péricard, Puycalvary, Hauterives, Ayguevives. — (1400.) **Armes, 3** pièces annexées, dont une photographie d'une porte du château de Péricard. Généal. achevée en mars 1882.

25. — (Cahier autographe.) — In-folio, 95 pp.

De Raymond, branche de Mondot. — (1311.) 2 tabl. généal., 51 pp.

De Raymond, du Périgord, deuxième branche du Breuil de Dignac. — (1410.) 21 pp.

De Raymond Sallegourde. — (xvie siècle.) 23 pp. Généal. achevée le 20 juin 1884.

26. — (Cahier autographe.) — In-folio, 16 pp.

Vaqué, sieurs *de Falagret*. — (1630.) Notes généal.

27. — (Cahier autographe.) — In-folio, 27 pp.

Généalogie de la famille *de Vedel de La Mothe* ou *de Lamothe-Vedel*, seigneurs de La Mothe, Loustelnau, Malvès, etc., (Lomagne, Agenais.) — (1535.) 3 pièces annexées.

28. — (Cahier autographe.) — In-folio, 6 pp.

Généalogie de la famille *de Verdun*, seigneurs, barons de Cancon. — (xve s.)

29. — (Cahier autographe.) — In-folio, 44 pp.

Généalogie de la famille *de Pinteville*, seigneurs de Moncetz, de Vaugency et de Cernon en Champagne. — 2 tabl. Généal. achevée le 6 décembre 1872.

30. — (Cahier autographe.) — In-folio, 22 pp.

Généalogie des *Montpezat-Carbon*, du Comminges et du Nébouzan, achevée le 27 avril 1881. — Tabl., armes.

31. — (Cahier autographe.) — In-folio, 25 pp.

Généalogie des *Du Fourc*, co-seigneurs de Montastruc, en Armagnac, achevée le 18 septembre 1884. — Tabl.

32. — (Cahier autographe.) — In-folio, 150 pp.

Généalogie de la maison *de Polastron*, en Gascogne. — Tabl., armes.

33. — (Cahier autographe.) — In-folio, 20 pp.

Généalogie de la famille *de Patras*, seigneurs de Ligardes, Escalup, etc. (Condomois, Picardie.) — Tabl., armes.

34. — (Cahier autographe.) — In-folio, 36 pp.

Famille *du Prat* (Auvergne), *Duprat de Mézailles*, en Néracais. — 3 tabl.

35. — (Cahier autographe.) — In-folio, 20 pp.

Généalogie *de Mauléon* (Gascogne.) — Tabl , armes,

36. — (Cahier autographe.) — In-folio, 41 pp.

Généalogie de la famille *de Bézolles*, (Gascogne), achevée en juillet 1882. — Tabl., armes.

37. — (Registre.) — In-folio, dem.-rel. v. vert.

Quatre généalogies périgourdines, dressées en 1870 71.
Sireuilh.
De Vivant, 32 pp., tabl.
Du Lion ou *du Lyon*, seigneurs barons de Belcastel, 15 pp., tabl.
De La Verrie, 11 pp., tabl.

38. — (Cahier.) — In-folio, 63 pp.

Double du précédent.

39. — (Portefeuille.)

De Lauzières Thémines. — (1178.) Généalogie dressée par Mme de R., achevée le 22 novembre 1885. Cahier in-folio de 38 pp., 7 pp. et 1 tabl. de supplément. — 44 pp. de copies du Cabinet des Titres (nouveaux d'Hozier), dossier Lauzières. — 31 pp. de notes sur la maison de Thémines, relevées dans l'*Histoire générale du Quercy* par Guillaume Lacoste. — 2 tabl. et 33 pièces diverses. — 10 copies de pièces sur les Thémines, conservées dans les archives de l'Hérault.

40. — (Portefeuille.)

Notes biographiques et généalogiques sur des capitaines et

des personnages cités dans les *Commentaires* du maréchal Blaise de Monluc. Cahiers in-folio (1).

D'Andouins, Béarn, 2 pp., armes. — (Capitaine Jehannot d'Andouins. De Ruble, I, 48.)

D'Aspremont, vicomte d'Orthe, 3 pp., armes. — (De Ruble, III, 400.)

D'Assezat, Languedoc, Toulouse, 1 p — (De Ruble, III, 89.)

D'Armagnac, Gascogne, 1 p., armes. — (Cardinal d'Armagnac. De Ruble, II, 15.) — Renvoi à diverses généal.

D'Aroux de La Serre, originaires du Bordelais, établis en Quercy et en Languedoc. 1 p. — (La Serre. De Ruble, II, 406.) — Généal. par d'Hozier, t. VII.

D'Auber, seigneurs de Peyrelongue, originaires de Normandie. Agenais. 4 pp. — (Le capitaine Peyrelongue. De Ruble, III, 47 ; IV, 315.) — Généal. par d'Hozier, reg. V.

D'Aure. 1 p., armes. —(De Ruble, III, 273.)

D'Aux de Lescout de Roméyas, en Gascogne, Poitou, Bretagne. 3 pp., armes. — (De Ruble, I, 20 ; III, 173, 315, 348, 431.) — Généal. par Chérin.

D'Auxillon, barons de Sauveterre, etc. Languedoc. 2 pp., armes. — (De Ruble, II, 211.) — Généal. dans *Arch. de la noblesse* par Lainé, t. II.

---

(1) Ce dossier est un des plus importants que Madame de Raymond ait constitué. L'édition critique la plus complète des œuvres de Monluc, publiée par M. de Ruble, ne pouvait comporter des notes généalogiques étendues sur tous les personnages dont les noms figurent dans ces textes ; le programme imposé par la Société de l'histoire de France était restreint. Mais, en nous plaçant au point de vue de notre histoire locale, nous pouvions souhaiter de mieux connaître la vie et les origines des gascons contemporains du célèbre maréchal, les uns ses amis déclarés, les autres ses ennemis implacables. C'est à quoi Mme de Raymond s'est attachée.

Nous indiquons les références à l'édition de M. de Ruble.

D'Auxion, seigneurs d'Ayguetinte, Saint-Martin, de La Salle Marguot, de Bercugnan, de Castéras Vivens, etc., 11 pp.

D'Aydie, en Béarn, Périgord, Condomois. 2 pp., armes.— (M. de Carlus. De Ruble, II, 430 ; III, 15, 365 ; V, 340.) — Généal. dans La Chenaye-Desbois.

De Balaguier, seigneurs barons de Monsalès. Quercy, Rouergue. 4 pp., armes.

De Balsac. 3 pp — (Seigneurs de Cuq. de Ruble, II, 361.)

De Barbezières, seigneurs de Chameraut. Poitou. 1 p., armes. — (de Ruble, III, 216.)

De Bardachin, en Bigorre. 1 p. — (de Ruble, II, 420, 422.)

De Barrau de Parron, en Condomois. 6 pp., armes. — (de Ruble, III, 15, 215.)

De Bazillac, chevaliers, seigneurs de Bazillac, Tostat, etc. 4 pp., armes. — (de Ruble, III, 405.)

De Bazordan, au pays de Magnoac, en Gascogne. 7 pp., armes. — (de Ruble, I, 36, 203 ; II, 387, 393, 410 ; III, 58, 59.)

De Béarn, seigneurs du Saumont, en Bruilhois. 6 pp., armes. — (de Ruble, I, 91.)

De Beauville, seigneurs barons de Beauville, seigneurs de Combebonnet, Castelsagrat, Massanès, en Agenais. 2 pp., armes. — (de Ruble, I, 120 ; III, 431.)

De Benque, dans le comté de Comminges. 5 pp, armes. — (de Ruble, III, 298.)

De Benquet, seigneurs d'Arblade, Brassal, en Chalosse. 3 pp., armes. — (de Ruble, III, 315.)

De Béon, originaires du Béarn, Gascogne. Branche des seigneurs du Massés. 4 pp. — (Jean de Béon du Massés. De Ruble, II, 405, 407. — Aimeri du Béon de Massés, id. I, 209 ; II, 388 ; III, 48.)

De Béraut, en Albret. 1 p., armes. — (De Ruble, II, 326 ; III, 103.)

De Berrac, en Gascogne, seigneurs de Cadreils, Berrac, Saint Martin. 2 pp., armes. — (Le capitaine Cadreils. De Ruble, III, 370.)

De Bézolles, en Condomois, seigneurs de Beaumont, de Cauderoue, etc., 4 pp., armes.

De Binos, en Comminges, seigneurs de Binos, d'Arros, de Sierp. 2 pp. armes. — (Le capitaine de Binos. De Ruble, II, 445.)

De Bonnaire, seigneurs du Castella, Agenais. 6 pp., armes. — (De Ruble, III, 269.)

Du Bouzet. Condomois, Quercy, Aunis, Bretagne, 2 pp., armes. — (sieur de Roquépine. De Ruble, III, 387.)

De Cardaillac de Marchastel de Peyre. 3 pp. — (De Ruble, II, 330; III, 296.)

De Cassagnet, en Armagnac, seigneurs de Tilladet. 4 pp., armes. — (De Ruble, I, 181; II, 348; III, 101, 102.)

De Castelnau, en Bigorre. 2 pp. — (De Ruble, I, 41.)

De Castelpers, en Albigeois, 1 p. — (De Ruble, I, 116.)

De Caubios, seigneurs de Caubios, en Béarn, barons d'Andiran, en Albret. 6 pp. — (De Ruble I, 278.) Copie d'une notice sur les barons de Caubios d'Andiran (1438-1885,) faite pour Mme la comtesse de Raymond par M. de Bibal. 29 pp.

De Caumont de La Mothe-Rouge. 3 pp. — (De Ruble, II, 424.)

De Caumont-Laforce. Agenais. 1 p. — (De Ruble, II, 371, 386.)

De Caupenne, barons d'Amou. 4 pp., armes. — (de Ruble, III, 404.)

De Chastenet, seigneurs de Puységur et autres lieux en Armagnac, 1 p. — (De Ruble, III, 105.)

De Chaussade ou *de La Chaussade*, seigneurs de Calonges, Lavau, Chandos, Roquenègre, en Bordelais, Agenais, Périgord. 12 pp., armes. — (De Ruble, III, 298.)

De Cominges, vicomtes de Bruniquel, 1 p. — (De Ruble, II, 397.)

De Cours, seigneurs de Pauillac, en Agenais. 1 p. — (De Ruble, III, 305, 406.)

De Devèze, seigneurs d'Arné. 3 pp., armes. — (De Ruble, II, 388; III, 29, 118, 312, 343; V, 161, 173.)

De Durfort, seigneurs barons de Bajamont, Castelnoubel, etc. 37 pp., 2 tabl. généal., armes. Généalogie signée le 21 avril 1883. — (De Ruble, II, 387 ; III, 389.) — De Durfort de Civral. — (id., II, 429.)

D'Echaus, en Navarre, vicomtes de Beygorry. 4 pp. — (De Ruble, III, 412.)

D'Eymet, baronnie en Périgord, possession de la maison féodale de Pellegrue. 6 pp., armes. — (De Ruble, II, 428.)

De Foix, comtes de Candale. — De Foix, vicomtes de Lautrec. 3 pp., armes. — (De Ruble, I, 42, etc)

De Gélas, seigneurs de Léberon en Condomois. 2 pp. Photographie du château de Léberon. — (De Ruble, I, 309; III, 152.)

De Gontaud, seigneurs de Biron, de Badefol, de Saint-Geniès, de Cabrères, d'Andaux, de Saint-Blancard. Agenais, Périgord, Gascogne. 2 pp., armes. — (De Ruble. v. table pour Robert, Hélie et le sieur d'Andaux.)

De Gourgue, en Guienne. 2 pp., armes. — (De Ruble, II, 202; III, 120.)

Du Gout Saint-Aignan ou *de Goth*, en Gascogne. 23 pp., tabl. généal., armes. — (De Ruble, III, 360, 361 ; III, 263.)

De Ladeveze ou *de La Deveze*. 2 pp., armes. — (De Ruble, III, p. 533.)

De Las, seigneurs de Labarthère, de Gayon, en Lectourois, d'Espalais, de Lamothe-Mazères, de Valende, de Brimont, de Laroque, de Lacenne, de Lacépède, en Agenais et en Bruilhois. 3 pp., armes. — (De Ruble, III, 419.)

De Lauzières de Thémines, branche des seigneurs de Lachapelle près Moissac, originaires du Languedoc, Quercy. 4 pp. — (De Ruble, III, 180, 184, 259, 305, 312, 387.)

De Lupé, branche des seigneurs du Garané et de La Cassaigne, près Lectoure, 1 p. — (De Ruble, III, 106 ; V., v. Table.)

Du Lyon, seigneurs de Bidonnet. 3 pp., armes. — (De Ruble, III, 59.)

Madaillan et *du Fossal*, seigneurs, barons de Cancon,

Montviel, Madaillan, Paris, Gibel, Cazeaux, en Agenais, barons de Rauzan et sires de Lesparre, en Bordelais, seigneurs, barons et marquis de Montataire, en l'Ile-de-France, et barons de Lassey. 5 pp.

De Marsan, barons de Caunac, en Chalosse. 2 pp., armes. — (de Ruble, I, 63.)

De Masparault, seigneurs de Masparault, en Basse Navarre, de Chennevières, dans l'Ile-de-France, de Buy-Ferrassou, en Agenais 14 pp., tabl. généal, armes.

De Massas. 28 pp., 2 tabl. généal. — (le capitaine La Clotte. de Ruble, 1. 47.)

Mongayral de Cazelle. 1 note.

De Montezun, branche des seigneurs de Caussens, près Condom. 2 pp. — (de Ruble, I, 36; II, 234.)

De Mont, 1 p. — (de Ruble, I, 21; III, 295, 432.)

De Montaut, baron de Bénac. 2 pp. — (de Ruble, II, 191.)

De Montesquiou Lasseran Massencôme, seigneurs de Labit, 7 pp.—(de Ruble, I, 309.)— Brouillon de tabl. généal. dressé pour l'histoire de la famille de Monluc.

De Montferrand, en Guienne, en Agenais. 6 pp.

De Montpezal, seigneurs de Carbon, en Nébouzan. 2 pp. — (de Ruble, I, 48.)

De Noé, Haut-Languedoc, Gascogne. 2 pp. — (de Ruble, III, 266.)

De Nort, seigneurs de Naux, Barrau, Tuquet, Tourtarel, Franc, barons de Savignac, Faugueroles. Agen, 2 pp. — (de Ruble, III, 117, 352.)

D'Ornézan d'Orbessan, en Astarac. 8 pp., armes. — (de Ruble, II, 130.)

D'Ossun, en Bigorre. 1 p., armes. — (de Ruble, I, 63.)

De Pardaillan, seigneurs de Lamothe-Gondrin, de Bridoire, de Bouas, ducs d'Antin. 6 pp. — (pour Antoine et Hector: de Ruble, II et III, passim.)

De Pechpeyron-Beaucaire, en Quercy. 4 pp. —(de Ruble, II, 411.)

De Perusse d'Escars ou *Descars*, en Limousin. 2 pp. — (de Ruble, I, 258, 284; III, 70; IV, 138, 146; V, 125.)

De Pins, capitaine Bourg, en La-Sauvetat de Gaure. 3 pp. — (de Ruble, II, 23.)

Du Pleix, en Condomois, originaires du Languedoc. 1 p. — (de Ruble, III, 296, 420.)

Prévost de Charry, Nivernais. 1 p. — (le capitaine Charry. De Ruble, I, II, III, passim.)

De Peyrecave, seigneurs de Pommès ou Pommiès en Condomois. 2 pp. — (de Ruble, III, 296.)

Le Sage, originaires de Bretagne, Condomois. 4 pp., armes. — (de Ruble, IV, 262.)

De Saint-Géry, originaires du Quercy, seigneurs de Salvanhac, en Rouergue, de Magnas, en Gascogne. 4 pp. — (de Ruble, III, 107.)

Saint-Lary de Bellegarde, en Gascogne. 2 pp. — (de Ruble, I, 207; III, 260.)

Talazac de Bahus, Landes, Chalosse. 1 p. — (de Ruble, III, 291.)

Du Verdier, seigneurs du Feuga, en Gascogne. 4 pp. — (de Ruble, II, 361.)

De Vezins, seigneurs de Lacassagne, de Saint-Michel et de Mensonville en Lomagne. 7 pp., armes. — (de Ruble, III, 107, 108.)

41. — (Registre autographe.) — In-folio, mar. plein, armes de Mme de R. sur les plats, dent. int., tr. dor.

« Armorial de la descendance de la noblesse d'Agenais « en 1789 par la comtesse Marie de Raymond, chanoinesse de « Sainte-Anne de Munich, Agen, 1866. » Titre en lettres ornées, 8 pp d'introduction. 31 pp. d'armoiries peintes par 9 écussons à la page, sauf la dernière page qui contient 7 écus de forme carrée. 809 pp. de généalogies agenaises, commencées en 1862 finies en 1886. 42 pp. d'additions et de corrections. Pour la nomenclature des généalogies voir le n° suivant.

Nota. — Mme Gavini de Campile a conservé l'usufruit de ce manuscrit.

42. — (Registre.) — In-folio, dem. rel. parchemin.

« Descendance de la noblesse de la sénéchaussée d'Age-
« nais depuis 1789.

« 3ᵐᵉ copie. Je l'ai cependant augmentée de quelques
« généalogies.

« Il y a quelquefois des erreurs dans l'orthographe des
« noms, que connaissait très mal mon copiste.

« Le deuxième brouillon a été gardé par M. Tamizey de
« Larroque.

« La mise au net est le grand volume avec écussons
« coloriés, le tout écrit et dessiné par moi (nᵒ **41**). Il est la
« meilleure expression de ma pensée.

« Cette copie a été faite pour mon usage constant. »

COMTESSE MARIE DE RAYMOND. »

D'Abzac, 1 p. — *D'Aiguières*, 1 p. — *D'Albert de Laval*, 2 pp. — *D'Albessard*, 1 p. — *D'Alcher Desplanels*, 1 p. — *Amanieu de Buat*, 4 pp. — *D'Andrieu*, 1 p. — *D'Auber de Peyrelongue*, 4 pp. — *D'Augeard*, 2 pp. — *D'Audebard de Ferrussac* (avec une copie de la généalogie de la famille d'Audebard, tirée des archives du château de Ferrussac) 22 pp. — *D'Aurout*, 1 p. — *D'Auzac*, 3 pp. — *D'Aymard d'Alby de Châteaurenard*, 4 pp. — *De Baillet*, 2 pp. — *Bailet de Berdolle-Goudourville*, 2 pp. — *De Balguerie*, 2 pp. — *De Ballias*, 2 pp. — *De Bap*, 3 pp. — *Barbier de La Serre*, 1 p. — *De Bardonin*, 2 pp. — *De Barrailh ou Barailh*, 2 pp. — *Barret de Nazaris*, 4 pp. — *De Beaulac*, 6 pp. — *De Baylle*, 1 p. — *De Bazon*, 2 pp. — *De Beaumont*, 4 pp. — *De Beaumont de Beaujoly*, 1 p. — *De Béchon de Caussade*, 3 pp. — *Belarché de Bonnassiès*, 1 p. — *De Bérail*, 1 p. — *De Béraud*, 1 p. — *Du ou de Bernard*, 4 pp. — *De Bertin de Boyer*, 1 p. — *De Bertrand de Crozefond*, 2 pp. — *Bideran de Saint-Sernin*, 5 pp. — *De Blanchard*, 1 p. — *De Bonal*, 7 pp. — *De Bonny*, 2 pp. — *De Bonnefont*, 1 p. — *De Bonnefoux*, 2 pp. — *De Boudon*, 4 pp. — *De Boulac*, 1 p. — *De Boulin*, 1 p. — *De Bourbillon de Laprade*. — *De*

— 19 —

Bourran, 4 pp. — Bouthier de Saint-Sernin, 2 pp. — Du Bousquet de Caubeyres, 5 pp. — Bouyssou de Fontarget, 2 pp. — De Bressoles, 2 pp. — De Brie de Teysson, 1 p. — De Brons, 2 pp. — De Bruet, 3 pp. — Brulart de Sillery de Genlis, 2 pp. — Bruyère, 1 p. — De Bussault. — De Cadot d'Argeneuil, 4 pp.—De Calvimont, 3 pp. —De Camas, 1 p.— De Canolle, 2 pp. — De Carbonneau, 1 p. — De Carbonnié, 2 pp. — De Cassius, 1 p. — De Carmentran d'Espalais, 1 p. — De Caumont La Force, 2 pp. — De Cazeaux, 1 p. — De Cazettes Duverger, 1 p. — De Chamboret, 2 pp. —De Champier, 2 pp. — Chapt de Rastignac, 3 pp. — De Charry, 3 pp. — De Chassarel, 2 pp. — Chaupin de Labruyère, 1 p. — De Chevalier d'Escages, 2 pp. — Clock, 2 pp. — De Comarque, 3 pp. — De Condom, 1 p. — De Couloussac, 1 p.— De Cours de Pauilhac, 3 pp. — De Cours de Thomazeau, 3 pp. — Du Cros, 4 pp. — De Cossaune, 2 pp. — De Cousseau, 1 p. — Dalès de Latour, 2 pp. — Dangeros de Castelgaillard, 2 pp. — Daurée de Prades, 2 pp.— Davach de Thèze, 6 pp. et tableau général. — Debans de Saint-Georges, 1 p. — Defaure d'Audibran, 1 p. — Delas, 2 pp. — Demestre, 1 p. — Desclaux, 1 p. — Deshoms de Favols, 2 pp. —De Digeon de Montelon, 3 pp. — Dordaigue, 2 pp. — Dordé de Saint-Bauzel, 1 p. — Dordé de Millac, 1 p. — Dorgoulhoux de Peyferié, 4 pp. — Dorniac, 1 p. — Duchamin, 1 p.— Drouilhet de Sigalas, 3 pp. — Ducarlat, 1 p. — Dugros, 1 p. — De Goth, de Gout ou du Gout, 3 pp. — Durand de Carabelles, 1 p. — Durfort de Duras, 4 pp. — D'Ebrard ou d'Hébrard, 4 pp. —D'Estutt de Solminiac, 3 pp. — D'Eylier, 1 p.—Fazas de Laboissière, 2 pp. — De Fleurans, 1 p. - De Ferrand, 2 pp. — De Foissac, 2 pp. — De Forcade, 3 pp.— Fournier de Saint-Amans, 3 pp. — Frizel de Villas, 1 p. — De Fumel, 3 pp. — De Galard, 4 pp. — De Galaup, 2 pp. —De Galibert, 2 pp. — De Galz, 7 pp. — De Gascq, 2 pp. — De Gaucher, 1 p. — De Géniès de Lapoujade de La gle, 1 p. — Gérots ou Giraut de Fontiron, 1 p. — De Gervain de Roquepiquet, 1 p — De Gironde, 2 pp. — De Godailh, 4 pp. —

De Gombault de Razac, 2 pp. — Du Gravier, 2 pp. — De Grenier, 1 p. — De Grenier de Malardeau, 1 p.— De Guérin de Lachaize, 2 pp. — Grillon de Mothes, 1 p. — Gripière de Moncroc, 2 pp. — Grossolles de Flamarens, 2 pp. — Guilhem de Lansac, 1 p. — De Guiscard, 1 p.— De Guyonnet, 2 pp. — Hector. 1 p. — L'Hulier, 2 pp. — Jacobet de Mazières, 2 pp. — Labarthe de Lamoulière, 1 p. — Le Couët de Labastide, 1 p. — Labat de Lapeyrière, 7 pp. — Laborderie de Malabal, 1 p. — De La Borie, 2 pp. — De Lacaze du Thiers, 2 pp. — De Laclaverie, marquis de Sainte-Colombe, 1 p. — De La Clergerie, 1 p. — De Lacrosse, 2 pp. — De Lafabrie de La Sylvestrie, 1 p. — De Lafont du Cujula, 4 pp. — De Lafont Blagnac, 1 p. — De Lafont-Montplaisir, 1 p. — De Lagardelle, 2 pp. — De Lagrange, 1 p.— De Lajaunie, 1 p. — De La Lande, 2 pp. — De Lameth 2 pp.— De Lamouroux, 2 pp. — De Lanau, 1 p. — De Lanauze, 1 p. — De Laporte, 1 p. — De Lard ou de Lart de Rigoulières, 12 pp. — De Lartigue, 2 pp. — De Lassalle de Laprade, 1 p. — De Lau de Lusignan, 2 pp. — De Laurière de Moncaut, 4 pp. — De Lause de Plaisance, 1 p. — De Lauzière de Thémines, 2 pp. — De Lavie, 2 pp. — L'Eglise de La Lande, 2 pp. — De Léonard, 2 pp. — De Léotard, 2 pp. — De Lescale de Vérone (Scaliger), 2 pp. — De Lesparre du Roc, 1 p. — Le Velu de Clairfontaine, 1 p.— De Levesou de Vesins, 2 pp. — Limozin de Saint-Michel, 1 p. — De Longueval, 1 p. — De Lugat, 1 p. — De Lustrac de Canabazès, 1 p. — Du Lion de Gasquès, 2 pp. — Lassus de Nestier, 1 p. — Mac-Carthy, 2 pp. — De Malateste, 1 p. — De Maleprade, 7 pp. — Malvin de Montazet, 6 pp. — De Martel de Lagalvagne de Charmont, 2 pp. — De Masparault, 2 pp. — De Massac, 1 p. — De Melet, 2 pp. — Mercier de Sainte-Croix, 1 p. — Merle de Massonneau, 2 pp. — Millac de Croizac, 1 p. — De Missandre, 1 p. — De Monestay de Chaseron, 3 pp. — De Montalembert, 6 pp. — De Montlezun, 6 pp. — De Montmejan, 2 pp. — De Montpezat, 2 pp. — De Mothes de Blanche, 2 pp. — De Narbonne-Lara, 4 pp.

— *De Neymet*, 1 p. — *De Passelaygue de Secretary*, 1 p.
— *De Paloque*, 1 p. — *De Paty*, 1 p. — *De Péchose*, 1 p.
— *De Persy*, 2 pp. — *Picot*, 2 pp. — *De Pontajon*, 1 p. —
De Poullain de Trémons, 2 pp. — *De Puch*, 1 p. — *De
Raffin*, 3 pp. — *De Rangouse*, 2 pp. — *De Raignac*, 2 pp. —
De La Ramière, 1 p. — *De Rance*, 3 pp. — *De Redon*, 2 pp.
— *De Raymond*, 11 pp. — *De Reyre de Palaumet*, 1 p. —
Du Rieu, 2 pp. — *De Rigal*, 2 pp. — *De Rimonteil*, 1 p. —
De Rissan, 1 p. — *De Rives*, 1 p. — *De Robert*, 1 p. — *Rocherand de Laroche*, 1 p. — *De Roche*, 6 pp. — *De La Rochefoucauld*, 1 p. — *De Rossane*, 6 pp. — *Roux*, 1 p. —
Royon Roy de Bonneval, 1 p. — *De Roche de Sainte-Livrade*,
1 p. — *De Sabaros*, 2 pp. — *De Sabat ou de Saubat*, 1 p.
— *De Saffin*, 2 pp. — *De Sainte-Colombe-de-Tournade*,
2 pp. — *De Saint-Gilis*, 2 pp. — *De Sansac*, 2 pp. — *De
Sarrau*, 2 pp. — *De Sarrazin de Caillade*, 1 p. — *De Scorailles*, 2 pp. — *De Scorbiac*, 1 p. — *De Secondat*, baron
de Roquefort, 11 pp. — *De Sénigon de Rousset de Roumefort
du Cluzeau*, 2 pp. — *De Sevin*, 6 pp. — *De Singlande*, 1 p.
— *Du Sorbier*, 4 pp. — *Sibault de Saint-Médard*, 1 p. —
Talleyrand-Périgord, 4 pp. — *De Tastes de Labarthe*, 2 pp
— *Timbrune de Thiembronne de Valence*, 4 pp. — *De
Trévey*, 3 pp. — *De Vassal*, 3 pp. — *Vedel de Lamothe*, 2 pp.
— *De Vernéjoul*, 2 pp. — *Vignerot-Duplessis Richelieu*, 3 pp. —
De Villatte, 3 pp. — *De La Ville sur Illon Lacépède*, 4 pp.

43. — (Portefeuille.) — Notes autographes et pièces diverses.

D'Albert de Laval. — 7 pièces, dont 1 tabl. généal.
D'Alespée (Albret.) — 2 pièces.
D'Alleguèdes. — 1 pièce.
D'Armagnac de Biran-Goas (Gascogne.) — Tabl.
D'Auxion (Gascogne.) — 3 pièces, dont 1 tabl.

44. — (Portefeuille.) — Notes autographes et pièces diverses.

De Bacalan. — 3 tabl.
De Balguerie. — 3 tabl.
De Bap, seigneurs de Garroussel, de Pélambert. — 1 tabl.

De Baratet. — 3 pièces.
De Bardin de Mongairol. — 3 pièces. Renvoi à Ferrand et Raffin.
De Bardonin, comtes de Sansac. — 3 pièces.
De Barrau. — 4 pièces.
De Barroussel. — 3 pièces.

45. — (Portefeuille.) — Notes autographes et pièces diverses.

De Bazillac (Bigorre.) — 16 pièces.
De Bazordan (Gascogne.) — 1 pièce.
De Béarn du Saumont (Bruilhois.) — Tabl.
De Beaulac. — 1 pièce.
De Beaumont du Repaire (Dauphiné, Périgord, Agenais.) — Tabl.
De Beauville. — 9 pièces.

46. — (Portefeuille.) — Notes autographes et pièces diverses.

De Beaux Oncles. — 4 pièces.
De Béchon de Caussade. — 3 pièces, dont une généalogie (cahier de 24 pp.) par le général de Béchon de Caussade et tabl.
De Benque (Gascogne, Bigorre.) — 2 tabl.
De Berrac. — Tabl.
De Bézolles. — 14 pièces.

47. — (Portefeuille.) — Notes autographes et pièces diverses.

De Blois (Saintonge.) — 5 pièces.
Boileau. — Tabl.
De Bompart. — 14 pièces, dont 1 tabl.
De Bonnaire, barons de Castella. — 5 pièces.
De Bonnefont de Cardelus. — 11 pièces, dont 2 tabl.
De Boscq. — Tabl.

48. — (Portefeuille.) — Notes autographes et pièces diverses.

Boudon de Saint-Amans. — 2 pièces.
De Boutet de Caussens (Gascogne.) — Tabl.

De Boutier de Catus. — 3 pièces, dont un cahier de 16 pp. contenant un extrait des preuves de noblesse.

De Brajac (juridiction de Viieréal.) — 3 pièces.

De Bressoles. — 6 pièces.

Briffaut, bourgeois de Sainte-Livrade. — Tabl.

49. — (Portefeuille.) — Notes autographes et pièces diverses.

Cabrit, bourgeois de Montagut et de Couloussac. — Tabl.

De Cambes. — Tabl.

De Carbonneau. — 22 pièces.

De Carbonnier (Castillonnès.) — 7 pièces, dont 1 tabl.

De Castellane de Salernes. — Tabl. généal. signé par Mme de R., le 4 décembre 1885.

De Caubios d'Andiran. — 3 pièces.

50. — (Portefeuille.) — Notes autographes et pièces diverses.

De Champier. — Tabl.

Du Chanin de Bartas. — 2 tabl., 1 pièce imprimée : *Analyse d'un jugement du Tribunal de Condom pour servir de griefs d'appel pour le citoyen Joseph Meuil-Magnas contre la dame Duchenin, née Dubartas.* An X, à Condom, chez B. Dupouy, impr. 39 pp.

De Chastenet de Puységur (Gascogne.) — Tabl.

De Cieulat. — 4 pièces.

De Codoing. — 5 pièces.

De Conqueret. — 1 pièce.

De Coquet. — Tabl. et 3 pièces.

De Cournuaud. — 4 pièces.

De Coustin de Bourzolles de Caumont (Limousin, Périgord, Armagnac.) — Tabl. et 5 pièces.

De Cruzel de Nort. — 2 pièces.

51. — (Portefeuille.) — Notes autographes et pièces diverses.

De La Dague. — 3 pièces.

Dancelin. — 1 pièce.

Dangeros. — 18 pièces.

Dasques de Lasalle-Gounot. — Tabl.

Deshoms de Favols. — 5 pièces.

Digeon. — 20 pièces.

Dordé de Saint-Pierre de Millac. — 8 pièces.

52. — (Portefeuille.) — Notes autographes et pièces diverses.

Douzon. — 8 pièces.

Ducros. — 5 pièces.

Durfort (Languedoc, Agenais). — 5 pièces et 117 fiches relevées d'après les articles d'un inventaire conservé dans les archives du château de Lafox.

53. — (Portefeuille.) — Notes autographes et pièces diverses.

D'Ebrard ou d'Hébrard du Rocal. — 9 pièces, dont une copie de généalogie appartenant à M. Georges de Laborie.

D'Escayrac de Lauture. — Tabl., d'après la généalogie de La Chenaye-Desbois.

D'Esparbès. — 6 pièces, armes.

D'Espée de Blazy. — 2 pièces.

54. — (Portefeuille.) — Notes autographes et pièces diverses.

De Faget de Saint-Julien. — 2 pièces.

De Faulong. — 2 pièces.

De Favières. — 2 pièces.

De Ferrand, seigneurs de Mauvezin, de Buat, de Beausoleil. — 19 pièces.

De Filartigue. — 2 pièces.

De Fonterouget ou Fou'arget. — 2 pièces.

De Forcade. — 2 pièces.

Fournier Saint-Amans. — 4 pièces.

55. — (Portefeuille.) — Notes autographes et pièces diverses.

De Galard. — 1 pièce et tabl.

De Galibert. — 2 pièces.

De Gamel de Carly. — 7 pièces.

De Garin (Bruilhois.) — 1 pièce.

De Gautier de Savignac. — Tabl.

De Geneste. — Tabl.

De Gironde. — 2 pièces.

De Gordièges. — 4 pièces.

De Gordon. (Quercy.) — Tabl.

56. — (Portefeuille.) — Notes autographes et pièces diverses.

Du Gout de Saint-Aignan. — 3 pièces.
De Grossoles. — 5 pièces.
De Groussou. — 4 pièces.
De Guérin de La Cheze (Villeréal.) — 47 lettres de renseignements, 2 tabl., 24 pièces diverses.

57. — (Portefeuille.) — Notes autographes et pièces diverses.

Hector de Monsenot. — 2 pièces.
Imb rt (Port-Sainte-Marie.) — 7 pièces.
Jacoubet ou Jacobet (Sainte-Livrade.) — Tabl. et 5 pièces.
De Laboirie de Saint-Sulpice. — 17 pièces.
De Laboulbène de Montesquiou. — 2 pièces.
De Lafitte de Pelleguignon. — 2 pièces.
De Lafont du Cujula. — 2 tabl.
De Lafont de Féneyrols. — Tabl. et 5 pièces.
De Lagoutte de La Poujade. — 3 pièces.

58. — (Portefeuille.) — Notes autographes et pièces diverses.

De Landas. — 2 pièces.
De Lard. — 4 pièces.
De Larroudé. — 3 pièces.
De Las de Brimont. — Tabl.
De Lassalle de Laprade. — Tabl.
De Lasseran, Labit, Monluc, etc. — 5 pièces.
De Lasteyrie (Limousin.) — 16 pièces.
De Lataste (Lectoure.) — 5 pièces.

59. — (Portefeuille.) — Notes autographes et pièces diverses.

De Lavolvène. — 3 pièces.
De Léonard. — 5 pièces.
De Lescazes. — Tabl.
De Lespès de Lostelnaud — 3 pièces.
De Lézir de Salvezou (Quercy.) — 14 pièces.
De Loches. — Tabl.
De Longueval. — 6 pièces.
De Lugat. — Tabl.
De Lusignan. — 6 pièces.

De Lustrac. — 16 pièces, dont 3 tabl. L'un d'eux porte cette mention : « ce tableau, le dernier, est le bon, 31 mars 1886. »

60. — (Portefeuille.) — Notes autographes et pièces diverses.

De Maine et Souillac (Quercy.) — 5 pièces.
De Mazellière. — 9 pièces, dont 1 tabl. et la copie d'une généalogie dressée par M. l'abbé J. de Carsalade du Pont.
De Mauléon. — 17 pièces.
De Maurès. — 4 pièces, dont une photographie du médaillon de bronze représentant Anne de Maurès, découvert à la bibliothèque de Perpignan, par M. Ad. Magen.
De Metge. — Tabl.
De Molimard. — Tabl.
De Montagut de Mondenard. — 1 pièce.

61. — (Portefeuille.) — Notes autographes et pièces diverses.

De Montferrand (Guienne.) — 1 brouillon de généalogie et 8 pièces.
De Montpezat, Carbon. — 57 pièces.
De Mothes. — 2 pièces, dont une *Notice sur Guillaume de Motes* par M Antonin Frézouls, avocat général. Agen, Noubel, 1873, in-8, 39 pp.
De Mothes de Blanche. — 5 pièces, dont une *Notice historique sur la terre et le château de Puycalvary*, s. n. d'auteur (Lamothe de Blanche), s. d., X. Duteis, à Villeneuve, in-8, 8 pp.
De Mucy. — 2 pièces.

62. — (Portefeuille.) — Notes autographes et pièces diverses.

De Narbonne Lara. — Tabl. et 3 pièces.
De Neymet. — 1 pièce.
De Nort et de Raffin. — 18 pièces.
D'Orbessan (comte de Foix.) — 8 pièces.
D'Ornezan (Gascogne.) — Tabl.

63. — (Portefeuille.) — Notes autographes et pièces diverses.
De Paloque. — 2 pièces.
De Pardaillan. — 11 pièces.
De Passelaygue. — 3 pièces.
De Pé. — 3 pièces.
De Pellegrue. — 31 pièces.
De Persy de Mondésir. — 1 pièce.
De Piis. — 29 pièces.

64. — (Portefeuille.) — Notes autographes et pièces diverses.
De Philippe. — 6 pièces.
De Polastron. — 10 pièces.
De Pons. — Tabl.
Du Pont de Beaulac. — 2 pièces.
De Pontajon. — Tabl.
De Portets. — Tabl.
De Poullain de Trémons. — 5 pièces.
Pouverseau, du Burgue, Poullard. — 4 pièces.
Preissac. — 1 pièce.

65. — (Portefeuille.) — Notes autographes et pièces diverses
De Rabutin (Bourgogne.) — Tabl. et 2 pièces.
De Raffin (Agenais.) — 8 pièces.
De Rance. — 3 pièces.
De Raymond-Bernard. — 5 pièces.
De Rissan. — 5 pièces.

66. — (Portefeuille.) — Notes autographes et pièces diverses.
Le Saige (Bretagne, Condomois.) — 2 tabl.
De Sajas. — 1 pièce.
Sarrau. — 6 pièces, dont un tabl.
De Sarrazin de Valade de Bellecombe. — 13 pièces.
De Sédilhac (Gascogne.) — 2 pièces.
De Sevin. — Généal. et 7 pièces.
De Sibault de Saint-Médard. — 20 pièces, dont 3 plaquettes de l'imprimerie de Mme veuve Quillot : *Jugement du Tribunal de première instance d'Agen, 5 avril 1873. Rec-*

tification du nom de la famille Sibaud de Saint-Médard, s. d., 8 pp. — *Extrait du livre terrier ou arpentement général de la juridiction de Clermont-Dessous, 20 février 1642.* 1876, 4 pp... — *Contrat de mariage entre noble Hermand de Sibaud et demoiselle Jaquette de Gascq. 9 juin 1691.* S. d. 4 pp.

De Solle. — Tabl.

67. — (Portefeuille.) — Notes autographes et pièces diverses.

De Tapie de Monteils. — 6 pièces.
De Tapol. — 1 pièce.
Tardieu-Lisle. — 5 pièces.
Tersac de Monbereau. — 1 pièce.
Thimbrune ou *Thimbronne de Valence.* — 2 pièces.
De Tropenat de La Nauze. — Tabl.

68. — (Portefeuille.) — Notes autographes et pièces diverses.

De Vedel de Lamothe ou *de Lamothe-Vedel.* — 4 pièces.
Du Verdier. — 7 pièces.
De Verdusan (Gascogne.) — 1 cahier de notes et 27 pièces.
Du Vergès de Cazeaux. — 1 pièce.
De Vergnes. — 1 pièce.
De Vicmont de Tournecoupe. — 2 pièces.
Viella. — 1 pièce.
De La Ville de Lacépède. — 2 pièces.
De Villeréal-Lassagne. — 3 pièces.

NOTES ET COPIES DE PIÈCES A UTILISER POUR LES GÉNÉALOGIES.

69. — (Registre autographe.) — In-folio, 172 ff.

Notes généalogiques. Registre n° 1. Copies de généalogies de Redon, d'Audebard de Ferrussac, de Labat, de Vivans. — Tables des registres des insinuations (Arch. dép. de Lot-et-Garonne, série B.) — Notes d'après des minutes de Forcade, notaire à Port-Sainte-Marie.

70. — (Registre autographe.) — In-folio, 353 ff.

Notes généalogiques. Registre n° 2, commencé en 1867. Notes tirées de la série des registres des insinuations (Arch. dép. de Lot-et-Garonne, série B.)

71. — (Registre autographe.) — In-folio, 441 ff.

Notes généalogiques. Registre n° 3, commencé le 10 juin 1878. Notes et cotes de pièces d'après les originaux conservés dans les dépôts d'archives suivants : état civil de Bordeaux, d'Anthé (Lot-et-Garonne); — familles de Raymond, de Bénac, de Vigier, de Lustrac, de Sevin, de Gironde, Masson (Lectoure), de Saint-Exupéry, Lagrèze, de Piis, de Laffore, etc ; — châteaux de Cauzac (Lot-et-Garonne), de Saint-Léonard, canton de Saint-Clar (Gers) ; — notaires d'Agen, Robert et Cruzel, de Villeréal, etc. ; — notes sur des collections de factums rédigés et produits à l'occasion d'un procès sur le ressort judiciaire entre les villes de Laplume et de Lectoure. Extraits de ces factums relatifs à l'histoire du Bruilhois. — Analyse de pièces sur Combebonnet et Boville existant dans le fonds de Fimarcon. — Table alphabétique des noms patronymiques.

72. — (Registre autographe.) — In-folio, 480 ff.

Notes généalogiques. Registre n° 3, ou coins de fer n° 1, commencé en 1867. — Généalogies ou notices généalogiques sur les familles de Brenieu, Lacuée de Cessac, d'Halot, Raymond de Lagrange, de Faure, de Carmentran, de Laborde, de Courtête, de Mons, de Las, Loubatery, du Jay, Metge, de Beaudot, Hector, de Neymet, de Batz de Trenqueléon, de Fumel, Le Roy de Bousol Vassal, de Châteaurenard, Janin de Gabriac. — Notes extraites des dépôts d'archives suivants : château de La Brède, famille de Sevin ; — minutes des notaires d'Agen Galieu (1694-1695), Barennes (1716-1760), Cruzel (1646-1674) etc. ; — registres des insinuations (Arch. dép. série B.) ; — procès-verbaux des tournées épiscopales dans l'archiprêtré de Tournon (1665), ms. de la bibliothèque d'Agen ; — état civil des protestants (Arch. dép. B. 1404) ; etc. — Notes sur les châteaux de Brasalem, de Gueyze, de Lassalle-Bertrand. — Rôle des nobles de la sénéchaussée d'Agenais et Gascogne sujets au ban et à l'arrière-ban, convoqués à Agen le dernier février et le 16 mars 1557. Copie, en 10 pages, d'une expédition authentique conservée dans les archives de M. Léon de Sevin En marge, notes au crayon sur les noms patronymiques des seigneurs désignés dans l'acte sous leurs noms de fiefs. — Sentence de condamnation à mort de M. Joseph Duthiers, prononcée par le tribunal de salut public, siégeant à Agen (1793). Extrait des registres du greffe du tribunal d'Agen. — Acte de vente par Diane de Poitiers à Jehan et Loys de Godailh de la maison noble de Fontirou (14 décembre 1564.) Copié sur l'original faisant partie des archives de M. Armand de Sevin. — Etat des armoiries relevées dans l'armorial général de 1696, à Paris, reg. de la Guienne.

73. — (Registre autographe.) — In-folio, 952 ff.

Notes généalogiques: Registre dit coins de fer n° 2, commencé le 19 juillet 1873, divisé en trois parties ayant chacune leur table des noms patronymiques. Fonds utilisés : minutes anciennes des études de MM. Recours, Despans, de Lacvivier, à Agen, Mourgues, à Dondas, notaires de Port-Sainte-Marie ; — papiers en la possession des familles de Sorbier de la Tourasse, de Tholouze, comte de Montalembert, à Tournon, de Lard, de Lafont de Cujula, de Coquet, de Bourrousse de Laffore ; — fonds des châteaux de Bonas (Gers), d'Arasse (Lot-et-Garonne) ; — registres paroissiaux de Cabalsaut, Clermont-Dessus, Sauvagnas, Arpens, Castillou, Lacépède, Fraysses, Puymirol, Monclar ; — reg. des insinuations (Arch. dép. série B) etc.

74. — (Registre autographe.) — In-folio, 306 pp.

Notes généalogiques. Registre n° 4, commencé le 25 janvier 1883. Notes prises sur des pièces appartenant aux fonds suivants : minutes de M. Amourous, notaire, à Dondas ; — archives de l'hôtel de ville d'Agen, — de M. de Léonard, — de M. J. de Bourrousse de Laffore (pièces sur les Madaillan), — de La Tour de Fontirou ; — arch. dép. de la Gironde et du Lot-et-Garonne ; — minutes du notaire Leydet, en l'étude de M. Lacombe, à Agen;—registres paroissiaux de Cardounet ; — archives de Cruzel de Nort ; — minutes des études de M. Méhoul, notaire à Marmande, de M. Beautian, notaire à Villeneuve ; — état civil de Nérac, d'après un ms. de M. Samazeuilh ; — titres de la famille de Redon, d'après les dossiers de la bibliothèque nationale.

75. — (Registre.) — In-folio, 77 ff.

Tables alphabétiques des noms de personnes contenus dans les registres de notes ou extraits d'actes dits livre I (69), livres coins de fer 1 et 2, (72, 73.)

76. — (Portefeuille.)

Brouillons de tableaux généalogiques, fiches et pièces diverses sur les familles de Labarthe, Castellane, de Pontajou. Notes relevées sur l'inventaire sommaire des archives de La Rochelle.

77. — (Registre.) — In-folio, ms. du xviie siècle, et cahier, in-folio, 28 ff.

« Genealogie de la noble et ancienne maison d'Hebrard, « seigneur de Saint-Sulpice en Quercy. » (depuis 1180.)

Acheté à la vente de Rozières en février 1879, n° 1551 du catalogue.

Copie de la généalogie d'Hébrard, faite par M. le docteur de Bibal en 1885.

78. — (Registre.) — In-folio, 100 ff.

« Registre généalogique de la famille de Ramond de Fol- « mont, d'après ses archives, dressé par M. Ramond du « Pouget » — (xiiie siècle.) — Notes sur l'origine de la maison de Ramond de Folmont. — Généalogie de la maison de

Ramond de Carbonnières. — Invention de titres de la famille de Ramond de Folmont, au nombre de 562, de Ramond de Carbonnières. — Tables des noms des familles qui ont fourni des ayeux et des localités dans les actes. — Armorial des familles citées dans le registre.

79. — (Portefeuille.)

Copies de généalogies. Histoire de la famille de Buard par Gabriel-Auguste-Louis Buard, docteur en médecine, médecin militaire (10 pages.) Fiefs ayant appartenu à la famille de Buard : Lagarde, au Port-Sainte-Marie ; — Le Cujula ; — Le Mas d'Agenais. — A la suite, famille Cassany-Mazet de Villeneuve (10 pp.). 2 pp. d'additions de Mme de R...

80. — (Registre.) — In-folio, 25 ff.

Généalogie de la maison noble de Faure en Agenais (1271), transcrite sur un ms. de la fin du xviie siècle par M. Martineau. Tabl., armes.

81. — (Registre.) — In-folio, 61 pp.

Généalogie de la famille de Lafon en Agenais par Mlle Marie de Coquet. Copie de M. le docteur de Bibal.

82. — (Cahier.) — In-folio, 13 pp.

Généalogie de la famille de La Tour de Langle, dressée par M. Gaston du Bois de Fontaine de Gaudusson, au château de Langle près Luzech (Lot.)

83. — (Cahier.) — In-folio, 34 pp.

Généalogie de la famille de Sevin, branche de l'Orléanais, dressée par Mme de Sevin, née de Levet de Montfeu, copiée par Mme de R...

84. — (Cahier.) — In-folio, 23 pp. et tabl.

Dossier sur la généalogie de la maison de Belzunce. Copie faite par Mme de R... d'un ms. acheté à la vente de Rozières.

85. — (Cahier.) — In-folio, 13 pp.

Généalogie de Berrac en Gascogne. Etat des titres pour les preuves de noblesse.

86. — (Cahier.) — In-folio, 17 pp.

Notice sur les seigneurs de Labit, issus des Lasseran-Massencôme après la séparation de la branche de Monluc, composée par M. Soubdès de Condom.

87. — (Cahier.) — In-folio, 31 pp.

Famille d'Achia de Bigaragua de Dordaygue, généalogie rédigée par M. Louis-Edouard-Marie-Hippolyte, comte de Dienne, copiée par Mme de R...

88. — (Registre.) — In-folio, 116 ff.

Maison de Roquefeuil. Généalogie et titres par le comte Casimir de Roquefeuil.

89. — (Tableau, collé sur toile.)

Généalogie de la famille de Coquet.

90. — (Tableau, collé sur toile.)

Arbre généalogique de la famille de Mauzac. Armes en couleur.

91. — (Registre.) — In-folio, dem.-rel. chagrin vert, 78 pp.

Mémoire généalogique de la maison d'Aux de Lescout, dressé sur les actes originaux et les titres existant au cabinet du Saint Esprit. 1788

92. — (Cahier.) — In-folio, 32 pp., 2 pièces annexées, armes.

Dossier de notes sur les Claret, Polastron, Lévis-Mirepoix, Sainte-Colombe, Boissonnade, venant de chez ces derniers, à Mézin. 1884.

93. — (Cahier.) — In-folio, 14 pp.

Inventaire des titres de la maison de Biran de Gohas, copiés sur un dossier dressé par M. l'abbé de Carsalade du Pont. Titres concernant la seigneurie de Lamothe-Pellegrue. (1368-1744.)

94. — (Cahier.) — In-folio, 43 pp.

Notice sur la famille du Gasquet ou de Gasquet et ses

alliances, transcrite au Thil, par Mme de R... — 1 tabl. et 1 pièce annexés.

95. — (Registre) — In-folio, 123 pp.

Inventaire des titres et papiers du château de La Hillière, fait par Me Duplan, en 1769 et 1770. Copie faite pour Mme de R... par M. le docteur de Bibal.

96. — (Portefeuille.)

Notes relatives aux familles, relevées par Mme de Raymond et par Mlle de Coquet sur les registres paroissiaux : d'Agen (1 petit cahier et 27 pièces;) — d'Espiens (15 pp.;) — de Fougarolles (18 pp.;) — de Menaux (11 pp.;) — de Monclar (7 pp., tabl. généal. de la famille de Mathieu;) — de Puymirol (23 pp.)

97. — (Portefeuille.) — 22 pièces.

Notes diverses intéressant les familles de Sevin Miramion, du Fossat, Touton, de Verdusan, de Pardaillan, Ferrand de Lostalot de Lassalle, de Faure. — Cotes de documents relatifs au château de Fontirou. — Fragment d'une copie d'inventaire des archives de Fimarcon.

98. — (Portefeuille.) — Cahiers, in-folio, 374 pp.

Relevé d'actes intéressant les familles, insérés dans la série des registres des insinuations de la sénéchaussée d'Agenais (Arch. départ., série B.) Transcription des tables et notes prises non sur l'inventaire sommaire mais d'après les actes eux-mêmes dans les reg. dont Mme de R. a fait le dépouillement.

99. — (Portefeuille.)

Notes prises dans les minutes des notaires de Meilhan et de Saint-Macaire et sur les registres de l'état civil de ces deux villes. Familles de Raymond, de Gasc, de Lard, etc. (Cahier, in-8, 23 pp.) — Brouillon au crayon de notes prises dans les mêmes dépôts d'archives. (Cahier, in-8, 29 pp.) — Notes relevées sur les arrêts de Jean Papon. (Cahier, in-folio, 11 pp.) — Jugements de maintenue de noblesse (1697-1716) relevés à la bibliothèque nationale par M. de Laplagne-Barris. (Cahier, in-folio, 14 pp.) — Notes relevées sur l'inventaire sommaire des archives départementales du Lot. (Cahier, in-folio, 29 pp.)

100. — (Registre.) — In-folio.

Répertoire des noms et indications des sources. Noms de personnes par ordre alphabétique (première lettre du nom.) Renvois à des sources imprimées ou manuscrites, à des inventaires d'archives. Ce répertoire n'est qu'un essai et ne contient pas la vingtième partie des notes consignées dans les dossiers.

101. — (Portefeuille.) — Cahier, in-4°, 27 ff. et fragments d'un cahier in-folio, 4 ff.

Notes au crayon et tables alphabétiques de noms de personnes, dont la concordance avec les manuscrits n'a pas pu être établie.

102. — (Registre.) — In-folio, 41 pp.

Inventaire des titres de la terre de Bridoire, en Périgord, relevé en extrait de celui qui est aux archives de la maison de Boussort de Campels. Copie moderne.

103. — (Registre.) — In-folio, 65 pp.

Inventaire des archives du château de Lafox, dressé par Lachèze en 1713. Titres des Montpezat, des Durfort. Copie moderne.

104. — (Portefeuille.)
Titres généalogiques.

Copie de la généalogie de la maison de Lanzière-Thémines, écrite de la main de A. M. d'Hozier de Sérigny (Bibl. nation. — Dossier de Lanzières. — Nouveau d'Hozier.) 14 pp.

De Timbrune-Valence. — Mémoire dressé par Chérin en 1776. Cabinet des titres. Copies de M. Sandret. 23 pp.

De Brezolles. — Rôle de la montre des gens d'armes de la compagnie de Blaise de Monluc, faite près de Grenade, le 20 septembre 1569. (Publié par M. Ad. Magen. *Deux montres d'armes du* xvie *siècle.* Agen, Lamy, 1882, br. in-8°, 23 pp.) Pièces généalogiques. Cabinet des Titres. Copies de M. Sandret. 32 pp. et 7 pièces dont 1 tabl.

De Mauléon. — Copie de pièces du Cabinet des Titres. 31 pp. 5 pièces.

De Raffin. — 2 pièces.

D'Escodeca de Boisse. — 9 pièces.

De Mazelières. — Copies de pièces du Cabinet des Titres, 8 pp., 1 pièce.

De Benque. — 8 pp.

De Montpezat. — Copies de pièces du Cabinet des Titres par M. Sandret. 35 pp. 5 pièces.

De Poussard. — Copies de pièces du Cabinet des Titres, par M. Sandret, 25 pp.

De Verdusan. — id., 8 pp., 1 pièce.

De Polastron. — id., 7 pp.

Notes tirées des *Arrêts* de Maynard sur les familles du Sorbier, de Beauvile, de Lévis de Mirepoix, de Lustrac, etc. 13 pp.

Montre d'armes (mars 1568) des 40 hommes d'armes et 60 archers levés sous la charge de Blaise de Monluc, passée à Bordeaux par Odet de Verduzan. Copie de M. Sandret. (Publiée par M. Ad. Magen : *Deux montres d'armes*, etc.)

De Raymond. — Copies de titres de la Bibl. nationale. 37 pp.

Capitaines gascons compagnons de Jeanne d'Arc. Correspondance, 6 pièces.

Le Midi illustré journal hebdomadaire. N° 1, 3 janvier 1863. Article sur le château de Nérac.

105. — (Cahiers.) — In-folio, 317 pp.

« Inventaire des dossiers, titres originaux, parchemins ou
« papiers concernant les familles nobles de la région que

« j'ai pu recueillir. Je citerai les dates la nature des titres et
« les divers noms qui y sont contenus. » Réunion de notes
diverses prises par Mme de R et de cotes de pièces par ordre
alphabétique des noms de famille et de lieu. Table des noms
contenus dans ledit inventaire, faite par M. le docteur de
Bibal.

106. — (Portefeuille.)

Fragments manuscrits de copies de deux traités sur le blason. 422 pp. et planches en couleur.

107. — (Portefeuille.)

Extrait d'un mémoire manuscrit de Jean de Vivant contenant : *Les faits d'armes de Geoffroy de Vivant*, son père, transcrit pour Mme de R par M. Ad. Magen. — Liste de noms d'auteurs contemporains avec l'indication de leurs pseudonymes.

108. — (Cahier.) — In-folio, 7 pp.

Pièces justificatives de la généalogie de Raimond de Falmont de Fages.

109. — (Cahier.) — In-folio, 11 pp.

Copie d'un acte de donation pour cause de mariage, faite par Garcies de Mondenard, seigneur de Moncaut, d'Estillac et de Roquelaure, à son fils, noble Jean de Mondenard (1488.)

110. — (Cahier.) — In-folio, 22 pp.

Copies de pièces. Généalogie de Morin du Sendat par M. J.-Fr. Samazeuilh, avec des additions et rectifications par Mme de R. — 2 pièces sur les marquis de Cazamajour, communiquées par M. Gabriel-Hector Pélignot de Bourray, copiées par Mme de R. — 3 pièces sur Pierre de Galz, tirées du reg. B. 50 des Arch. départ.

111. — (Registre.) — In-folio, 45 pp.

Inventaire des Archives du marquisat de Fimarcon, appartenant à M. Joseph Masson, de Lectoure. (1880.)

112. — (Cahiers.) — In-folio, 40 pp. ; in-4º, 16 pp.

Deux copies de l'inventaire des archives du marquisat de Fimarcon, dressé par Palanque, notaire, en 1760. La copie format in-folio, de la main de Mme de R., est divisée par articles avec les dates en marge.

113. — (Registre.) — In-folio, 74 pp.

Inventaire des titres du marquisat de Fimarcon transportés de Lectoure au château de Dolomieu (Isère) en 1878. Note de Mme de R. sur la destinée des archives de Fimarcon et leur acquisition par M. le marquis de Bussières.

114. — (Registre.) — In-folio, 78 ff.

Notes sur les familles, relevées par feu J.-Fr. Samazeuilh dans les livres de jurade, registres paroissiaux et de l'état civil, livres des reconnaissances, rôles de la capitation des archives de Nérac (1631-1847), Casteljaloux (1500-1819), Villefranche, Mézin. — Un premier cahier de 18 feuillets, forme une sorte d'inventaire sommaire des livres de la jurade et des municipalités de Nérac, de 1631 à 1820. L'ensemble de ces notes forme une petite chronique néracaise.

115. — (Cahier.)

Ms. de M. Valmy Termes-Dubroca, notaire à Aiguillon, (juillet 1878), intitulé *Archives notariales*, paru en partie dans la *Revue de l'Agenais*.

116. — (Portefeuille.)

« Relevé fait sur les répertoires des actes des différents « notaires qui sont en l'étude de Despans, notaire à Agen. » Ms. de la fin du siècle dernier et du commencement de ce siècle, 36 pp. — Extrait du nobiliaire de Fr. de Saint-Allais, famille de Raymond, 4 pp. — 32 pièces originales ou notes diverses, parmi lesquelles : une donation d'intérêts consentie par messire Charles de Raymond, chevalier, conseiller du roi, seigneur de Suquet ; — un état des titres féodaux dont est dépositaire le citoyen Despans, notaire d'Agen, et dont il doit faire la remise en exécution du décret de la Convention nationale du 17 juillet 1793. — Notes sur des actes notariés relatifs à la famille Barsalou, dont une partie ont été relevées et mises en forme de tableau généalogique par Mme de R. (6 pp.)

117. — (Portefeuille.) — 13 pièces.

Tableau généal. ou fragments de généalogies. Familles : de Bric, barons de Gavaudun; — Ducauze de Nazelles; — Dufau; — du Lion de Belcastel; — de Masquard; — de Melet; — Muraille; — de Raymond; — de Sarrau; — de Saint-Exupéry.

118. — (Portefeuille.) 32 pièces.

Tabl. généal. ou notes. Familles : d'Escodeca de Boisse; — de Bardonin; — de Mirambeau; — du Lau.

119. — (Portefeuille.) — 38 pièces.

Tabl. généal. et notes tirées des registres paroissiaux de Nérac et de Casteljaloux. Familles : Mulle; — Ferrière; — Paupaille; — Baroque; — Bacoue; — Sacriste; — de Brocas; — des Clavaulx; — Duprat; — Lançon de Lepou; — de Tastes; — Gaubert; — du Sollier; — Descuraing; — du Castaing; — Constant; — Béraut; — Burqué; — Brostaret; — de Gans; — de Mothes; — de Canterac d'Andiran; — Roux de Laval; — de Gascq; — Botet de Lacaze; — Léglise; — Sauvage; — Ducasse; — de Caucabanes; — Joli du Sabla; — Augier de Massilos; — de Vaquier; — de Gripière de Moncroc.

120. — (Rôle.)

Arbre généalogique de la famille de Melet. 6 branches : de La Conquête, de Rochemon ou de Monbalen, du Foudon, de Laubec, de Castelvieil, de Maupas. Généalogie arrêtée à l'année 1788. Ms. sur toile.

121. — (Portefeuille.) — 40 pièces.

Dossier sur Mlle Elisabeth de Blois, née de La Mothe, cousine de Mme de Pompadour. Notes, correspondance, documents, fragments de tableaux généalogiques sur Mlle de Blois et sa famille (Poisson, de Lamothe, etc.) Née en 1718, Mlle de Blois possédait le château de Latourre, paroisse de Sainte-Eulalie, juridiction de Condom, où elle mourut le 10 juillet 1770. Elle laissa sa fortune au marquis de Marigny, frère de Mme de Pompadour. — Inventaire des biens de la succession de Mlle de Blois, dressé en juillet 1770 par M. Audié, notaire à Condom. Copie, cahier de 28 ff. — Testament et codicille de Mlle de Blois. Copie faite par M. Joseph Gardère. — Correspondance de Mme de R. au sujet de Mlle de Blois, avec MM. J. Gardère, Auguste Vitu, du *Figaro*, Demonts, notaire à Paris, Denis de Thézan, Sandret.

122. — (Portefeuille.) — 28 pièces.

Notes généalogiques. Brouillons. Familles de Boissonnade, de Gasquet, Héron, de Sariac, Talon. — Table correspondant à un registre de notes.

123. — (Registre.) — In-folio, 20 pp.

Généalogie de la maison de Villeneuve établie en Provence. Branche des seigneurs d'Esclapon. Copié sur un mémoire ms. aux mains de M. Roméo de Villeneuve-Esclapon, en 1867.

124. — (Registre.) — In-4, 32 pp., lith.

Lettre de M. le marquis de La Chataigneraye à M. le marquis de Villeneuve-Arifat sur l'histoire de la maison de Villeneuve par Pavillet.

125. — (Cahier autographe.) — In-folio, 13 pp.

De Missandre, seigneur de Pécaubel en Agenais. Armes. Généal. dressée par M. Ph. Tamizey de Larroque, transcrite par Mme de R..

126. — (Liasse.) — 97 pièces.

Dossier Rochefort-Montreuil. — Correspondance avec Mme Montreuil, veuve de Louis de Rochefort ou Rochefort. — Notes et tableaux généalogiques sur les Rochéfort de

Sainte-Foy-La-Grande. — Extraits de registres paroissiaux. — Photographie de Mme Montreuil.

127. — (Registre.) — In-12 , dem.-rel. parch. v.

Lettres et notes généalogiques sur le nobiliaire de Gascogne par la baronne de Batz de Trenqueléon, née de Sevin, de 1851 au 1er mai 1860. Lettres à Mme la comtesse de R. et 70 feuillets de notes généalogiques.

128. — (Cahier.) — In-12, 60 pp.

Devises et cris de guerres. Ms. (Ordre alphabétique des familles.)

129. — (Registre.) — In-8, 242 pp.

Armorial de l'Agenais. 2 mss. de notes, la plupart utilisées et barrées.

DOCUMENTS ORIGINAUX. — TITRES DE FAMILLE. — MANUSCRITS.

130. — (Portefeuille.) — 5 pièces, parchemin; 7 pièces, papier.

D'Andiran. Vente de moitié d'une maison, sise à Agen, consentie par Odet d'Andiran, en faveur de Marie d'Andiran, sa sœur (1595.)

Baratet, du Port-Sainte-Marie, et Escudié, alliés. Reconnaissance faite aux religieuses du Paravis par Marie Baratet (1700.) — Testament mutuel de Bertrand et de Marie de Baratet, frère et sœur (1709.) — Avis à Bertrand Baratet, bourgeois, d'avoir à payer 75 livres pour le sixième denier ecclésiastique et laïque (1714.)

Barbier de Lasserre. Quittance de 871 livres délivrée par Guillaume Barbier, écuyer, seigneur de Lasserre, à Antoine Descudié (1730.)

De Bardin. Quittance de 1066 livres délivrée par Georges de Bardin, seigneur de Montayral, à Jean-Joseph de Monméjean, écuyer (1698.)

Barrio. Vente d'une terre par Guillaume Barrio, de Sos, à Jacques Gardes (1772.)

Du Bartas. Note sur des ventes de terres par M. Pierre du Bartas (1839.)

131. — (Portefeuille.) — 7 pièces, parchemin ; 3 pièces, papier.

Bitaubé. Assignation judiciaire au nom de Jean Bitaubé (1680.)

Boissand. Vente de terres par Micheau Boissand, de la paroisse de Saint-Amans, à Arnauthon de Labrugue (1572.)

Boissonneau. Vente d'une maison par Anne Boissonneau, de Cocumont (1703.)

Bouillon (ducs de). Arrêt du Parlement de Toulouse sur l'exécution du contrat d'échange consenti par le duc de Bouillon des seigneuries de Sédan et de Raucourt contre la duché-prairie d'Albret et ses dépendances (5 mai 1654.) — Remise du droit de prélation accordée par le duc de Bouillon à Joseph Tichanné, menuisier, pour l'acquisition d'une maison à Nérac (1728.) Deux signatures autographes. — Location du moulin des tours de Barbaste, consenti par le duc de Bouillon en faveur de François Barrère, menuisier. Le prix de ferme est de 2.200 livres par an (1788.)

De Brassay. Echange de terres dans la juridiction de Nérac, consenti par Thobie de Brassay, conseiller et secrétaire du roi et de madame sa sœur unique, trésorier et receveur général d'Albret (1599.)

De Brivazac. Contrainte pour le payement de 27 livres prononcée par Jean-Baptiste-Guillaume de Brivazac, conseiller au Parlement de Bordeaux (1767.)

132. — (Portefeuille.) — 3 pièces, parchemin ; 11 pièces, papier.

Du Bouzet. Arrêt avant faire droit du Parlement de Bordeaux rendu dans une instance en partage d'hérédité entre Jean du Bouzet, seigneur, comte de Poudenas, et Pierre Pons du Bouzet de Poudenas, chevalier de l'ordre de Saint-Jean-de-Jérusalem (1680.)

De Buisson. Contrat de mariage entre noble Pierre de Buisson, fils d'Antoine, seigneur et baron de Bournazel, avec

Madeleine de La Coste, veuve d'Antoine Dacher, sieur del Roc (1585.)

De Burosse. Jugement du présidial de Chatellerault condamnant des tenanciers de Jean de Burosse à lui payer des rentes féodales pour les 3 années 1633 à 1635 (1640.)

Burqué. Consultation pour Jean Burqué.

Déjean. Copie du testament de Jean Déjean, décédé à La Martinique (1822.)

Deshoms de Favols. Copie du contrat de mariage de Jean François Deshoms de Favols avec Marie Thérèse de Constantin de Péchegut (1790.)

133. -- (Portefeuille.) — 7 pièces, parchemin; 25 pièces, papier.

Descamps. Contrat de mariage de noble Pierre Descamps avec Jeanne Dubuc (1754.)

Dulong. Vente d'un emplacement dans la ville de Nérac, par noble Pierre Dulong, sieur de Mauliage, à Isaac Duluc (1654.)

Duprat. Contrat de mariage de Daniel Duprat et de Marthe Moliné (1654.) — Laisser-passer pour Pierre Duprat (an III.)

D'Escodeca de Boisse. Donation en faveur de Madeleine d'Escodeca de Boisse, veuve de Jean de Bardonin, comte de Sansac, de tous les biens de la succession de dame Victoire de Bourbon, consentie par Charlotte d'Escodeca de Boisse (1666.)

D'Estrées. Extraits du testament mystique de Mme la maréchale d'Estrées (1771.)

Fraissengues. Etat des dettes d'une succession payées par Jean Fraissengues, héritier (1681.)

Ferran, de Marmande. Consultation sur la validité d'une donation (an VI.)

De Foissac. Notes généalogiques d'après des papiers de cette famille.

Gadras. Consultation sur le partage de la succession de feu Gadras.

Gauran. Inventaire des effets mobiliers dépendant de la succession de Jean Gauran, notaire à Lectoure (1814.)

134. — (Portefeuille.) — 175 pièces, papier.

Glady. Fragment d'un livre de raison. Comptes des revenus d'une propriété (1731-1741.) — Notes sur la naissance de 10 enfants (1732-1745.) — Etat des payements faits par Mlle Glady à la décharge de la succession de M. Serres (1791-1793) — Pièces relatives à l'acquisition du moulin de Peyrotou, juridiction de Roquelaure, et à la liquidation, en 1793, des droits seigneuriaux à payer pour ce moulin. — Affaires diverses jusques en 1833.

135.—(Portefeuille.)—11 pièces, parchemin ; 23 pièces, papier.

De Gombauld. Lettre à M. Escudié, de Port-Sainte-Marie. Condoléances sur la mort de M. Baratet. Renseignements sur une obligation (1642.)

De Gontaud-Biron. Enquête sur l'incendie arrivé en la tour de l'horloge du château de Biron et sur la destruction des archives de la maison de Biron qui y étaient conservées. Cette enquête est faite sur la demamde du seigneur de Biron par devant Antoine de La Boëtie, lieutenant du sénéchal de Périgord (28 juin 1539.)

D'Hérisson. 2 articles de journaux et notes de Mme de R. sur les origines de cette famille, qui se rattache aux Polastron.

Laclaverie. Achat d'un pré par Jean Laclaverie (1694.)

De Lacoste. Attestation du décès de Nicolas de Lacoste (1601.)

Laignous. Vente d'une maison à Lectoure, par Géraude Laignous (1650.)

Laliman. Contrat de vente (1777.)

De Larochefoucauld d'Estissac. Copie d'un arrêt du Parlement de Bordeaux sur un partage d'hérédité entre Mlle d'Estissac, veuve de François de Larochefoucauld, d'une part, et Gabriel Nompar de Caumont et François de Caumont, son fils, d'autre part (1602.)

De Las, de Nargassier et de Jeyan. Dossier sur un partage de succession (1622-1704.)

136. — (Portefeuille.) — 10 pièces, parchemin ;
17 pièces, papier.

Lugat. Bail de location d'une terre par Catherine de Fayras de Lanauze, épouse de Jean Lugat, écuyer (1748.)

Marchais. Testament de Jean-Baptiste Hélies Marchais, capitaine de navire, habitant Bordeaux (1767.)

De Pons. Notes généalogiques de la fin du xviie siècle.

Pradeles. Diplôme de chirurgien de Jean Pradeles, natif de Caudecoste (1690.)

De Redon. Arrêt de la Cour des Aides de Guienne reconnaissant la nobilité de la seigneurie des Fosses, juridiction de Montesquieu (1672.)

Sauterisse. Inventaire et production faite par Jacques de Sauterisse, écuyer, sieur de Campets, de titres justifiant sa noblesse par devant le commissaire de la subdélégation de Condom (1666.) — Arrêt de la Cour des Aides de Metz, maintenant Mathieu de Sauterisse en sa qualité de noble et d'écuyer (1680.) — Notes de J.-Fr. Samazeuilh sur la famille Sauterisse de Campets.

De Sevin. Obligation de 4,000 livres en faveur de Jean de Raigniac, conseiller au présidial, consentie par Marguerite de Corne, veuve de Bernard de Mucy, qui remet cette somme à Charles de Sevin, écuyer, sieur du Pécile, en déduction de la dot de Marie de Mucy, son épouse (1675).

Vergés. Acceptation de l'hérédité de Madeleine Lave par Joseph Vergès, prébendier en l'église cathédrale de Lectoure.

De Vignerod. Remise de droit de prélation concédée par Marie-Madeleine-Thérèse de Vignerod, duchesse d'Aiguillon, à Jean Fraissengues, bourgeois de Sainte-Livrade (1689.)

Vivès. Contrat de mariage entre Jean Vivès, marchand d'Agen et Madeleine Vergès.

137. — (Registre.) — Dérelié, in-12, 33 feuillets.

Livre de raison de Tapie, agenais, capitaine commandant une compagnie dans l'expédition du Canada de 1665 à 1668. Il fit le voyage sur le vaisseau amiral *Le Brézé*. Notes sur un séjour de trois semaines à La Martinique, sur des expéditions contre les Iroquois par des froids très rigoureux. — Nominations d'enseignes dans sa compagnie. — Dépenses pour l'armement et pour l'équipement des soldats. — Dépenses personnelles.

138. — (Portefeuille.) — 6 pièces, parchemin; 165 feuillets, papier.

Seigneurie de Moncuquet, près Lautrec (Tarn.) Archives des Ligonier, sieurs de Vignals. — Reconnaissance par laquelle Pierre Dauroqua déclare tenir en fief de Bertrand de Rebombiges une maison sise dans la *gache* de Dimergue, ville (*de Fontibus*) (10 février 1366-67.) — Reconnaissance par laquelle George Olmerie déclare tenir en fief de noble Pierre Dupuy, seigneur de Moncuquet, diverses propriétés. Copie authentique (24 septembre 1485.) — Pièces de procédure, quittances d'arrérages, reconnaissances et pièces diverses concernant la seigneurie de Moncuquet (xvi° à xviii° siècle.)

139, 140, 141. — (3 registres.)

1647-1703. — Arpentement et reconnaissances des fiefs dépendant de la seigneurie de Moncuquet.

142. — (Liasse.) — 19 pièces, papier.

Documents relatifs à la communauté du Port-Sainte-Marie. 1651-1653. — Lettres originales du marquis de Saint-Luc à M. Jayan, conseiller du roi, aux consuls de Port-Sainte-Marie, auxquels il reproche de n'avoir pas assisté un maréchal des logis porteur de ses ordres, cette dernière lettre datée du camp de Villeneuve, 1 juillet (1652). — Copie authentique de la route que tiendront 40 hommes du régiment de Marchin, de Bergerac à Port-Sainte-Marie, signée de Caumont Castelnau (Bergerac, 11 mars 1652.)

1734-1735. — Etat de la capitation de la paroisse de Notre-Dame. — Rôles des habitants des paroisses de Bazens et Retombat sujets au paiement du dixième. — Etats des habitants taillables des paroisses de Mazères, de Notre-Dame, de Saint-Julien, de Saint-Avit, de Manères, de Bazens et Retombat, avec l'indication des contenances et des revenus de leurs terres. — Liste des garçons de la paroisse de Romas, juridiction de Port-Sainte-Marie, sujets à subir le sort de la milice.

143. — (Portefeuille.) — 30 pièces, papier.

1652-1653. — Documents relatifs à la communauté de Port-Sainte-Marie. — Ordre pour le transport des munitions de guerre de Marmande à Agen, donné par Jean Duduc, conseiller au Parlement de Bordeaux, commissaire général des armées du roi sous l'autorité des princes (1 février.) — Rôle des logements et état des distributions de pain faites par les habitants de Port-Sainte-Marie aux compagnies des régiments de Maure et du Parlement (6 à 10 mars.) — Lettre autographe de M. de Galapian aux consuls de Port-Sainte-Marie leur mandant de fournir un bateau aux officiers du régiment de Gondrin et de Montmorency pour porter du pain de munition à Nicole (20 mars.) — Etat du pain fourni au régiment d'Harcourt du 29 mars au 2 avril 1652. — Comptes de la ville de Port-Sainte-Marie de l'année 1652, contenant le détail des dépenses faites à l'occasion du logement, de l'entretien ou du transport des troupes des deux partis, notamment de celles de Condé qui passèrent par Port-Sainte-Marie le 3 mars, après la retraite de Miradoux. Notes sur les ravages causés par la peste.

144. — (Liasse.) — 10 pièces.

1549-1764. — Archives de la famille de Lasseran-Massencôme. — Deux requêtes adressées au roi de Navarre au sujet d'un vol, par Marthe de Cassaingnet, femme du capitaine Labit, qui sert en Ecosse. Le vol avait été commis au préjudice de son fils, Blaise de Massencôme, renvoyé d'Ecosse en Gascogne (1549.) — Vente par le marquis de Roquépine au sieur de Labit de la métairie du Parc, dans la juridiction de Condom, pour le prix de 12,000 livres (1669.) — Fragment d'une généalogie des Lasseran-Massencôme (xviii° siècle.) — Contrat de ferme des seigneuries de Massencôme et Les Boutat, appartenant au comte de Monluc (1761.)

145. — (Brochure.) — In-4°, 24 pp.

Edit du roy, concernant les offices de gardes des sceaux, gardes-scels, audienciers, controleurs et secrétaires des chancelleries des cours, conseils supérieurs et provinciaux et des sièges présidiaux du royaume, creez par edit du mois de juin 1715. Montauban, impr. François Descausat, s. d.

146. — (Liasse.) — 61 pièces, papier.

1758-1792. — Testaments mystiques, dont les auteurs sont de la juridiction de Casteljaloux : Jean-Gratien de Bérauld, écuyer (31 décembre 1773.) — Marie de Brocas, épouse de Honoré de Bérauld de Montesquiou (12 janvier 1782.) — Dame d'Orly de Mothes de La Bésiade (12 juin 1773.) — Dame Mirambert de Laval (14 septembre 1773.) — Louise Roux de Laval (25 février 1773.) — Pierre Burgué, ancien capitaine au régiment de Limousin (19 juin 1758.) — Jean-Baptiste Soulié de Monbrison, écuyer, capitaine au régiment de Limousin (26 avril 1779.) — Joseph Ducasse, procureur du roi au sénéchal de Casteljaloux (1772.) — Mathieu Degans, curé de Bouglon (1768.) — Jean-Henri de Morin du Sendat (1783.) — Marguerite Gervain de Roquepiquet (1792.) etc.

147. — (Registre.) — Petit in-folio, 51 ff..

Bans et arrière-bans de l'Agenais, du Condomois et de

l'Albret de 1689 à 1694. Expéditions collationnées d'après les originaux aux archives départementales de la Gironde (C. 3.338.)

148. — (Registre.) — In-folio, 70 pp.

« Etat des lods et ventes nobles échus pendant et durant « les beaux des comtés d'Agenais et Condomois, dont le « premier a commencé le 1ᵉʳ janvier 1735 et le second a « finy le 1ᵉʳ janvier 1753. » Document original. « Etat de la « recette des droits de lods et ventes des biens nobles fait « par le sieur Marrot, receveur et procureur substitué de « Monseigneur le duc d'Aiguillon, engagiste des comtés d'A- « genois et Condomois, dans l'étendue d'Agen, pendant l'an- « née 1761-62. » Total 401 livres 5 sous. Un grand nombre de noms de personnes ont été soulignés au crayon rouge ou bleu pour faciliter les recherches généalogiques.

149. — (Liasse.) — 33 pièces, parchemin.

1501 — an X. — Ventes : de terres en la paroisse de Durance par Gaixion de Lamothe à Mathieu de Gamardes (1501) ; — de diverses propriétés, la plupart situées aux environs de Lavardac. Vendeurs Pierre Tinaran, Isaac Larra, Pierre Garipuy, Jean Darrac, Jean Larquié ; acheteurs Gratien Nolibe, Jacob Bonnet, François Rigoudant, Samuel Bonnet, Etienne Fourcade, etc. — Testament d'Isabeau Lagarde, veuve de Jean Raymond, maître sergeur. Elle institue pour légataire universelle Jeanne Derbissan, sa nièce (1692.) — Contrats de mariage : entre Pierre Tinaran et Marie Destrac (1701) ; — entre Jean Binot et Auriente Ducauze (1779.)

150. — (Liasse.) — 7 pièces, parchemin.

Documents originaux. — Achats de propriétés dans les paroisses de Durance et de Fargues : Terres situées dans la lande, au lieu dit Aclopen, vendues par Arnaud de Vivie, de la juridiction de Fargues, à Jean Bordes, prêtre, habitant de

Villefranche-du-Cayran (30 mai 1528.) — Terres sises à Durance, vendues par Guichot et par Guiraut de Lalanne à Jean de Castaignol (1541 et 1543.) — Quatre actes d'achats de terres situées dans les juridictions de Durance et de Fargues, faits par Henri II, roi de Navarre, représenté par Jacques de Caussade, seigneur de Calonges : les vendeurs sont : Martin de Lesperon, prêtre ; Jean de Lassalle dit Rousseau ; Jean de Lanye et Guillemot de Labeyrie ; Arnaud et Raymond Dusan. (14 juin 1552.)

151. — (Liasse.) — 8 pièces, parchemin.

Documents originaux. — Pièces relatives à la juridiction de Mézin. — Certificats d'ordination et de collation de la chapellenie de Saint-Sébastien dans l'église Saint-Jean-de-Mézin, en faveur de Guillaume Larrendat (1599-1611.) — Achat de terres par Géraud d'Escampet, marchand de Mézin (1624.)

152. — (Registre.) — In-4, 131 pp.

1534-1590. — Copie de diverses mains, du « Registre des
« sœurs du couvent de l'*Ave Maria* de la presente cite d'Agen
« auquel declareront les principales choses c'est des fundateurs et bienfaicteurs de ce present couvent, des prélats,
« prélates et confesseurs, des novices et professes. » — Premier fondateur de ce couvent, appelé aussi de l'Annonciade, Vincent Bilhonis, vicaire général, qui érigea la chapelle en 1531 et laissa des rentes pour la nourriture de 21 religieuses. Le couvent fut inauguré par une première messe le 11 janvier 1533. — Bienfaiteurs : Jehan Favorelli, Cipriam, Jean de Mauléon, évêque de Comminges, Jean de Durfort, de Bézat, de Tapie, de Ferron, de Redon, de Sevin, etc. — L'an 1667, reçu de M. Aubry, étant dans cette province pour les affaires de feu M. le Prince de Conti, 300 livres, « pour satisfaire quelques domages quy avoit este faicts
« par les gens de guerre de son armée a une de nos meteries. » — Dons, achats et fabrication d'ornements, de mo-

bilier. - Réparations à la chapelle et au couvent. — Notes sur les fêtes et les prédications. – Députation par le couvent de M. de Parades, vicaire général, à l'assemblée du clergé pour la nomination des députés aux Etats généraux de 1789. — Note sur l'occupation de la ville d'Agen par les P. R., en 1561, la ruine des églises et des couvents, notamment la destruction de tout le mobilier de la chapelle de l'*Ave Maria* et l'expulsion des sœurs. — Fondation d'un nouveau couvent à Villeneuve d'Agenais, en 1624. — Liste des « prelats » qui ont administré les couvents de l'Ordre de la Vierge Marie. — Après avoir été dirigé par des religieux de l'Ordre de Saint-François, le couvent passe, en 1637, sous l'autorité de Barthélemy d'Elbène, évêque d'Agen. — Bulles des papes Alexandre VII et Clément XI sur l'administration, les jeûnes etc. — Liste des mères ancelles depuis l'origine. Chronique du couvent. Notes sur les confesseurs, les prédicateurs, la réception des novices, les professions. — Notes sur les troubles de l'an 1569. Le 7 septembre les 33 religieuses du couvent du Paravis se réfugièrent dans le couvent d'Agen, où elles restèrent jusques au 14 mars 1570. Elles avaient été chassées du Paravis par l'armée des « princes, viscomtes, et » reitres » qui ruinèrent ce couvent après y avoir passé cinq semaines, ainsi qu'au Port-Sainte-Marie. — Destruction du couvent des Clarisses de Mont-de-Marsan, le 17 septembre 1569. — Nécrologe des religieuses. — A ce registre sont rattachées deux pièces originales : une formule imprimée de lettre de faire part du décès d'une religieuse ; une liste des religieuses en 1790, au nombre de 20, non compris 5 converses et 3 tourières.

153. — (Registre.) — In-4, 180 feuillets.

1591-1600. — Actes du bureau des pauvres de Lectoure. Statuts du bureau déterminant le nombre, la qualité, le mode d'élection des membres du bureau, la tenue de ses assemblées, la répartition des charges, l'administration des hospices, les comptes, les mesures à prendre en temps de disette. — Inventaire des meubles de l'hospice, dressé piéce par piéce, entre autres 28 lits. — En 1594, on signale un grand nombre de pauvres en danger de mourir de faim. On décide (16 avril) que le chapitre fournira dix écus et le corps de ville 20. On dresse un rôle des habitants qui auront la charge d'entretenir un à trois pauvres. — En **1595**, rôle d'une distribution aux pauvres. On décide qu'à l'entrée de la porte de la ville, on tiendra un bassin pour les pauvres. — En **1597**, les pauvres étrangers sont chassés de la ville. L'année suivante il est question d'acheter une maison hors de la ville pour y loger les pauvres forains. La plupart des délibérations sont relatives à la gestion des biens de l'hospice. — (Registre acheté à un chiffonnier par M^mo de R., en 1872.)

154. — (Registre.) — In-4, 198 feuillets.

1692. — « Registre des enregistremans des actes de main « mortes du diocèse de Lectoure, en consequance de l'edit « de creation du moys de decembre 1691. »

155. — (Registre.) — In-4, 491 feuillets.

1557-1560. — Minutes de Dufaur, notaire à Lectoure. — Testament de Françoise de Cassagnet, fille de feu Jean, seigneur de Beaulac. — Reconnaissance de douaire pour Audine de Rizon, femme de sire Dordé de Castéra. — Achats par Jean de Maniban, seigneur de Lusson. — Transaction entre Bérauld de Bassabal, seigneur de Pourdéac, et maître Guillaume Chastellet. — Achat pour Bernard d'Astros, de Lectoure. — Testament de Géraude de Lasserre, veuve de Jehannot des Baratz. — Table.

Acheté à un chiffonnier en 1872.

156. — (Registre.) — In-4, 288 feuillets.

1549-1550. — Minutes de Hugues Boah, notaire à Lectoure. — Actes de procédure pour les syndics du bas comté d'Armagnac et du bas pays de Rivière-Basse. — Obligation de 39 sacs et un *liural* de blé, contractée par Arnaud et Pierre Baumel, en faveur de Raymond Balbayr, peintre, de Lectoure. — Echange entre Jean Céré, marchand de Lectoure, et Jacques de Mérenx, licencié, de la ville de Fleurance en Gaure. — Négociation d'un échange par noble Jean de Mauléon, seigneur de Lasalle du Castaing. — Obligation de 6 livres 10 sous, contractée par Jean de Bordes, en faveur de Nicolas de Castanet, sieur de Puységur. — Contrat pour l'apprentissage de Jacmes de Lobayssin, placé chez Jean Sabis, tisseur de laine, pour apprendre son métier; l'apprentissage durera deux ans et l'apprenti payera audit Jean Sabi, 9 écus. — Procuration pour maître Nicolas Tappie, écolier, qui, allant « aux études de l'université de Cahors » charge Joseph de Castanet, son oncle, de traiter de ses affaires.

Acheté à un chiffonnier, en 1872.

157. — (Registre.) — In-4, 761 feuillets.

1628-1630. — Minutes de Jean Malus, notaire à Lectoure. — Autorisation accordée par l'évêque de Lectoure, Jean d'Estresses à Barthélemi Ticier de faire bâtir une chapelle dans l'église de Goux, en Fezenzaguet. — Procuration de l'évêque de Lectoure pour retirer du greffe civil de Toulouse la somme de 4,000 livres, consignée par lui pour la pension de son prédécesseur Léger de Plas. — Constitution de procureur par noble Jean de Las, sieur de Cours, pour un emprunt de 60 livres. — Acte relatif au partage des biens de Jean Carente entre ses créanciers, parmi lesquels figure Alexandre de Montault, seigneur de Castelnau. — Rachat fait par le clergé du diocèse de Lectoure de l'office de receveur des décimes établi audit diocèse. — Reconnaissance en faveur de la chapelle du Purgatoire par Pierre Margault. — Ferme des dîmes de Marsolan et Saint-Martin pour l'évêque de Lectoure contre le sieur de Castelnau et Pierre Denux, sieur de Lassalle. — Transaction entre l'évêque de Lectoure et les consuls de Marsac pour la restauration de l'église de Mar-

sac. — Testament de Baget, chanoine théologal de Lectoure.
— Table. — Inventaire des actes en liasses qui correspondent à la même période (1628-1630.)

Acheté à un chiffonnier en 1872.

158. — (Registre.) — In-4°, 340 feuillets.

1634-1637. — Minutes de Jean Malus, notaire à Lectoure.
— Donation par Lucrèce de Goulard, veuve d'Alexandre de Montault, à Joseph Delas, son fils aîné. — Vente d'un jardin consentie par Sanx Borrosse, bourgeois, en faveur de Guillaume Caseneuve, armurier. — Vente d'une terre consentie par Pierre Ligardes, notaire du lieu de Saint-Mézard, en faveur de demoiselle de Sillas et de noble Joseph de Clamenx, mère et fils. — Quittance pour les sieurs de Castaing, acquéreurs du bois de la ville. — Reconnaissance en faveur de la chapelle du Purgatoire. — Table. — Inventaire des actes en liasses qui correspondent à la même période.

Acheté à un chiffonnier en 1872.

159. — (Registre.) — In-4, 785 feuillets.

1637-1639. — Minutes de Jean Malus, notaire à Lectoure.
— Baux de ferme passés par le sieur Delas de Gayon, Pierre Ducasse, bourgeois, de Lucas, procureur du roi, les sieurs de Tulle, de Foissin, les confrères de Saint-Jean de l'église du Saint-Esprit de Lectoure, de Chastanet, conseiller au Parlement de Toulouse. — Reconnaissances du sieur de Laville en faveur du chapitre de Lectoure et de la chapelle du Purgatoire. — Obligation de Maignault, père et fils, contractée en faveur de Laforcade. — Accord entre noble Guillaume de Boissonnade, sieur de Roque-Ganthié et Antoine Guersin. — Contrat de mariage de Jean Orléans, homme d'armes, et de demoiselle Marie de Clémans. — *Gazailhe* ou bail de troupeaux à demi perte ou demi profit, consenti par demoiselle Marie de Sillas au profit de Jacques de Mauléon, seigneur de Savailhan, lieutenant du marquis de Roquelaure

en la garnison de Lectoure. — Quittances pour les sieurs de Puységur et Armand de Nux, sieur de Gère. — Table. — Inventaire des actes en liasses qui correspondent à la même période.

Acheté à un chiffonnier en 1872.

160. — (Registre.) — In-4, 413 feuillets.

1646-1648. — Minutes de Jean Malus, notaire à Lectoure. — Contrat d'apprentissage passé entre Raymond Labat, marchand passementier, et Jean Brabat, fils, qui payera 65 livres, moyennant quoi ledit Labat s'engage à le nourrir, à le loger à le vêtir et à lui enseigner son commerce pendant les trois ans que durera l'apprentissage. — Achat consenti par Jean Moura, en faveur de la demoiselle de Pelleport, veuve du sieur de Barciet. — Reçu de demoiselle de Robert du Pouget, veuve du sieur de Lucas, par elle fait à Jean Sparnery. — Accord entre le sieur de Castaing, conseiller au Parlement de Toulouse, et Armand Desponty. — Vente consentie par Aymeric de Capdeville, écuyer, en faveur de Guillaume Truau. — Subrogation consentie par noble Jean de Cars, capitaine, en faveur de Jeanne Campus. — Cession de la somme de 100 livres par Pierre Ducasse, écuyer, à Jean de Cassaigneau, baron de Lamothe-Glatens. — Echange entre noble Jean de Foissin et Jean Gensac. — Constitution de dot de Marie de Castéra, religieuse au couvent de Sainte-Claire à Astaflort. — Contrat de mariage d'Arnaud Ancezias et Peyronne Dubarry. — Table. — Inventaire des actes en liasses qui correspondent à la même période.

Acheté à un chiffonnier, en 1872.

161. — (Registre.) — In-4, 459 feuillets.

1615-1616. — Minutes de Lagutère, notaire royal de la ville de Condom. — Achat d'un pré consenti par Hector de Laur en faveur de Philippe d'Esparbès, sieur de Belloc. —

Acte de réserve pour un payement fait par Guy Mondin, capitaine. — Arbitrage entre les sieurs de Xaintrailles et de Goulens.— Fermes des dîmes pour le chapitre de Condom, paroisses de Fieux, Lussan, Marcadis, etc.— Prise de possession de la chantrerie de l'église cathédrale par Fritz Dufaur. — Baux à ferme de la cure de Montesquieu et ses annexes et du greffe du bailliage de Condom passés par l'évêque de Condom — Prestation de serment par François d'Esparbès de Lussan, sénéchal d'Agenais et de Condomois, entre les mains de l'évêque d'Aure, représentant l'évêque de Condom. Ledit sénéchal s'engage à protéger l'évêque de Condom et à respecter le paréage dans les formes où il était pratiqué entre les ducs de Guienne et les abbés de Condom. — Prestation de serment sur le même objet d'Antoine de Roquelaure, maréchal de France, gouverneur de Guienne (15 mai 1616.) — Acte de sommation de l'évêque de Condom au chapitre pour raison des réparations à faire à la toiture de la Cathédrale. — Contrat pour des réparations à faire au château de Puypardin, appartenant à l'évêque de Condom. — Contrats passés entre ledit évêque, d'une part, et Jean et François Delorm, frères, et René Cazaubon, charpentiers de Lectoure pour des réparations à la toiture de la cathédrale ; — et Guillaume Baudurat et Vital Sentarin, maîtres maçons d'Auch pour des réparations à la cathédrale. — Donation par M. de Xaintrailles à Jean-Jacques de Montesquieu, son frère. — Procuration des députés du clergé de Condom à M. Lartigue, chanoine de Bordeaux, pour les représenter à l'assemblée provinciale convoquée à Bordeaux. — Quittance de 250 livres délivrée à l'évêque de Condom par le P. Mourisseau, observantin, qui a reçu cette somme pour avoir prêché à Nérac l'avent, le carême et l'octave. — Transaction entre messieurs de Xaintrailles et Goulens pour les dépens et dommages-intérêts du recouvrement d'un don fait par le roi au feu sieur de Sainte-Colombe. — Table.

Acheté chez un chiffonnier, en 1872.

162. — (Portefeuille.) — 20 pièces intercalées dans un registre in-folio, d.-rel. v. bleu.

Archives de la maison de Monestay Chazeron. Pièces originales.

Lettre du roi Louis XIV aux échevins de la ville de Saint-Quentin, leur ordonnant de loger quatre compagnies de gardes sous les ordres de M. de Chazeron (30 décembre 1672.)

Lettre de Louvois à M. de Chazeron. Il lui apprend que le roi a pourvu son fils d'une compagnie de cavalerie dans le régiment de Saint-Sylvestre (7 janvier 1676.)

Lettre du même au même sur les opérations à faire aux bords de la Meuse. Il doit empêcher le passage des ennemis et étudier le poste de Saint-Hubert qui paraît favorable pour y mettre un corps de troupes en quartier d'hiver (16 décembre 1676.)

Lettre du roi au même pour lors lieutenant général en ses armées de Roussillon. Il lui accorde le cordon bleu. (1er février 1689.)

Lettre du roi au marquis de Chazeron. Ordre de se rendre à l'armée de Roussillon, en qualité de lieutenant-général, sous les ordres du duc de Noailles (27 avril 1693.)

Lettre du roi au même. Ordre de se rendre à l'armée de Catalogne, en qualité de lieutenant général, sous les ordres du duc de Vendôme (26 avril 1696.)

Lettre du roi au même. Il le prie d'assister au *Te Deum* qui sera chanté dans la cathédrale de Perpignan, en action de grâces de la prise de Barcelone (18 août 1697.)

Lettre du roi au même. Ordre de se rendre à l'armée de Flandres pour y servir avec le grade de maréchal de camp. (10 mai 1708.)

Lettre du roi à M. le comte de Chazeron. Il lui donne commission pour commander sa maison pendant la campagne (18 juin 1709.)

Certificat délivré par Voysin au comte de Chazeron pour sa promotion de brigadier de cavalerie, le 3 janvier 1696, et de maréchal de camps le 26 octobre 1704 (30 septembre 1710.)

Lettre du roi à M. de Chazeron, lui mandant de servir dans l'armée de Flandres en qualité de lieutenant général sous les ordres du duc de Villars et de Montesquiou (30 avril 1712.)

Lettre du roi annonçant à M. de Chazeron. lieutenant en la compagnie de ses gardes, qu'il lui a conféré la dignité de chevalier de Saint-Louis (11 août 1732.)

Deux lettres au même sur sa promotion au grade de brigadier de cavalerie (7 mars 1734) et de maréchal de camp (1er avril 1744.)

Lettre de d'Argenson au marquis de Chazeron au sujet de la garde du Rhin. (Au camp sous Tournay, 17 juin 1745.)

Lettre autographe du maréchal duc de Belisle au même contenant des instructions et des renseignements sur l'état de la cavalerie. (Camp de Menton, 12 juillet 1747.)

Lettre de d'Argenson au même, au sujet de l'entretien de la cavalerie (19 octobre 1747.)

Le même au même. Avis d'avoir à se rendre à l'armée où il recevra des lettres de service du maréchal de Farre. (1er mai 1748.)

Avis à M. de Monestay, maréchal de camp, de la promotion de M. de Chazeron, son neveu, au grade de capitaine dans le régiment de cavalerie de Bourgogne (22 mai 1771.)

163. — (Registre.) — In-4, 368 feuillets.

1694-1695. — Minutes de Dominique Fabe, notaire à Agen. — Ferme par Marguerite de Crayssac, épouse de Géraud de Redon, sieur de Laval, habitant au château de Laval, juridiction d'Auvillars, de tous les biens de la succession de sa grand-mère, Marguerite de Girles, en faveur de Jean Dayries, notaire. — Sommation de Charles de Rissan, écuyer, sieur de Galaup, à Dubarbier, commissaire des guerres en Guienne, d'avoir à lui faire rendre un valet qu'il avait depuis deux ans et demi et qui lui avait été enlevé par M. Labarthe, lieutenant-colonel du régiment de Boissière. — Ferme de propriétés dans la paroisse de Montréal par Marguerite de Saint-Gillis, épouse de Jean de Sabaros, à Bernard Barsalou — Inventaire des meubles délaissés par Jacques Vergnes. — Vente de six cartonnats de terre par Michel Bonhomme, procureur du roi en l'ordinaire d'Agen, à Jean Laclaverie. Inventaire des meubles et marchandises de feu Fontauriol, tanneur. — Contrat de mariage d'Antoine Cabirol et de Philippe Raby. — Vente d'une terre consentie par Marie Laville, veuve de noble Jean-Jacques de Carbonneau, en faveur du sieur Laclaverie. — Procuration de Jean de Raffin, maire de Castelsagrat, en faveur d'Antoine de Raffin.

Donné à Madame de R. par M. Abel Sabatier.

164. — (Registre.) — In-4, 317 feuillets.

1696. — Minutes de Dominique Fabe, notaire à Agen. — Obligations, de 129 livres de Guilhou Blanquas, en faveur de Bernard de Bonnefoux, écuyer, sieur de Belair ; — de 57 livres, de Marie Ducros, veuve de noble Michel de Loze, en faveur de Jean Negré ; — de 30 livres, par Jean de Sabaros, capitaine, en faveur de Joseph Sériés ; — de 300 livres par François Bousquet, curé d'Eynesse, en faveur de Bernard de Bonnefoux, écuyer. — Contrats de mariage: de Claude de Bressolles, ex-lieutenant dans le régiment de Catinat, et Marie de Mellot ; — de Marc-Léger, sieur de La Gravade et de Catherine de Bernin. — Opposition à des payements à faire aux héritiers de feu Antoine Muraille, signifiée par Pierre de Carbonneau, écuyer, à Jean de Sarreau, écuyer. — Contrat d'apprentissage de tailleur passé par Mathieu Descomps, apprenti, avec Jean Gravières, maître tailleur. Pour cet apprentissage de 2 ans ledit Jean Gravières recevra 60 livres ; il s'engage à nourrir, loger et blanchir son apprenti. — Reçu d'une somme de 45 livres, délivré par François-Michel Boyer, sieur des Roches, à Louis Villate, sieur de La Grave. — Baux pour des métairies passés par Gabrielle de Gardès, veuve de M. Secondat de Roques et par Joseph Delas, écuyer, sieur de Larroque. — Convention pour un partage d'hérédité entre Jean-César de Montalembert, écuyer, sieur de Najejouls et ses frères et sœurs.

Donné à Mme de R. par M. Abel Sabatier.

165. — (Registre.) — In-4, 395 feuillets.

1697-1698. — Minutes de Dominique Fabe, notaire à Agen. — Sommation par le syndic du couvent de l'Observance de Saint-François d'Agen à Besse, notaire, d'avoir à déposer le testament de Jeanne de Secondat, qui a fait un legs à son couvent. — Sommation par noble Bertrand de Saint-Gillis et Marguerite de Boissonnade, sa belle-sœur, pour le rachat d'un moulin sis dans la juridiction de Lusignan. — Inventaire des meubles de Jean Arnal. — Reçu de la somme de 900 livres délivré par François de Sabaros, sieur de Lamothe, à Jean-Baptiste Costas, son beau-père. — Sommation par Léonarde Tapie de Monteils, veuve de Jean de Saint-Gillis, sieur de Chadois, à Jean Vigouroux d'avoir à quitter la maison qu'il tient d'elle en location, à l'expiration du terme. — Reçus : de 40 livres délivré par noble François Boudon de Saint-Amans, à son métayer de Castelculier ; — de 225 livres, délivré par Michel de Gascq, sieur de Monréal, à Bertrand de Saint-Gillis. — Actes relatifs à un partage d'hérédité entre Jean de Montpezat, écuyer, sieur de Poussou, et Jean-Jacques de Montpezat, sieur de L'Estelle.

Donné à Mme de R. par M. Abel Sabatier.

166. — (Liasse.) — 1 pièce, parchemin ; 8 pièces, papier ; 3 gravures ; 4 photographies.

Bulle du Pape Urbain VIII accordant des indulgences aux Pénitents Blancs de Condom. (1633.) — Etat comprenant une liste de quelques couvents, gentilshommes et bourgeois de toutes les juridictions de l'Agenais, dressé sans doute pour la répartition de quelque imposition. Sans titre, sans date (commencement du xviii° siècle.) — Déclaration du roi servant de règlement pour les privilèges des enfants des secrétaires des chancelleries décédés revêtus de leurs offices. (20 mars 1717.) Pièce imprimée. — Trois gravures : Armes des Rochechouart et des Choiseul-Praslin. — Quatre photographies du médaillon représentant Anne de Maurès.

167. — (In-12, de 50 pp., v. br.)

« Mémoire qui renferme deux objets aussi utils qu'importans a l'etat et aux citoyens. »

(De la mouture des grains. Des maîtrises) Ms. de la seconde moitié du xviii° siècle, signé S.... de Villiers.

AUTOGRAPHES.

168. — Adhémar de Montfalcon (Jean Balthazar d'), ambassadeur en Angleterre.

Sign. a., apposée à un laisser-passer. Londres, 11 août 1783.

169. — Aguesseau (Henri d'), intendant en Guienne.

Sign. a., apposée au bas d'une ordonnance autorisant les consuls de Condom, sur leur requête, à contraindre ceux qui refusent de payer le droit de souchet. Bordeaux, 25 janvier 1671.

170. — Aiguillon (Emmanuel-Armand Vignerod-Duplessis duc d'), ministre.

L. a. s. ; Paris, 10 novembre 1752, 1 p. in.-8. Il refuse d'accorder l'autorisation de chasser sur ses terres.

Sign. a. au bas d'un fragment de requête.

171. — Andrieux, de l'Académie française.

Quittance a. s. de 175 fr.

172. — Arago (Jacques-Etienne-Victor), voyageur français.

L. a. s., écrite après que J. Arago fût devenu aveugle. S. d., 2 p. in-4, au crayon.

173. — Arnault (Antoine-Vincent) de l'Académie française.

Sign. a. apposée au bas d'un arrêté du Conseil de l'Université, décidant que les deux chaires nouvellement créées à la Faculté de Droit seront données dans un même concours. 26 septembre 1809.

Portrait d'A. V. Arnault, gravé par A. Tardieu.

174. — Augier (Emile), auteur dramatique.

Billet a. s. à Mme X..., s. d., 7 lignes, in-12.

175. — Autran, poète.

L. a. s. (à Alex. Dumas, 10 septembre 1867.), 4 pp. in-8. Félicitations à l'occasion de l'achèvement d'une pièce en trois actes. Invitation.

176. — Bac (Jean-Louis-Théodore,) représentant du peuple.

2 l. a. s. (à M. Gavini de Campile,) 16 janvier et 9 avril 1853. 1 et 2 pp in-8.

Lettres de recommandation.

177. — Baciocchi (Félix, prince).

L. a. s. (à son oncle Gulio Baciocchi, de Paris, 17 germinal.) 1 p.

Lettre d'affaires.

178. — Bade (princesse Marie de, duchesse d'Hamilton.)

L. a. s. (à Mme Gavini de Campile, du 7 février 1863.) 2 pp..

179. — Baraguay d'Illiers, maréchal de France.

L. a. s. (à M. le comte de Raymond, d'Agen le 7 septembre 1852.) 1 p..

A propos d'une invitation.

180. — Baroche, procureur général près la Haute Cour de Versailles.

L. a. s. (à M. R..., 1849.) 1 p..

181. — Baroche (Pierre-Jules), ministre.

L. a. s. (à M. Gavini de Campile, préfet des Alpes-Maritimes, du 18 novembre 1861.) 4 pp.

Installation de sa famille à Nice.

182. — Barrot (Odilon).

L. a. s. (à M. M... s. d.), 1 p..

183. — Barthe, premier président de la Cour des Comptes.

L. a. s. (à M. Dumon, 30 mai.) 6 lignes.

184. — Bassano (duc de).

L. a. s. (à M. Gavini de Campile, préfet de l'Hérault, du 26 avril 1858.) 2 pp..

Recommandation.

185. — Bastard (de), Grand maître des eaux et forêts.

Ordonnance s, du 8 octobre 1788, sur le curage du ruisseau de L'Auvignon.

186. — Bastide (Jules), ministre en 1848.

L. a. s. (à Alphonse Karr, de Paris 6 novembre.) 1 p..

Remerciements pour l'envoi d'un volume.

187. — Bazancourt (César, baron de), homme de lettres.

L. a. s. (à Alphonse Karr, s. d.)
Prière de parler d'un de ses ouvrages dans *Les Guêpes*.

188. — Bédoyère (de La.)

L. a. s. (à Mme Gavini de Campile, s. d.) 4 pp..
Remerciements pour un bouquet de violettes. Une page sur la mort de M. de Morny.

189. — Belleyme (Louis-Marie de), magistrat et homme politique.

L. a. s. (à M. Geoffroy Château s. d.) 1 p..
Avis pour un procès.

190. — Benedetti, ambassadeur de France à Turin, etc.

L. a. s. (à M. Gavini de Campile, préfet de l'Hérault, du 5 mars 1857.) 2 pp..
Recommandation.

191. — Béranger, poète.

L. a. s. (à Mme Brissot-Thivars, s. d.) 10 lignes.

192. — Bérenger, président de la Haute Cour de Versailles.

L. a. s. (à M. M... s. d. 1849) 1 p..
Sur la grâce accordée aux malheureux de Die.
1 page autographe contenant la péroraison de son résumé dans l'affaire Barbès, Flotte, etc.

193. — Berlioz (Louis-Hector), compositeur de musique.

L. a. s. (à M. Sélignan, s. d.) 4 lignes.

194. — Berryer (Pierre-Antoine), avocat, orateur politique.

L. a. s. (à la comtesse Lise Przezdziecka, du 21 juin 1865.) 1 p..
Remerciements pour un flacon de valnérianate.

195. — Berthoud (Henry), hommes de lettres.

L. a. s. (à **M.** Chavigny) 2 pp..

196.— Bigot de Préameneu (Félix-Julien-Jean comte), ministre des cultes sous l'Empire.

L. a. s. (aux citoyens régisseurs des douanes, s. d.) 2 pp. A cet autographe est joint un portrait lithogr. de Bigot de Préameneu.

197. — Biron (Charles-Armand), maréchal de France.

L. s. (à Mlle de Sainte-Germe de Lasseran, du 1 mars 1747.) 1 p..
Il déclare qu'un partage de famille n'est point du ressort des juges du point d'honneur, mais qu'il faut en référer au commandant de la province.

198. — Bixio (Jacques-Alexandre), homme politique.

L. a. s. (à ... du 7 mars 1852.) 1 p..
Intervention en faveur de son collègue Gendriez, réfugié en Belgique.

L. a. s. (à ... s. d.) 1 p.
Demande d'invitation au bal des Tuileries pour trois personnes.

199. — Boissy (Hilaire-Etienne-Octave de Rouillé, marquis de) homme politique.

L. a. s. (au consul général de France à Gênes, du 10 décembre 1863.)
Recommandation pour un essai de réduction de minerai de fer.

200. — Bonald (vicomte de), philosophe.

L. a s. (à ..., du 9 septembre 1837.)
Il remercie son ami de lui avoir envoyé son fils et parle de sa vie toute vouée à la solitude.

BONAPARTE.

201. — Catherine de Wurtemberg, femme de Jérôme Napoléon, roi de Vestphalie.

L. a. s. (à Madame de La Rochette, du 7 octobre 1808.) 2 pp.

202. — Jérôme.

4 lettres signées dont 3 a. 1852-1860.

203. — Princesse Mathilde.

5 lettres a. s., s. d.

204. — Princesse Létitia Wyse.

L. a. s., s. d.

205. — Prince Pierre.

3 l. a. s. 1852-1863.

206. — Louis-Napoléon, empereur.

L. a. s. (au marquis Visconti, s. d. (1847.) 5 lignes.

207. — L'Impératrice.

L. a. s. (31 mai, s. d.) 2 pp.

208. — Prince Victor.

Carte, avec 4 lignes a.

209. — Bouglé, journaliste.

L. a. s. (27 novembre 1866.) 1 p.

210. — Bouglé (Louise.

L. a s., s. d., 1 p.

211. — Bouilhet, poète.

L. a. s. (22 mars 1867.) 1 p.

212. — Bouillon (chevalier de)

L. a. s. (A Mme ... du camp de Ver, le 12 octobre 1673.) 2 pp.

BOURBONS.

213. — Henri IV.

L. s. (à M. Duranty, premier président au Parlement de Toulouse, datée de Lectoure, du 26 mai 1584.)

Il lui recommande la cause de Capdan, lieutenant en la vicomté de Laplume, en procès avec les consuls de Laplume.

214. — Louis XIII.

Lettres patentes, avec signature autographe, évoquant en son Conseil le procès dont avaient été saisis le Parlement de Bordeaux et la Chambre de l'Edit de Nérac, entre les habitants catholiques du Mas d'Agenais et les réformés ; ceux-ci avaient été chassés de la ville par les premiers, à la suite d'une entreprise du sieur de Calonges, gouverneur du Mas.

(Paris 9 mars 1617.) Parchemin.

215. — Louis XV.

Lettres patentes, avec signature autographe, portant création, en faveur du bourg de Buzet, d'un marché tous les lundis et de 4 foires annuelles : le second jour de carême, le 26 mai, le 19 août, le 19 octobre. (Versailles, mars 1754.)

Parchemin.

216. — Louis, prince de Condé.

Signature autographe au bas d'une ordonnance adressée

aux consuls de Port-Sainte-Marie. Route de trois compagnies d'infanterie de Sainte-Abondance à Bordeaux par Port Sainte-Marie, Marmande, Langon. (Agen, 17 mars 1652.)

217. — Armand, prince de Conti.

L. s. à M. de Nargassier, lieutenant à Agen. Paris, 9 octobre 1658. 8 lignes.

218. — L. M. A. de Bourbon.

L. s. à M. le comte de La Luzerne, secrétaire d'Etat au ministère la Marine. Paris, 16 mai 1788. 1 p.

219. — Reine Marie-Amélie.

L. a. s. à Madame Marie de Grammont, née de Lannes. Claremont, 18 février 1852. 2 pp.

220. — Charles-Louis, infant d'Espagne.

3 l. a. s. à M. Gavini de Campile, préfet des Alpes Maritimes. 1863.

221. — Louis-Philippe d'Orléans, roi des Français.

2 l. a. paraphées, à M. le maréchal Maison. 27 juin 1835 et 31 mai 1836.
Portrait lithographié, avec fac-simile de sa signature.

222. — Henri d'Orléans, duc d'Aumale.

L. a. s. à Mme la comtesse Louise Przezdziecka. S. d.. 1 p.

223. — François d'Orléans, prince de Joinville.

L. a. (13 décembre 1863.) 4 pp.

224. — Henri de Bourbon, comte de Chambord.

L. a. s. à M. Bouglé. (Venise, 19 février 1851.) 2 pp.

225. — Broé (Jacques-Nicolas de), avocat.

Requête a. s. à Messieurs les présidents et conseillers en la Cour impériale de Paris. (26 mai 1811.) 2 pp. in folio.
Portrait lithographié.

226. — Broglie (Achille-Victor, duc de).

L. a. s., s. d. 1 p.
Portrait lithographié.

227. — Broglie (Albert, prince de).

L. a. s. à M. Dumon (29 août 1865.) 2 pp.

228. — Brohan (Augustine,) actrice.

L. a. s. à M. Léon Bouchereau. (juin 1855.) 8 lignes.
L. a. s. à M. Edmond de Raymond, s. d. 2 pp.

229. — Bugeaud, maréchal de France.

L. a. s. à Mme la comtesse de Tascher, née d'Avrainville (Alger, 12 novembre 1841.) 2 pp. in-4.

230. — Bully (Edouard-Roger de ... dit de Beauvoir.)

L. a. s. à Alphonse Karr. s. d. 4 pp., dessins à la plume.

231. — Cambacérès (Etienne-Hubert-Régis, de), cardinal, archevêque de Rouen.

L. s. (30 avril 1811.) 1 p.

232. — Cambacérès (Régis de), prince de l'Empire, archi-chancelier.

L. a. s. (1 juin 1810.) 1 p.

233. — Canrobert, maréchal de France.

3 l. a. s. (1867-1871.) 1 l. a. s. de Mme la Maréchale (1864.)

234. — Caors (Jacques de), provincial des Capucins.

S. a. au bas d'un brevet de Capucin.

235. — Capot de Feuillide (Jean-Gabriel), publiciste.

L. a. s., s. d. 1 p.

236. — Castellane (Esprit-Victor, comte de), maréchal de France.

1 l. a. s. — 4 l. s. (1859-1861.)

237. — Castelnau (marquis de).

L. a. s. (1818). 2 pp.

238. — Castries (duc de).

3 lignes et s. a. sur une carte.

239. — Cazabonne de La Joncquière, avocat général en la Cour des Aides de Montauban.

L. a. s. et certificat avec s. a. (1768 et 1787.) Sceau de la Cour des Aides de Montauban.

240. — Chasles (Victor-E.-Philarète), homme de lettres.

L. a. s. d. à Charles Rabou. 2 pp.

241. — Chaudes-Aigues (Charles-Barthélemi), chansonnier.

L. a. s. à Alphonse Karr, s. d. 1 p.

242. — Chauveau (A.), jurisconsulte.

L. a. s. à M. Corne, avoué, à Condom. (20 avril 1830) 1 p.

243. — Chinois.

Portrait d'un Chinois (Hesing) avec une ligne a., le nom *Marie de Raymond* écrit en caractères chinois.

244. — Cirot de Laville (abbé), historien.

L. a. s. à M. de Raymond, maire de la ville d'Agen, (1 décembre 1847.) 2 pp. in-4.

245. — Chabot de L'Allier, Viellart, Sediller, Perreau, inspecteurs généraux des Ecoles de Droit.

S. a. au bas d'un rapport au Ministère de l'instruction publique, écrit de la main de Chabot de l'Allier. (8 novembre 1806.) 4 pp. in folio.

246. — Chabrol de Volvic (comte de), préfet du département de Montenotte.

L. a. s. au Ministre des Cultes (Savonne, 15 mai 1811.) 3 pp. in-folio.

247. — Champagny (J.-B. Nompère de), ministre sous le premier empire.

Signat. a. apposée au bas d'un extrait du décret impérial daté de Varsovie, le 2 janvier 1807, portant fixation du budget du Ministère de l'Intérieur.

248. — Clausel de Coussergues, magistrat sous la Restauration.
Billet a. s. et notes personnelles pour une candidature au Corps Législatif en 1811.

249. — Colbert, ministre sous Louis XIV.

L. s. à M de Verthamont, du 13 décembre 1658, 1 p.

250. — Colbert de Croissy.

L. s. au marquis de Seignelay, du 30 août 1683. 1 p.

251. — Cormenin (Louis-Marie-de La Haye, vicomte de).

L. a. s. s. d., 1 p.

252. — Cossé-Brissac (Emmanuel-Henri-Timoléon de), évêque de Condom.

Signat. a., apposée au bas d'une nomination de notaire. (12 novembre 1744.) Parchemin. Sceau de l'évêque.

253 — Coulman, ancien député de l'Alsace.

2. l. a. s. 1863, 1865.

254. — Courier (Paul-Louis), pamphlétaire.

L. a. s. à M. Baudry, avocat, Tours, 15 octobre 1820, 1. p.

255. — Court (Joseph-Désiré), peintre français.

Reçu avec signat a. de la somme de 300 fr. pour le portrait de M. le comte de Raymond. Paris, 19 octobre 1860.

256. — Cousin (Victor), ministre français, philosophe.

2. l. l'une avec signat. a. à M. Corne, avoué à Condom, sur la communication d'un ms. ayant pour titre: *Etat des lettres en France au XIIe siècle* (9 mars 1840), l'autre a. à M. le D^r... Cannes, s. d.

257. — Coux (Antoine de), évêque de Condom.

Signat. a., apposée au bas d'un certificat délivré à Pierre Reynaut, prêtre, de Layrac. (18 novembre 1630.)

258. — Crémieux (Ad.), ministre français.

L. a. s., s. d. (1849). 1 p.

259. — Cugnac (de), évêque de Lectoure.

L. s. à M. de Gaulejac, datée de Paris, 9 août 1772. 2 pp.

260. — Cuvier (Georges), naturaliste.

Signat. a. apposée au bas d'une lettre de remerciements à M. Geoffroy Saint-Hilaire (17 avril 1826.) 1 p.

Portrait lithographié avec fac-simile de la signature.

261. — Daru (Pierre-Antoine-Noël-Bruno, comte), ministre sous le premier Empire.

L. a. s. à M. le baron Nougarède (Paris, 4 février 1811.) 1 p.

Portrait lithog. avec fac-simile de la signature.

262. — Dambray (Charles), président de la Chambre des pairs.

L. a. s. (1ᵉʳ avril 1816.) 1 p.

263. — Dash (vicomtesse de Saint-Mars, dite comtesse), femme de lettres.

2 l. a. s., s. d.

264. — David (Pierre-Jean, dit David d'Angers), sculpteur.

2 l. a. s., s. d.

265. — Decases (Mᵐᵉ L.)

L. a. s., s. d.

266. — Delaborde (Henri, vicomte)

L. a. s. (29 novembre 1865.) 3 pp.

267. — Delvincourt, professeur de droit.

Programme de son cours, a. 4 pp. in-folio.

268. — Deschamps (Emile), poète.

L. a. s. (20 juin 1843.) 2 pp.

269. — Desnoyers (Jules-Pierre-François-Stanislas), membre de l'Institut.

L. a. s. à Mᵐᵉ de R... sur sa réception de membre de la Société de l'histoire de France, (26 avril 1865.)

270. — Doche (Marie-Eugénie de Plunkett), actrice.

L. a. s., s. d.

271. — Donnet, cardinal, archevêque de Bordeaux.

4 lignes a.

272. — Doré (Gustave), dessinateur et peintre.

5 lignes a. sur une carte.

273. — Dubreuil (Louis), archevêque d'Avignon.

2 l. a. s., 1861, 1862.

274. — Duchatel (comte).

2 l. a. s., 1823.

275. — Duchemin, évêque de Condom.

S. a. apposée au bas d'une procuration (13 mai 1610.)

276. — Dufour de Pradt (abbé Dominique), député aux Etats Généraux, en 1789.

L, a. s. (1811) et portrait gravé.

277. — Duguesclin (Bertrand-Jean-Baptiste-René), évêque de Cahors.

L. s. (1763.)

278. — Dujarrier, directeur-gérant de *La Presse*.

L. a. s. au président de la Chambre des avoués de Condom (10 novembre 1839.) 3 pp. in-4.

279. — Dumas (Alexandre, père), homme de lettres.

3 billets a. s., s. d.
Portrait lith. avec fac-simile de la signature.

280. — Dumas (Alexandre, fils), homme de lettres.

2 billets a. s., s. d.

281. — Dumège (Alexandre), archéologue.

L. a. s. (30 mai 1839.)

282. — Dumon (Pierre-Sylvain), ministre français.

2 l. a. s. à Mme de R.., l'une s. d., 3 pp., l'autre du 2 décembre 1865, 4 pp.

283. — Dupanloup (Mgr), évêque d'Orléans.

S. a., au bas d'un billet de remerciement adressé à M. Gavini, préfet des Alpes-Maritimes.

284. — Dupin.

L. a. s., s. d. (1840.)

285. — Dupont (de Bussac), député en 1848.

L. a. s. à M. Gavini (Londres 18 décembre 1851.) 2 pp.

206. — Dupré de Saint-Maur, intendant de Guienne.

L. s. à M. Sarrazin, subdélégué à Agen (19 septembre 1782.) 1 pp.

287. — Duras (duc de).

S. a. au bas d'une circulaire imprimée ordonnant un *Te Deum*, à l'occasion du sacre du roi (1722.)

288. Duvert (Félix-Auguste), vaudevilliste.

L. a. s. (19 octobre 1839.) 1 p.

289. — Duvoisin (Jean-Baptiste), évêque de Nantes.

L. a. s. (28 avril 1811.) 1 p.

290. — Fabri (Père Marie-Louis), jésuite puis carme.

L. a. s., s. d..

291. — Fanti (Manfred), ministre de la guerre en Italie.

L. a. s. (8 novembre 1863.) 2 pp.

292. — Faucher (César), ancien général de brigade.

293. — Faucher (Constantin), ancien général de brigade.

Testaments mutuels a. s. (26 mars 1814.) Codicilles du 4 juin 1814. 2 pièces.

294. — Faudoas (comte de).

L. a. s. (11 décembre 1781.) 2 pp.

295. — Favre (Jules), avocat, homme politique.

Billet a. de 4 lignes s. (22 novembre 1861.)

296. — Févedorowna, (Marie), femme de l'empereur de Russie Paul Ier.

L. s. et post-scriptum a. de 6 lignes. (17 janvier 1806.)

297. — Feydeau (Ernest), romancier.

L. a. s. à M. Alexandre Dumas fils, sur sa pièce *Les idées de Mme Aubray.* 3 pp.

298. — Fézensac (duc de.)

L. a. s. (19 décembre 1857.) 2 pp..

299. — Figeac (Mlle), actrice au théâtre français.

L. a. s. *Fife,* s. d..

300. — Flourens (Marie-Jean-Pierre), secrétaire perpétuel de l'Académie française.

2 l. a. s. (1859.)

301. — Fontanes (L. de), ministre français.

S. a. au bas d'une lettre à M. de Nougarède (28 décembre 1810.)

302. — Fould (Edouard.)

L. a. s. (11 mars 1871.) 2 pp..

303. — Fourcroy (Antoine-François de), chimiste.

Rapport a. s. au ministre de l'intérieur sur les lycées Charlemagne et Bonaparte. (29 mars 1808.) 2 pp. in-folio.

304. — Fratin, sculpteur.

L. a. s., s. d., 1 p.

305. — Du Fresne de Beaucourt.

L. a. s., s. d.. 4 pp. in 12.

306. — Garnier Pagès (Louis-Antoine), membre du gouvernement provisoire, en 1848.

L. a. s. à M. le docteur Maure. s. d., 2 pp.

307. — Gasparin (Agénor-Etienne, comte de).

L. a. s., s. d.. 1 p.

308. — Gautier (Théophile), poète.

L. a. s. à Mme... s. d., 2 pp..

2 poésies : un sonnet (*L'hirondelle*); une pièce de 6 strophes de 4 vers (*Le revenant*) datée du 2 décembre 1865.

309. — Girardin (Emile de), publiciste.

L. a. s., s. d., 7 lignes.

310. — De Gondrin-Bellegarde.

L. s. (15 décembre 1660.) 2 pp. in-4.

311. — Gourdon (Edouard), homme de lettres.

L. a. s. (12 mars 1864.)

312. — Gouy (Louis-Marthe de), député à l'Assemblée nationale.

L. s. (28 novembre 1790) 1 p.

313. — Gravina e Requesenz (don Michele), ministre de Ferdinand VI, roi des deux Siciles.

2 billets a., s. d.

314. — Grignan (de).

L. a. s. (10 septembre 1678.) 1 p.

315. — Guérin (Eugénie de).

Fragment d'une l. a. à Mlle Marie de Guérin (31 août 1841.) 2 pp.

316. — Guinard, commandant de la Garde nationale de Paris.

L. a. s. (11 novembre 1849.) 1 p..

317. — Guizot (François-Pierre-Guillaume), ministre français, historien.

1. l. s. (5 février 1835.)
2 l. a. s., s. d..
2 l. a. s. (1865), à M. Dumon.

318. — Halévy (Jacques-François-Elie-Fromental), compositeur français.

L. a. s., s. d.. 1 p..

319. — Hamilton-Douglas (William-Alexandre-Anthony-Archibal, duc d'), pair d'Angleterre.

L. a. s., s. d.. 1 p..

320. — Hanau (Maurice, prince de).

L. a. s. (décembre 1878.) 3 pp..

321. — Heckeren (Georges-Charles d'Anthès, baron de), sénateur sous l'Empire.

L. a. s. (20 février 1863) 1 p .

322. — Houssaye (Arsène), homme de lettres.

2 l. a. s., s. d..

323. — Hugo (Victor), poète.

L. a. s. (11 septembre 1861) à M. Martin (Fulbert) 1 p..
(Publiée dans la *Revue de l'Agenais* en 1886.)
Photographie avec s. a..

324. — Jehan, ancien oratorien à Condom.

L. a. s. au citoyen Corne, à Condom (Paris, 27 juin an II.) 7 pp.

325. — Janin (Gabriel Jules), homme de lettres.

2 l. a. s., un fragment d'article et le ms. a. d'un article sur Ninon de L'Enclos paru dans le *Dictionnaire de la conversation*.

326. — Jasmin (Boë Jacques dit), poète agenais.

2 poésies a. « a Moussu Adrien Donnodevio quel tabé aymo « las fennos. Agen lou prumè de Feourè 1841. *Pas de glorio* « *ni de poezio sans la fenno!* »

« Rebiffado contre moussu lou gran saben Platelet. »

327. — Jubinal (Michel-Louis-Achille), député, homme de lettres.

L. a. s., s. d.

328. — Judith, actrice, sociétaire de la Comédie-Française.

L. a. s., s. d.

329. — Jussieu (A. L. de), botaniste.

L. a. s. à M. le comte de La Luzerne, gouverneur de l'Ile Saint-Domingue (15 août 1786.) 2 pp. in-4.

330. — Karr (Jean-Alphonse), homme de lettres.

26 lettres a. ou billets, la plupart signés, à M. et à Mme Gavini de Campile.

331. — Labiche (Eugène), auteur dramatique.

L. a. s. (3 janvier 1867.) 1 p.

332. — Lacépède (Etienne de Laville, comte de), naturaliste.

L. a. s. (6 avril 1816.)

333. — Lacordaire (Jean-Baptiste-Henri), prédicateur.

L. a. s. (2 août 1860.)

334. — Lacrosse (Bernard-Théobald-Joseph, baron de), ministre sous l'empire.

L. a. s. (22 novembre 1863.)

335. — Lacuée (Gérard), comte de Cessac, ministre sous le premier empire.

L. a. s. (15 brumaire an V) à M. de Saint-Amans. 1 p.

L. a. s. au contre-amiral Lacrosse, capitaine général de la Guadeloupe (13 nivôse an X.) 3 pp in-4.

336. — Laîné (ancien ministre ?)

L. a. s. (18 mai 1831.)

337. — Lally-Tollendal (Gérard, marquis de), pair de France en 1815.

L. a. s. (31 janvier 1824.)

338. — Lamartine (Alphonse de), poète.

L. a s. au rédacteur du journal *La Mode* (18 mai 1839.) Une note indique que cette lettre a été publiée dans le journal.

L. a. s. (à M. Alphonse Karr (?) du 7 décembre 1860.) 2 pp.

Portrait lith. avec fac-similé de la signature.

339. — Lamazelière-Réaup (Mme de), supérieure du couvent de Sainte-Claire de Condom.

Quittances a. s. (1750, 1752.)

340. — Lambert (Juliette. Mme Adam.

L a. s. Juliette Lambert, s. d.

341. — Lanneau (de), conseiller de l'Université.

Notes a sur un élève de Sainte-Barbe (1816.)

342. — Latour d'Auvergne (cardinal de).

L. s. (5 septembre 1744.)

343. — Latour d'Auvergne (évêque d'Arras.)

2 l. a. s. au ministre des Cultes. (1813.)

344. — Laurentie, publiciste.

L. a. s., s. d.

345. — Lebon, accusé de juin près la haute cour de Versailles.

L. a. s., écrite de sa prison.

346. — Legouvé (Gabriel-Jean-Baptiste-Ernest-Wilfrid), de l'Académie française.

L. a. s., s. d.

347. — Leroux (Pierre), publiciste.

L. a. s. (2 mai 1865.)

348. — Leverrier (Urbain-Jean-Joseph), astronome.

L. s., s. d.

349. — Levezou de Vezins (Jean-Aimé), évêque d'Agen.

L. a. s. (3 novembre 1843,) à M. le comte de Raymond.

350. — Ligier, acteur.

L. a. s. (2 mars 1857.)

351. - Limayrac (Paulin), publiciste.

2 l. a. s.

352. — Lind (Jenny), cantatrice.

Signature a.

353. — Liszt (Francois), pianiste.

2 l. a. s.

354. — Mackau, (Armand, baron de), amiral, pair de France.

L. a. s. à M. Geoffroy Saint Hilaire (11 décembre 1829.) 2 pp. in-4.

355. — Magnan (Bernard-Pierre), maréchal de France.

L. a. s. (25 octobre 1864).

356. — Maison, maréchal de France.

L. a. s., s. d.

357. — De Malvin de Montazet, commandeur de l'Ordre de Malte.

L. a. s. (27 août 1789.)

358. — Mansour Kaïethey, émir (Asie mineure.)

Billet a. s. de 3 lignes (27 août 1859.)

359. — Maret (Hugues Bernard), duc de Bassano, ministre sous le premier empire.

Sign. a. apposée au bas du budget du ministre de la justice de l'an XII.

Portrait lith.

360. — Marfori.

L. a. s , s. d.. 1 p.

361. — Masséna, duc de Rivoli.

L. a. s. (15 septembre 1882.) 2 pp..

362. — Mathieu (Charles-Louis) de la Drôme, député en 1848, astronome.

4 l. a. s. (1851-1852.)

363. — Maury, cardinal.

L. s. à M. Damaze de Raymond (24 décembre 1812.) 2 pp. in-4.

364. — Mayenne (Charles de Lorraine, duc de), chef de la Ligue.

L. s. à... (20 octobre 1589.) 1 p.

365. — Mazarin, cardinal, ministre.

L. s. à M. de Vertamon de Villemon, député par le roi aux Etats de Languedoc (13 mars 1657.) 1 p.

366. — Merilhon (Joseph), pair de France en 1837.

Notes a. s. sur ses services, à l'appui d'une demande de place de conseiller auditeur. S. d.

Portrait gravé.

367. — Mérimée (Prosper), homme de lettres.

2 l. a. s. à M. le D^r... (1859) 4 et 3 pp.

3 l. a. s. à Mme la comtesse Lise Przezdziecka, s. d. de 2, 3 et 3 pp.

L. a. s. de la comtesse Lise Przezdziecka à Mme de R...

368. — Méry, homme de lettres.

Pièce de vers a. s. de 3 strophes de 6 vers chacune adressée pour sa fête à Mme Marie Mattei, le 14 août.

Photographie avec ces lignes a. s.

« A mon ami Alphonse Karr.
« Méry ; c'est ainsi qu'on me nomme,
« Et je signe ce qui vaut mieux ;
« Vous avez connu le jeune homme
« Reconnaîtriez vous l'homme vieux ? »
MÉRY.

369. — Mignet (François-Auguste-Alexis), historien.

2 l. a. s., s. d.

370. — Miot, député en 1848.

L. a. s. (1849.)

371. — Mistral (Frédéric), poëte.

L. a. s. (24 avril 1870.)

372. — Mocquart (Constant), chef du cabinet de Napoléon III.
L. a. s. (25 septembre 1864.)

373. — Monluc (Blaise de), maréchal de France.

L. s., datée d'Agen 16 janvier 1575, à M. Duranty, conseiller au Parlement de Toulouse Il le prie de mettre à la question Séridos pour en obtenir des révélations sur les projets des ennemis du roi.

374. — Monluc (chevalier de).

L. a. s « à monsieur mon cousin, monsieur de Labye. » (10 février 1579.)

375. — Monluc (de).

L. a. s. à M. de Lassèran (10 février 1768.)

376. — Monroq, général de l'Ordre des Frères Prêcheurs.

Sign. a., apposée au bas d'un brevet d'affiliation à l'ordre, délivré à Jean-Marie du Touza. (1677.)

377. — Montalembert (Charles, comte de), pair de France.

L. a. s. à Mme la duchesse de Valence (12 janvier 1859.) 2 pp.

378. — Montalivet (comte de), ministre sous le règne de Louis-Philippe.

3 l. a. s., dont une du 16 mai 1857.

379. — Montrevel (maréchal de), commandant général en Guienne.

Sign a. au bas d'un certificat délivré au sieur du Tayac pour attester qu'il sert dans le corps de la noblesse. (1 septembre 1706.)

380. — Morny (Charles-Auguste-Louis-Joseph, duc de), président du Corps Législatif sous l'Empire.

2 l. a., dont l'une du 22 novembre 1861 et une l. s., s. d.

381. — Munoz (Fernando, duc de Rianzares), grand d'Espagne.

L. a. s. à Mme la duchesse de Valence, s. d.

382. — Murat (Lucien), fils du roi de Naples.

L. a. s. (14 mai 1853.)

383. — Musset (Alfred de), poète.

Deux billets a., signés Fanfarinet, à Mlle Brohan, s. d.
Lettre de M. Guillaume Guizot à Mme de R... contenant des renseignements sur ces autographes.

384. — Naquet, député.

L. a. s. (25 avril 1884.)

385. — Narbonne-Lara (duc de).

L. a. s. du 24 février 1834 et reçu a. s. du 25 février 1820.

386. — Nathalie, sociétaire de la Comédie-Française.

L. a. s., s. d.

387. — Nathan, musicien.

L. a. s., s. d.

388. — Nettement (Alfred-François), publiciste.

L. a. s. (11 février 1859.)

389. — Ney (Napoléon), prince de La Moskowa.

2 l. a. s. (1853, 1854.)

390. — Niel (Adolphe), maréchal de France, ministre.

L. a. s. (1 juillet 1858.)

391. — Nigra (le chevalier Constantin), ambassadeur d'Italie à Paris.

2 l. a. s., l'une du 31 mars 1865.

392. — Ollivier (Emile), ministre français.

L. a. s. (29 mars 1864.)

393. — Prince d'Orange (Guillaume-Nicolas-Alexandre-Frédéric-Charles-Henri.)

Fragment (2 pp.) d'une l. a s. à la comtesse Lise Przezdziecka. S. d.

394. — Ornano (comte d'), maréchal de France.

L s. (25 août 1852.)

395. — Ozi (Aline), actrice des Variétés.

Fragment d'une l. a. s., s. d.

396. — Page (Mlle), actrice au Théâtre-Français.

L. a. s., s. d.

397. — Pepoli (Joachim) comte, petit-fils de la princesse Caroline Bonaparte.

Pièce a. s. de 14 vers, en langue italienne, improvisée en l'honneur de la comtesse Przezdziecka. (20 juin 1864).

398. — Pic de La Mirandole (Dominge.)

Titres pour une charge de conseiller-auditeur.

399. — Pichon (baron), bibliophile.

L. a. s. (29 octobre 1881.)

400. — Pitre-Chevalier (Pierre-Michel-François Chevalier dit), homme de lettres.

L. a. s., s. d.

401. — Pomaré, reine de Tahiti.

L. a. s. en langue océanienne, avec la traduction (24 août 1857.)

402. — Pontmartin (Armand-Augustin-Joseph-Marie de), homme de lettres.

2 l. a. s., s. d.

403. — Portalis (J.-Etienne-Marie), ancien ministre des Cultes.

L. a. s. (Aix, 2 octobre 1780.)
Portrait lith. avec fac-simile de sa signature.

404. — Prudent (Racine-Gauthier, dit Emile), compositeur français.

L. a. s. (20 février 1862.)

405. — Puget (Loïza).

L. a. s., s. d.

406. — Rachel, tragédienne.

L. a. s. (New-York, 21 septembre 1856.) 3 pp.

407. — Rattazzi (Marie-Letizia).

2 l. a. s., s. d.

408. — Réal (Pierre-François), conseiller d'Etat.

Sign. a. au bas d'un état nominatif des jeunes ecclésiastiques arrêtés tant à Gand qu'à Bruges, transférés à Paris et détenus à Sainte-Pélagie (11 octobre 1813.)

409. — Regnault de Saint-Jean d'Angély (comte), député aux Etats-Généraux en 1789.

L. a. s. (8 janvier 1814.)
Portrait lith. avec fac-simile de sa signature.

410. — Renan (Joseph-Ernest), homme de lettres.
L. a. s. (20 juillet 1867.)

411. — Rendu (Ambroise-Modeste-Marie), membre du Conseil de l'Instruction Publique.

Notes a. s. à l'appui de sa candidature à une place de conseiller-auditeur à la Cour impériale de Paris.

412. — Reybaud (Marie-Roch-Louis), économiste.

L. a. s., s. d.

413. — Riario Sforza.

L. a. s., s. d.

414. — La Rochefoucauld-Liancourt (François-Gaëtan, marquis de).

L. a. s. (9 mai 1862)

415. — Roederer, préfet du département de Trasimène.
L. s. au Ministre des Cultes (13 mai 1811.) 3 p. in-folio.

416. — Roquépine (Mlle de), abbesse du couvent de Prouillan, à Condom.

L. a. s. (23 février 1733).

417. — Roqueplan (Nestor).
4 lignes a. s. sur une carte.

418. – Rossini, compositeur.

L. a. s. (9 juin 1863).

419. — Rothschild (Adolphe, baron de).

2 l. a. s., s. d.

420. — Rothschild (baron James de).

2 l. s. (1867).

421. — Rothschild (baronne Nathaniel de).

L. a. s., s. d.

422. — Rouher (Eugène), ministre.

3 l. a. s. (5 octobre 1861.) 2 pp. — (26 avril 1876.) 6 pp. — (22 juillet 1877.) 4 pp.

423. — Rouland (Gustave), ministre.

L. a. s., s. d.

424.— Royer (Paul-Henri-Ernest Le), ministre.

L. s. avec post scriptum a. (30 octobre 1858.)

425. — Ruble (Alphonse, baron de), historien.

L. a. s., s. d.

423. – Sainte-Beuve (Charles-Augustin), critique.

4 l. a. s , s. d.

427. — Salvandy (de), ministre.

L. a. s , s. d.

4 l. de M. Corne, avoué à Condom, à M. de Salvandy, sur des sujets d'histoire.

428. — Sand (Georges), romancier.

3 l. a. s, d'une p. chacune, l'une datée du 2 janvier 1868, les deux autres s d.

429. — Sandeau (Léonard-Sylvain-Jules), romancier.

Billet a. s. de 6 lignes, à Alphonse Karr, s. d.

430. — Sapey (Jean-Baptiste-Charles), sénateur sous le second empire.

L. a. s. (6 août 1829.)
Portrait gravé.

431. — Savary (René), duc de Rovigo.

L s. au ministre des Cultes (2 novembre 1813.)
Portrait lith avec fac-simile de sa signature.

432. — Scriwaneck (Céleste), actrice.

L. a. s., s. d.

433. — Sébastiani, maréchal de France.

L. a. s (10 avril 1843)

434. — Siméon (Joseph-Jérôme, comte), député au Conseil des Cinq-Cents.

L. a. s. (7 février 1783.)

435. — Soult (maréchale), duchesse de Dalmatie.

L. a s. (27 août 1850.)

436. — Spontini, compositeur.

L. a. s. (1 février 1844.)

437. — Statford de Redcliff, diplomate anglais.

L. a. s., s. d..

438. — Stirbey (Barbo-Demètret-Bibesco, prince), hospodar de Valachie.

L. a. s. (1 février 1864.)

439. — Stirbey (Alexandre), fils du précédent.

2 l. a. s.

440. — Sue (Marie-Joseph, dit Eugène), romancier.

L. a. s. à Alphonse Karr.

441. — Taillandier (René-Gaspard-Ernest, dit Saint-René), professeur.

L. a. s. (12 décembre 1857.)

442. — Taine, historien, philosophe.

L. a. s., s. d.

443. — Talleyrand (prince de).

L. a. s. (6 janvier 1827.)

444. — Tascher de La Pagerie (Charles, comte), premier chambellan de l'Impératrice.

L. a. s. (27 avril 1857.)

445. — Thibault (Charles-Thomas), évêque de Montpellier.

3 l. a. s.

446. — Thiers (Adolphe), président de la République.

L. a. s. (6 lignes), s. d., à M. Dumon.

447. — Toullier (Charles-Marie), jurisconsulte.

L. a. s. (25 novembre 1814.)

448. — Trémoille (duchesse de La).

L. a. s. (17 mars 1862.)

449. — Turgot (Anne-Robert-Jacques), économiste.

L. a. s. (14 février 1757.)

450. — Vander-Burch (Louis-Emile), homme de lettres.

Poésie a. s. (8 vers), adressée à Alphonse Karr (29 mars 1854.)

451. — Vatinesnil (H. Lefebvre de), ministre français.

L. s. (19 août 1828.)
Portrait gravé.

452. — Vaudrey (D.), aide-de-camp du président de la République, en 1849.

L. a. s. (26 octobre 1849.)

453. — Vernoy de Saint-Georges (Jules-Henri), auteur dramatique.

L. a. s , s. d., à Alphonse Karr.

454. — Vignerod de Richelieu (Louis-Armand de).

Signat. a. au bas d'une pièce portant abandon de son droit de prélation sur une terre achetée par Sériés (9 juillet 1691.) Parchemin. Sceau aux armes.

455. — Villemain (Abel-François), ministre de l'Instruction Publique.

L. s. à M. Geoffroy-Saint Hilaire (2 août 1843.)

456. — Villemessant, publiciste.

L. a. s., s d..

457. — Villemot (Auguste), publiciste.

L. a. s , s. d..

458. — Walsh (comte de).

L. a. s. s. d..

459. — Yusuf, général.

L. a. s., s. d..

460. — Catalogue sommaire de la collection d'autographes de 165 personnes, sans date, rédigé à une époque où la collection de Mme de R... était moins complète. Quelques articles manquent, entre autres : « Napoléon Ier. Première rédaction de l'acte d'abdication. »

COLLECTION DE CACHETS ARMORIÉS

461 à **467**. — 7 cartons de 15 à 18 planches chacun.

Chaque planche contenant 21 cachets armoriés, presque tous classés. Ces cachets, dont la plus grande partie ont été détachés d'enveloppes de lettres, appartiennent, quelques-uns au xviie et au xviiie siècle ; la plupart sont modernes.

468. — (Registre.) — In-folio de 43 pp.

Catalogue de 86 planches de cachets armoriés.

LETTRES DE FAIRE-PART DE MARIAGES, NAISSANCES, DÉCÈS.

Première série, en 7 volumes, demi-reliure parchemin vert.

469. — I.   (1851-1857.) — 278 lettres.
470. — II. (1827-1851.) — 272 —
471. — III. (1858-1862.) — 305 —
472. — IV. (1860-1863.) — 159 —
473. — V.   (1836-1857.) — 209 —
474. — VI. (1833-1863.) — 170 —
475. — VII. (1842-1862.) — 138 —

Deuxième série, en 10 volumes, dem.-rel. parchemin, étiq. rouges et tables.

476. — I.   (1833-1868.) — 217 lettres.
477. — II.   (1834-1871.) — 260 —
478. — III. (1868-1872.) — 185 —
479. — IV.   (1870-1875.) — 177 —
480. — V.   (1871-1873.) — 280 —
481. — VI.   (1872-1873.) — 211 —
482. — VII. (1873-1875.) — 255 —
483. — VIII. (1873-1875.) — 303 —
484. — IX.   (1875.)   — 227 —
485. — X.   (1875-1876.) — 177 —

486. — 1 registre, in-folio, dem.-rel. parchemin.

Table des dix volumes de la deuxième série, volume par volume, dans l'ordre arbitraire de la reliure des pièces, c'est-à-dire sans ordre alphabétique ou chronologique.

Deuxième série (bis), en 5 volumes, dem.-rel. parchemin, étiq. vertes, et tables.

487. — Vol. I. (1839-1854.) — 261 lettres.
488. — id. II. (1855-1862.) — 379 —
489. — id. III. (1863-1864.) — 324 —
490. — id. IV. (1865-1867.) — 369 —
491. — id. V. (1863-1867.) — 211 —

492. — 1 registre in-folio, dem.-rel. parchemin, 40 ff.

Table par ordre alphabétique d'après la première lettre des noms pour les lettres de faire part des 5 vol. ci-dessus.

Troisième série, en 6 volumes, dem.-rel. parchemin, étiq. rouges, et tables.

493. — Vol. I. (1843-1862.) — 354 lettres
494. — id. II. (1863-1868.) — 418 —
495. — id. III. (1821-1870.) — 178 —
496. — id. IV. (1829-1870.) — 263 —
497. — id. V. (1846-1868.) — 298 —
498. — id. VI. (1868-1870.) — 239 —

499. — 1 registre in-4°.

Table des lettres de faire part contenues dans les premiers volumes de la troisième série, par ordre alphabétique, d'après la première lettre des noms.

Nouvelle série, en 4 volumes, dem.-rel. parchemin, étiq. brunes. Les lettres, classées par ordre alphabétique, sont presque toutes des années 1876 à 1883.

500. — Vol. I. Lettres A-C. — 767 lettres
501. — id. II. — D-H. — 600 lettres environ
502. — id. III. — J-N. — 750 —
503. — id. IV. — O-W. — 750 — —

504. — Registre, dem.-rel. parchemin.

43 lettres de faire part sans date.

505. — Cahier.

171 lettres de 1820 à 1847. Table.

506. — Cahier.

118 lettres de 1847 à 1850. Table.

507. — Cahier.

121 lettres de 1847 à 1853. Table.

508. — Cahier.

93 lettres de 1852 à 1855. Table.

509, 510, 511. — 3 liasses de 200, 200 et 136 lettres.

DEUXIÈME PARTIE

BIBLIOTHÈQUE

THÉOLOGIE.

512. — Piccioni (Antoine.) La supériorité de la femme chrétienne. Bastia, E. Ollagnier, 1879, in-8, br.

JURISPRUDENCE.

513. — Recueil d'arrests notables, des cours souveraines de France ordonnez par titres en 24 livres par Jean Papon. Pont-à-Mousson, par Jean de Lafontaine, 1608, in-8, basane grise.

514. — Cour des Pairs. — Assassinat de Mme la duchesse de Praslin. — Rapport fait par M. le Chancelier de France, président de la Cour des Pairs. Paris, imp. royale, 1847, in-4 dem. rel. v. r.

515. — Liberté de tester par le baron de Veance. Paris, Dentu, 1864, in-8, br.

516. — Thèse pour le doctorat. — De la *Collatio bonorum* par Pierre Carbuccia. Bastia, imp. Ve Ollagnier, 1876, in-8, br.

SCIENCES ET ARTS.

517. — Summula philosophiæ in quatuor partes distincta, authore D. Petro a sancto Joseph Fuliensi. Parisiis, apud Franciscum Muguet typ. 1662, in-12, m. r.

518. — (Incunable incomplet du commencement et de la fin. Biographie des philosophes de l'antiquité, en latin. FF. *a* ii à *d* iii. 190 millim. sur 130.)

519. — Statistique. Sciences naturelles, par le baron A. de Cauna. Périgueux, Cassard frères, 1880, in-8, 14 pp., br.

BELLES-LETTRES.

520. — Les langues et l'espèce humaine par G. de Dubor. — Extrait du Muséon. — Louvain, typ. Ch. Peters, 1884, in-8, 23 pp., br.

521. — L. Annœi Senecœ cordubensis tragœdiæ. Heidelbergœ, 1689, in-12, v. m.

522. — Montmorency. — Drame historique par M. Louis Henry. Muret, Marquès, 1885, in-8, 99 pp., br..

523. — Le bouquet de violettes. — Comédie par M. Louis Henry. Muret, Marquès, 1885. 16 pp., br..

524. — Les lettres de Pline-le-Jeune, t. II. Paris, 1721, in-12, v. br..

525. — Lettres et opuscules inédits du comte J. de Maistre, précédés d'une notice biographique par son fils le comte Rodolphe de Maistre. 5me édit. Paris, Vaton frères, 1869, 2 vol. in-8, br..

526. — Young. Les nuits, traduites de l'anglois par M. Le Tourneur. Paris, 1769, 2 vol., in-12. v. m..

527. — La vérité révélée. Ouvrage traduit de l'anglois. Londres, 1755, in-12, v. m., armes de Jacquelin sur les plats.

528. — Lettres à Véronique. Première série. Auch, Paris, 1870, in-8, 68 pp. br..

529. — Un des crimes du gouvernement russe. — Episode de la vie d'une femme écrit par elle-même. Genève, 1876, in-8. br,

530. — Discours de M. le comte de Montalembert prononcé à sa réception à l'Académie française le 5 février 1852 et discours de M. Guizot en réponse au récipiendaire. Paris, Didier, 1852, in-8. 57 et 20 pp., br.

HISTOIRE.

PROLÉGOMÈNES.

531. — Atlas universel de géographie physique, politique et historique ancienne et moderne... dressé par A. H. Brué. 1822, Paris, chez l'auteur. In-folio, dem.-rel. chagr. viol.

532. — La géographie universelle abbrégée, où sont contenus les Généralitez de France avec les villes ou l'on bat monnoye. Lyon, chez Fr. Larchier, 1691, in-12, v. f.

533. — Méthode aisée pour apprendre la chronologie sacrée et profane en LX vers artificiels tirez de l'Abrégé Royal de l'alliance chronologique du R. P. Philippe Labbe. Paris, Gaspard Meturas, 1649, in-12, v. m.

534. — Nouvel abrégé chronologique de l'histoire de France. Paris, imp. Prault, 1746, in-12, v. f.

535. — Le chronologiste manuel. Paris, 1766, in-12, v. m.

536. — Dictionnaire historique ou mémoires critiques et littéraires concernant la vie et les ouvrages de divers personnages distingués particulièrement dans la république des lettres par Prosper Marchand. La Haye, Pierre de Hondt, 1758-59, in-folio, 2 t. en 1 vol. v. m.

537. — Fastes de la France ou tableaux chronologiques synchroniques et géographiques de l'histoire de France par E. Mullié. Lille, Paris, 1836, in-folio, d.-rel., v. r.

538. — Atlas historique, généalogique, chronologique et géographique de A. Lesage (comte de Las Cases). S. d., in-folio, d. rel. parch. v.

539. — Mémoires et caravanes de J. B. de Luppé du Garrané, chevalier de Saint-Jean de Jérusalem, Grand prieur de Saint-Gilles, suivis des mémoires de son neveu J.-B. de Larrocan d'Aiguebere, commandeur de Bordères, publiés pour la première fois par le comte de Luppé. Paris, Aubry, 1865, in-4° cart. toile.

540. — Trois mois à Venise. — Impressions de voyage par Ambroise Tardieu. Lyon, imp. Pitrat, 1884, in-8, 26 pp., br.

541. — Voyage en Autriche et en Hongrie.. par Ambroise Tardieu. Moulins, imp. Desrosiers, 1884, in-8, 23 pp. br.

542. — Les derniers voyages des Néerlandais à la Nouvelle-Guinée, Versailles, imp. de A. Aubert, 1855, in-8, 40 pp., br.

HISTOIRE UNIVERSELLE.

543. — Suite de l'histoire universelle de Monsieur l'évêque de Meaux. Paris, G. Durand, 1765. t. II, in-12, v. m.

544. — Introduction à l'histoire des principaux états tels qu'ils sont aujourd'hui dans l'Europe, traduite de l'original allemand de Samuel Pufendorf par Claude Rouxel. Amsterdam, 1710, t. I, in-12, v. f.

HISTOIRE DES RELIGIONS.

Catholicisme.

545. — Le guide des pélerins de Notre-Dame de Verdelais... Bordeaux, chez N. et J. de La Court, s. d.. 5me édit, in-12, parch.

546. — Abrégé des miracles qui se sont opérez à Notre-Dame-de-Verdelays. Bordeaux, chez Jean Lacourt, s. d., br.

Protestantisme.

547. — Le duc de Rohan et les protestants sous Louis XIII par Henry de La Garde. Paris, Plon, 1884, in-8, br.

548. — David C. A. Agnew. Protestant exilés from France in the reign of Louis XIV. Second edition. London, 1871-74, petit in-4, 3 t. en 1 vol. dem,-rel. et coins v. b.

549. — Mémoires de Bonbonnoux, chef camisard et pasteur du désert. En Cévennes, 1883, petit in-4, br.

550. — Histoire de la restauration du protestantisme en France au xviiie siècle. — Antoine Court, par Edmond Hugues, Paris, Michel Lévy, 1874, 2 vol. in 8, br.

551. — La France protestante ou vies des protestants français qui se sont fait un nom dans l'histoire... par MM. Haag, Paris, 1846 58. 10 vol. in 8, d.-rel. v. bleu.

552. — La France protestante par MM. Eugène et Emile Haag, 2e édition. Paris, Sandoz, 1877-1885. In-8, 4 vol. et 1re livraison du 5me, br.

553. — Bulletin de la Société de l'Histoire du protestantisme français. Paris, 1853-75, 24 vol. in-8, dem.-rel. v. gris, et 7e année, 1858, n° 10 à 12, br.

554. — L'école historique de Jérôme Bolsec par Henri Bordier. Genève, imp. Schuchardt, in-8, 72 pp., br.

555. — La femme par Adolphe Monod. Paris, Ducloux, 1848, in-8, br.

HISTOIRE DE FRANCE.

556. — Carte d'assemblage des feuilles de la carte topographique de la France dressée et gravée au dépôt de la guerre. In-f°. Sur toile.

557. — La France divisée suivant ses provinces ou gouvernements militaires par le sieur Robert de Vaugondy. In-f° en long. Sur toile.

558. — Carte de France divisée en ses 85 départements suivant les décrets de l'Assemblée Nationale. 1793.

Inventaires sommaires, vol. in-4°.

559. — Archives départementales de la Gironde, série C, t. I. carton.

560. — Archives dép. de la Charente, séries C, D, E (1 à 966) 1 vol. cart.

561. — Archives dép. de Lot-et-Garonne. 1 vol, dem.-rel. veau fauve.

562. — Séries A. C, D, E, G, H, B (1-655) 1 vol. cart.

563. — Supplément à la série E, 1 livraison, br.

564. — Archives dép. de la Charente-Inférieure, séries C, D, E, G et H, t. II, broché avec l'inventaire sommaire des archives communales de la ville de Rochefort.

565. — Archives communales d'Agen. 1 vol. demi-rel. v. f.

566. — Archives communales de Condom, cart. pap. peigne.

Moyen-âge.

567. — Histoire de Saint-Louis par Jean sire de Joinville suivie du Credo et de la lettre à Louis X, texte ramené à l'orthographe des chartes du sire de Joinville et publié pour la Société de l'histoire de France par M. Natalis de Wailly. Paris, vᵉ Renouard, 1868, in-8, br.

568. — Les moines d'Occident depuis Saint-Benoît jusqu'à Saint-Bernard par le comte de Montalembert. Paris, Jacques Lecoffre, 1860-68, 5 vol. in-8, br.

569. — Histoire de Charles VII par G. du Fresne de Beaucourt. Paris, 1881-85, 3 vol. in-8, br.

570. — Jeanne de France, duchesse d'Orléans et de Berry (1464-1505) par M. R. de Maulde. Paris, Champion, s. d., in-8, br.

Seizième siècle.

571. — François de Montmorency, gouverneur de Paris et lieutenant du roi dans l'Isle-de-France (1530-1579) par le baron Alphonse de Ruble. Paris, Champion, 1880, in-8, 92 pp.. br,

572. — Les ducs de Guise et leur époque. — Etude historique sur le xvıᵉ siècle par H. Forneron. Paris, Plon, 1877, 2 vol. in-8, br.

573. — Les Guises, les Valois et Philippe II par M. Joseph de Croze. Paris, Amyot, 1866, 2 vol. in-8, br.

574. — Monluc (Blaise de). Commentaires. Bourdeaux, S. Millanges, 1592, in-fol. v. anc. F. 4 et 5 refaits.

575. — Lettres de Louise de Colligny, princesse d'Orange à sa belle-fille Charlotte Brabantine de Nassau, duchesse de La Trémoille, publiées d'après les originaux par Paul Marchegay. Paris, Sandoz et Fischbacher, 1872, in-8, br.

576. — Henri de Valois et la Pologne en 1572 par le marquis de Noailles. Paris, 1867, 3 vol. in-8, br.

577. — Mémoires et lettres de Marguerite de Valois. Nouvelle édition revue sur les manuscrits des bibliothèques du Roi et de l'Arsenal et publiée par M. F. Guessard. Paris, Renouard, 1842, in-8, br.

578. — Mémoires authentiques de Jacques Nompar de Caumont, duc de La Force, maréchal de France, et de ses deux fils les marquis de Montpouillan et de Castelnaut... par le marquis de La Grange. Paris, Charpentier, 1843, 4 vol. in-8, d-rel. v. r.

579. — Les Saulx Tavanes. — Etudes sur l'ancienne société française. Lettres et documents inédits par L. Pingaud. Paris, Firmin-Didot, 1876, in-8, br.

580. — Les savants Godefroy. Mémoires d'une famille pendant les xvie, xviie et xviiie siècles. Paris, Didier, 1873, in-8, br.

581. — Mémoires de Madame de Mornay. — Edition revue sur les manuscrits, publiée... pour la Société de l'histoire de France par Madame de Witt, née Guizot. Paris, Renouard, 1868-69, 2 vol. in-8, br.

Louis XIII.

582. — Mémoires de Madame de Motteville sur Anne d'Autriche et sa Cour. Nouv. édit. par M. F. Riaux. Paris, Charpentier, 1878, 4 vol. in-12, br.

583. — Campagnes de Charles IV, duc de Lorraine et de Bar en Allemagne, en Lorraine et en Franche-Comté (1634-1638.) par F. des Robert. Paris, Champion, 1883, in-8, br.

584. — La jeunesse de Richelieu. — Le dernier épisode de la vie du cardinal de Richelieu. Louis XIII, Cinq-Mars, Aug. de Thou. — L'évêque de Luçon et le connétable de Luynes par M. Avenel. — Notice nécrologique sur Denis-Louis-Martial Avenel par M. A. de Boislisle. 4 broch. en 1 vol. pap peigne.

585. — M. de Bérulle et les Carmélites de France. (1575-1611.) Le Père de Bérulle et l'Oratoire de Jésus (1611-1625). — Le cardinal de Bérulle et le cardinal de Richelieu (1625-1629.) par M. l'abbé M. Houssaye. Paris, Plon, 1872-75, 3 vol. in-8, br.

586. — Les Carmélites de France et le cardinal de Bérulle, courte réponse à l'auteur des Notes historiques par M. l'abbé M. Houssaye. Paris, Plon, 1873, in-8, br.

. — L'amour presentant le subiet du balet à Monseigneur le duc d'Epernon. S. n. d'imp. ni. d., 12 pp. petit infolio, br.

588. — Curiosités historiques sur Louis XIII, Louis XIV, Louis XV, Mme de Maintenon, Mme de Pompadour, Mme du Barry, etc., par J. A. Le Roi. Paris, Plon, 1864, in-8, br.

589. — Mémoires militaires et voyages du R. P. de Singlande Paris, Lacombe, 1766. In-12, 2 vol. m. r.

590. — Un fils d'Estienne Pasquier. — Nicolas Pasquier, lieutenant-général et maître des Requêtes. — Etude sur sa vie et ses écrits par Louis Audiat. Paris, Didier, 1876, in-8, in-8, br.

Louis XIV.

591. — La France sous le roy Louis XIV, par P. D. V. Paris, chez l'auteur, 1667, in-12, v. br.

592. — Histoire de France pendant la minorité de Louis XIV, par A. Chéruel. Paris, Hachette, 1879-80, 4 vol. n-8, br.

593. — Louise de la Vallière et la jeunesse de Louis XIV, par J. Lair — avec deux portraits. Paris, Plon, 1881, in-8, br.

594. — Mémoires complets et authentiques du duc de Saint-Simon sur le siècle de Louis XIV et la Régence, publiés par le marquis de Saint-Simon. Nouvelle édition. Paris, Delloye, 1840-42, in-12, 20 vol., dem.-rel., v. b.

595. — Madame de Maintenon et la maison royale de Saint-Cyr (1686-1793), par Théophile Lavallée. 2° édit., Paris, Plon, 1862, in-8, br.

596. — Mémoires d'Anne de Gonzagues, princesse palatine. Londres et Paris, 1786, in-8, v. b. Armes de Montmorency sur les plats.

597. — Histoire de Colbert et de son administration par Pierre Clément. Paris, Didier, 1874, 2 vol. in-8, br.

598. — Cour impériale d'Agen. Discours prononcé à l'audience solennelle de rentrée, le 3 novembre 1868, par M. Antonin Frézouls. (Administration de Colbert.) Agen, P. Noubel, 1868, in-8, 53 pp., br.

599. — Histoire de Louvois et de son administration politique et militaire par Camille Rousset. Paris, Didier, 1873, 4 vol. in-8, br.

600. — Histoire de Vauban, par Georges Michel. Paris, Plon, 1879, in-8, br.

601. — Journal inédit de Jean-Baptiste Colbert, marquis de Torcy, ministre et secrétaire d'Etat des Affaires étrangères pendant les années 1709, 1710 et 1711, publié d'après les manuscrits autographes par Frédéric Masson. Paris, Plon, 1884, in-8, br.

602. — La maréchale de Villars et son temps par M. Ch. Guiraud. Paris, Hachette, 1881, in-12, br.

603. — Correspondance inédite de Louis-Auguste de Bourbon, duc du Maine, avec Lamoignon de Basville (1709-1716.)... publiée par Charles Joret. Paris, Champion, 1883, n-8 de 27 pp., br.

604. — Réponse de M. de Saintfoix au R. P. Griffet et recueil de tout ce qui a été écrit sur le prisonnier masqué. Londres, Paris, chez Ventes, 1770, in-12, v. m.

605. — La vérité sur le Masque de fer. (Les empoisonneurs.) D'après des documents inédits des archives de la guerre et autres dépôts publics (1664-1703.) par Th. Jung. Paris, Plon, in-8, br.

606. — Les correspondants de la marquise de Belleroy, d'après les originaux inédits de la bibliothèque Mazarine... par le comte Edouard de Barthélemy. Paris, Hachette, 1883, 2 vol. in-8, br.

607. — Règlement donné par la duchesse de Liancourt à la princesse de Marsillac, avec une notice sur la duchesse de Liancourt, par la marquise de Forbin d'Oppède. Paris, Plon, 1881, in-16, br.

608. — Vie de Rancé, par M. le vicomte de Châteaubriand. Paris, H.-L. Delloye, s. d , in-8, br.

Louis XV, Louis XVI.

609. — Louis XV et Elisabeth de Russie. — Etude sur les relations de la France et de la Russie au dix-huitième siècle, d'après les archives du Ministère des Affaires étrangères, par Albert Vandal. Paris, Plon, 1882, in-8, br.

610. — Le marquis d'Argenson et le Ministère des Affaires Etrangères du 18 novembre 1744 au 10 janvier 1747, par Edgar Zévort. Paris, Germer Baillère, 1880, in-8, br.

611. — Le secret du roi. — Correspondance secrète de Louis XV avec ses agents diplomatiques (1752-1774) par le duc de Broglie. Paris, Calmann Lévy, 1879, 2 vol. in-8, br.

612. — Madame de Pompadour, par Edmond et Jules de Goncourt. Paris, Charpentier, 1879, in-18, br.

613. — Le portefeuille de Madame Dupin..., publié par le comte de Villeneuve-Guibert. Paris, Calmann-Lévy, 1884, in-8, br.

614. — Le fils de Louis XV, Louis, dauphin de France (1729-1765) par Emmanuel de Broglie. Paris, Plon, 1877, in-18, br.

615. — Histoire de Montesquieu. Sa vie et ses œuvres d'après des documents nouveaux et inédits par Louis Vian. Paris, Didier, 1878, in-8, br.

616. — Dufort (J. N., comte de Cheverny). Mémoires sur les règnes de Louis XV et Louis XVI et sur la Révolution. Paris, Plon, 1886, in-8, t. I, br.

617. — Etat militaire de France. Années 1759, 1762, 1764, 1771 à 1791. Paris, lib. Guillyn, Onfroy, in-12, 24 vol. rel. v. m. à l'exception des années 1781, 1787, 1789, 1790, 1791, br.

618. — Le marquis de Grignan petit fils de Madame de Sévigné par Frédéric Masson. Paris, Plon, 1882, in-8, br.

619. — Le comte de Fersen et la cour de France. Extraits des papiers du grand maréchal de Suède, comte Jean Axel de Fersen, publiés par son petit-neveu le baron R. M. de Klinckowström. Paris, Firmin-Didot, 1878, 2 vol. in-8, br.

620 — Correspondance inédite de la comtesse de Sabran et du chevalier de Boufflers (1778-1788) recueillie et publiée par E. de Magnieu et Henri Prat. Paris, Plon, 1875, in-8, br.

621. — Mémoires sur la vie de Mademoiselle de Lenclos, par M. B... nouv. édit. Première partie. Amsterdam, François Joly, 1779, in-12, br.

622. — Mademoiselle de Sassenay. — Histoire d'une grande famille sous Louis XVI, par Mme E. Thuret. Paris, Didier, 1867, 2 vol. in-18, d.-rel. v. r.

623. — Histoire de Marie Antoinette par Edmond et Jules de Goncourt. Paris, Charpentier, 1879, in-18, br.

624. — Madame Elisabeth, sœur de Louis XVI, par Mme la comtesse d'Armaillé. Paris, Didier, 1886, in-12, br.

625. — Eloge historique de Mme Elisabeth de France suivi de plusieurs lettres de cette princesse par Antoine Ferrand. Paris, A. Leclère, 1861, in-8, br.

626. — Les assemblées provinciales sous Louis XVI, par M. Léonce de Lavergne. Paris, Michel Lévy, 1863, in-8, br.

627. — Procès-verbal de l'Assemblée des Notables en l'année 1787. Paris, de l'imp. royale, 1788, in-8, d.-rel. v. f.

628. — Souvenirs d'un page de la cour de Louis XVI, par Félix, comte de France d'Hézecques, publiés par M. le comte d'Hézecques. Paris, Didier, 1873, in-18, br.

629. — Grimod de La Reynière et son groupe d'après des documents entièrement inédits par Gustaves Desnoireterres. Paris, Didier, 1877, in-12, br.

630. — Beaumarchais et son temps. Etudes sur la société en France au XVIIIe siècle d'après des documents inédits. par Louis de Loménie. Paris, Michel Lévy, 1873, 2 vol. in-18, br.

631. — La comtesse de Rochefort et ses amis. — Etudes sur les mœurs en France au xviiie siècle avec des documents inédits par Louis de Loménie. Paris, Calmann Lévy, 1878, in-8, br.

632. — Les Mirabeau. Nouvelles études sur la société Française au xviiie siècle, par Louis de Loménie. Paris, Dentu, 1879, 2 vol. in-8, br.

633. — Une femme du monde au xviiie siècle. La jeunesse de Madame d'Epinay. — Dernières années de Madame d'Epinay, par Lucien Perey et Gaston Maugras. 2e édit. Paris, Calmann Lévy, 1882, 2 vol. in-8, br.

634. — La vie rurale dans l'ancienne France, par Albert Babeau. Paris, Didier, 1883, in-8, br.

635. — La vie domestique, ses modèles et ses règles d'après les documents originaux par Charles de Ribbe. Paris, Baltenweck, 2 vol. in-18, br.

636. — Une famille de Finance au xviiie siècle..., par M. Adrien Delahante. 2e édit. Paris. J. Hetzel, 1881, 2 vol. in-8, br.

637. — Portraits intimes du xviiie siècle, par Edmond et Jules de Goncourt. Paris, Charpentier, 1878, in-18, br.

638. — La femme au xviiie siècle, par Edmond et Jules de Goncourt. Paris, Charpentier, 1877, in-18, br.

639. — Les origines de la France contemporaine. — L'ancien régime. La Révolution, par H. Taine. Paris, Hachette, 1876-1885, 4 vol., in-8, br.

Période révolutionnaire.

640. — Histoire de la société française pendant la Révolution par Edmond et Jules de Goncourt. Paris, Didier, in-18, br.

641. — Séance tenue par le roi aux Etats-Généraux, le 23 juin 1789. Discours du roi. Un exempl. in-8, Paris, chez Baudouin. Un exempl., in-4, Auch, chez Duprat. — Détail véridique des événements arrivés à Paris depuis le 13 du mois de juillet jusqu'à l'entrée du roi et son retour à Versailles. 8 pp. in-8, incomplet. — Projet des premiers articles de la Constitution, lu dans la séance du 28 juillet 1789, par M. Mounier, membre du Comité chargé du plan de Constitution. Paris, Baudouin, 8 pp., in-8. — Rapport fait à l'Assemblée nationale au nom du Comité des Finances, par M. le marquis de Montesquiou, le 18 novembre 1789. Paris, Baudouin, 25 pp. in-8, et tableaux. — Rapport fait au nom du Comité ecclésiastique, le jeudi 17 décembre 1789, sur les ordres religieux, par M. Treilhard, imprimé par ordre de l'Assemblée nationale. Paris, Baudouin, 11 pp. in-8. — Examen du mémoire des princes présenté au roi. 15 pp., in-8. — Rapport fait au nom du Comité chargé de l'aliénation des domaines nationaux par M. de La Rochefoucauld, député de Paris, imprimé par ordre de l'Assemblée nationale. Paris, Baudouin, 1790. 17 pp., in-8. Ensemble 8 plaq. en 1 vol , br.

642. — Recherches historiques sur les Girondins. — Vergniaud. Manuscrits, lettres et papiers, pièces pour la plupart inédites, classées et annotées par C. Vatel. Paris, Dumoulin, 1873, 2 vol. in-8, br.

643. — Mémoires de Madame Roland, seule édition entièrement conforme au manuscrit autographe.. par C. A. Dauban. Paris, Plon, 1864, in-8, br.

644. — Etude sur Madame Roland et son temps... par C. A. Dauban. Paris, Plon, 1864, in-8, br.

645. — Histoire de l'émigration (1789-1825) par M. F. de Montrol. Paris, Ponthieu, 1825, in 8, d.-rel. v. bleu.

646. — Histoire générale des émigrés pendant la Révolution française par H. Forneron. Paris, Plon, 1884, 2. vol. in-8, br.

647. — Documents inédits sur l'Emigration. — Journal d'un fourrier de l'armée de Condé, Jacques de Thiboult de Puisaci, député de l'Orne, publié et annoté par le comte Gérard de Contades. Paris, Didier 1882, in-8, br.

648. — Papiers d'un émigré (1789-1829) Lettres et notes extraites du portefeuille du baron de Guilhermy, député aux Etats généraux, conseiller du comte de Provence, attaché à la légation du roi à Londres, mises en ordre par le colonel de Guilhermy. Paris, Plon, 1886, in-8, br.

649. — Coblenz et Quiberon. Souvenirs du comte de Contades, pair de France, publiés par le comte Gérard de Contades. Paris, Dentu, 1885, in-12, br.

650. — Supplément à la liste générale par ordre alphabétique des émigrés de toute la république. 1er S^t, an II, 3 vol. — 2e S^t, an III, 1 vol. — 3e S^t, an III, 2 vol. — 4e S^t, an III et IV, 3 vol. —5e S^t, an VI, 2 vol. —6e S^t, an VIII, 2 vol. — 7e S^t, an IX, 1 vol. — Ensemble 14 vol., in-8, d.-rel. v. f.

651. — Liste formée en exécution de l'art. 28, section 3, titre 3 de la loi du 25 brumaire 3me année républicaine, des citoyens qui ont obtenu la radiation définitive de leurs noms des listes des émigrés... 1 vol. in-8, d.-rel. v. f.

652. — Liste générale et très exacte des noms, âges, qualités et demeures de tous les conspirateurs qui ont été condamnés à mort par le Tribunal révolutionnaire, établi à Paris par la loi du 17 août 1792 et par le second Tribunal établi à Paris par la loi du 10 mars 1793, pour juger tous les ennemis de la Patrie. Paris, an II, 9 listes et un S^t au n° 9. In-8. d.-rel. v. f.

653. — Liste générale des individus condamnés par jugemens, ou mis hors la loi par décrets, et dont les biens ont été déclarés confisqués au profit de la République, dressée et publiée en exécution des lois du 26 frimaire, 9 ventôse et 6 thermidor. N° V, VI, VII. Paris, an II et an III, 1 vol. in-8, d.-rel. v. f.

654. — Première dénonciation solennelle d'un ministre faite à l'Assemblée nationale en la personne du comte de Luzerne, ministre d'Etat. de la Marine et des Colonies, par le comte de Gouy, député de Saint-Domingue. . imprimé pour l'Assemblée Nationale. Paris, Demonville, 1790, in-8, br.

655. — Traditions et souvenirs ou mémoires touchant le temps et la vie du général Auguste Colbert (**1793-1809**) par N.-J. Colbert. Paris, Firmin-Didot, 1866, in-8, t. III, br.

656. — Mémoires historiques sur l'invasion et l'occupation de Malte par une armée française, en **1798**. par Pierre-Jean-Louis-Ovide Doublet, publiés pour la première fois par le comte de Panisse-Passis, Paris, Firmin-Didot, 1883, in-12, br.

Époque moderne.

657. — Souvenirs sur l'émigration, l'Empire et la Restauration, publiés par le fils de l'auteur. Comte Alexandre de Puymaigre. Paris, Plon, 1884, in 8, br.

658. — Mémoires du marquis de Boissy (**1798-1866**,) rédigés d'après ses papiers par Paul Breton. Paris, Dentu, 1870, 2 vol. in-8, br.

659. — Etat du corps royal du Génie. Paris, de l'imp. roy., mai 1823, in-12, br.

660. — Mémoires et relations politiques du baron de Vitrolles publiés selon le vœu de l'auteur par Eugène Forgues. Paris, Charpentier. 1884, 3 vol. in 8, br.

661. — Madame Campan à Ecouen. — Etude historique et biographique... par Louis Bonneville de Marsangy. Paris, Champion. 1879, in-8. br.

662. — Un homme d'autrefois. Souvenirs recueillis par son arrière-petit-fils le marquis Costa de Beauregard. Paris, Plon. 1877, in-8, br.

663. — Mémoires du vicomte d'Aulnis par E. d'Alton Shée. Paris, libr. internationale, 1868, in-18, br.

664. — Portraits politiques contemporains. Paris, Plon, in-8. 128 pp. Exemplaire sans autre titre, dem.-rel. v. v.

665. – Des intérêts catholiques au xix° siècle par le comte de Montalembert. Paris, Lecoffre, 1852, in-8, br.

666. — Aristocratie et bourgeoisie avec un mot sur la présidence, par Louis Calemard de Lafayette. Paris, Comon, 1848, in-8, 77 pp., br.

667. — 1848-1830. — Dix mois et dix huit ans, par M. Liadières. Paris, Comon, 1849, in-12, 106 pp, br.

668. — La naissance de la République en février 1848, par Lucien de La Hodde. Paris, 1850, in-12, 110 pp., br.

669. — La République dans les carrosses du roi, par Louis Tirel. Paris, Garnier, 1850, in-8, br.

670. — Les Conspirateurs, par A. Chenu. 9° édit. Paris, Garnier, 1850, in-12, br.

671. — Les titres de la dynastie napoléonienne. Paris, imp. impér., 1868, in-18, 31 pp., br.

672. — Le code social. — Manuel du citoyen français, par A. Morel. Paris, Le Chevalier, 1871, in-12, 28 pp., br.

673. — Mésaventure électorale de M. le baron de Pirouëtt, racontée par M.-L Gagneur. Paris, Le Chevalier, 1872, in-12, 36 pp., br.

674. — La politique du Père Gérard — Lettre à mon député. — Catéchisme républicain, par E. Boursin. Paris, 1872, 2 broch. in-12, broch.

675. — La dépêche du 20 août 1870 du maréchal Bazaine au maréchal de Mac Mahon, par le colonel Baron Stoffel. Paris, Lachaud et Burdin, 1872, in-8, 117 pp., br.

676. — Le Prince royal, par M. Jules Janin. Paris, Ernest Bourdin, s. d., in-12, br.

677. — Révolution de février 1848. — Départ de Louis-Philippe au 24 février. Relation authentique de ce qui est arrivé au roi et à sa famille depuis leur départ des Tuileries jusqu'à leur débarquement en Angleterre. Paris, 1850, in-8, 86 pp., br.

678. — Abdication du roi Louis-Philippe, racontée par lui-même et recueillie par M Edouard Lemoine. Paris, Michel Lévy, 1851, in-12, 108 pp., br.

679. — Décrets du 22 janvier. — Biens de la Maison d'Orléans. — Seule question : Le 7 août 1830, une loi en vigueur ordonnait-elle la réunion à l'Etat des biens donnés? par Jules Le Berquier. Paris, imp. H. et Ch. Noblet, 1852, in-18, 35 pp., br.

680. — Décrets du 22 janvier. — Biens de la Maison d'Orléans. — Tribunal civil de la Seine (1re Chambre.) Question de compétence. Plaidoiries de MMes Paillet et Berryer. Paris, imp. H. et Ch. Noblet, 1853, in-18, 95 pp, br.

681. — Lettres sur l'histoire de France. (Lettre du duc d'Aumale au prince Napoléon), ms.

682 — La brochure du duc d'Aumale. Paris, Dentu, 1861, in-8, 15 pp., br.

683. — Réponse à Henri d'Orléans. Paris, 1861, in-8, 15 pp., br.

684. — Nos contemporains. — Le duc d'Aumale par Ferragus. Paris, Le Chevalier, 1869, in-8, 32 pp., br.

685. — Etude d'histoire. — Politique royale en France. Paris, Edouard Proux, 1848, in-8, br.

686. — La fusion et les partis par Ch. de Valori Paris, Giraud, 1849, in-12, 54 pp br.

687. — Vie populaire de Henri de France, par M Théodore Muret. Paris, Garnier, 1849, in-12, 136 pp., br.

688. — Une visite à M. le duc de Bordeaux par Charles Didier. 4me édit. Paris, Michel Lévy, 1849, in-12, 107 pp., br.

689. — Dieu le veut, par le vicomte d'Arlincourt. Paris, Garnier, 1849, in-12, 74 pp., br.

690. — Suite à *Dieu le veut*, par le vicomte d'Arlincourt. — Place au Droit ! Paris, Allouard et Kaeppelin, 1850, in-12, 128 pp, br.

691. — Défi aux adversaires de la légitimité, par Ange des Ursins. Paris, Allouard et Kaeppelin, 1850, in-12, 64 pp., br.

692. — Etude politique. — M. le comte de Chambord. — Correspondance. Genève, Grosset et Trembley, 1871, in-12, br.

693. — Henri V et la monarchie traditionnelle. 5ᵉ édit., 1871, in-12, 118 pp., br.

694. — La Maison de France par Amédée de Césena, avec un portrait photographique d'après nature de M. le comte de Paris. Paris, 1884, in-12, 48 pp , br.

Archéologie.

695 — France pittoresque ou description pittoresque, topographique et statistique des départements et colonies de la France .., par A. Hugo Paris, Delloye, 1835, in-4, v. f.

696. — Dictionnaire du mobilier français de l'époque carlovingienne à la Renaissance, par Viollet-Le-Duc. Paris, 4 premiers vol. grand in-8, br., livraisons I et III du t. V, I, II, III du t. VI.

697. — Château de Veauce, dessiné d'après nature et lithographié, par Hubert Clerget. In-folio, Paris, imp. Lemercier, s. d , pl., cart. brad.

Sociétés savantes. Revues.

698. — Résumé des travaux de la Société de l'histoire de France depuis sa fondation en 1834 jusqu'au 1ᵉʳ juillet 1854. Paris, Renouard, 1854, in-12, 35 pp., br.

699. — Annuaire Bulletin de la Société de l'histoire de France, 1863, 1865, 1866. 3 vol. in-8, br.

700. — Discours prononcé à l'assemblée générale de la Société de l'histoire de France, le 6 mai 1879, par le baron Alphonse de Ruble, président. Paris, Renouard, 1879, in-8, 15 pp., br.

701. — Le cabinet historique, moniteur des bibliothèques et des archives. Nouvelle série, 1883, 1ʳᵉ livraison. In-8, br.

702. — Revue des questions historiques. Paris, t. I à XXXVI, 1866-84, in-8, dem. rel. v. f.; t. XXXVII à XL, 1885-86, br.

Journaux.

703. — Le Logographe, journal national. In folio, 2 vol. d.-rel. parch. n° 94 à 316, 3 janvier-17 août 1792.

704. — Gazette de France. 2 mars-14 juin 1817. In-folio, br.

705. — L'autographe, 1864, 1865. L'autographe au salon de 1864 et dans les ateliers, 200 croquis. Ensemble 3 vol. cart.

Bibliographie.

706. — Manuel du libraire et de l'amateur de livres... par Jacques-Charles Brunet Paris, 1860 65, 6 vol., in-8, d -rel., v. f.

707. Notes sur deux bibliophiles Lyonnais (1562-1867), par Raoul de Cazenove. Lyon, imp. A. Vingtrinier, 1867, in-8, 51 pp., br.

708. — Les manuscrits de la bibliothèque du Louvre brûlés dans la nuit du 23 au 24 mai 1871 sous le règne de la Commune par Louis Paris. Paris, Dumoulin, 1872, in-8, br.

709. — Catalogues : De la collection de lettres autographes, manuscrits du comte de Mirabeau, documents historiques sur la Ligue, la Fronde, la Révolution, etc., de feu M. Lucas de Montigny. Paris, Laverdet, 1860, in-8, br.;

710. — Des chartes, documents historiques, titres nobiliaires, etc., composant les Archives du Collège héraldique. Paris, Techener, 1866, in-8, br.;

711. — De livres et de bibliothèques: du marquis de Bournazel, 1864;

712. — Du collège héraldique, 1866;

713. — De M. Jules de Tréverret, 1868;

714. — De M. F. Garde, 1872;

715 — Catalogues : De M. le comte de Lambilly, 1872 ;
716. — De M. Emile Bigillion, 1872 ;
717. — De M. Le Chevalier H. de Cessole et de M. le marquis de Château-giron, 1874 ;
718. — De J.-B. Dumoulin, libr. 1874 ;
719. — De M. F. D. (par A. Chossonnery), 1875 ;
720 — De Bachelin-Deflorenne (livres nobiliaires et bibl. privées, 4 fasc.) 1875;
721. — Du même, 5 fascic. 1875 ;
722. — De M... (par Champion) 1877 ;
723. — De M. le marquis de L... (par A. Aubry) 1875 ;
724. — De M. Emile Bigillion, 1878 ;
725. — De M... (Saint-Roch), 1878 ;
726. — De M. E. Rouard, 1879 ;
727. — De Claudin, 1879 ;
728. — De M. le comte de N... (par Schlesinger) 1879 ;
729. — De M. L... (par A. Durel), 1882 ;
730. — D'un amateur (par A. Chossonnery), 1885 ;
731. — Du docteur Carville, 1886 ;
732. — Du docteur D... (de Bailleul), 1886. Ensemble 31 vol. ou brochures in-8, in-18, in-12, br.

Mélanges.

733. — Pièces fugitives pour servir à l'histoire de France avec des notes historiques et géographiques. Paris, Chaubert, 1759. 2 part. en 3 vol, in-4°, v. m.

734. — Lectures historiques à la Sorbonne et à l'Institut d'après les archives des pays étrangers, par François Combes. Paris. Bordeaux, 1883-84, in-4, 20 livraisons br.

Auteurs Agenais. Histoire de l'Agenais. Livres imprimés dans l'Agenais.

735. — Aldéguier (Flavien d'). — Eloge historique du lieutenant-général, pair de France, Jean-Gérard de Lacuée, comte de Cessac. Toulouse, Paris, Saumur, 1845, in-8, 32 pp., br.

736. — Aloy (Antoine). — Notice sur la ville et juridiction de La-Sauvetat-de-Caumont, aujourd'hui La-Sauvetat-du-Drot. Agen, imprimerie V. Lenthéric, 1880, in-8, 129 pp., br.

737. — Andiran (Frédéric d'). — Excursion pittoresque dans l'ancien duché d'Albret. — Nérac et quelques-uns de ses environs. 12 croquis dessinés d'après nature et lithographiés. Paris, Rittner et Goupil, 1842, grand in-folio, d.-rel. chag. noir.

738. — Andrieu (Guillaume-Jules). — Jasmin et son œuvre. Esquisse littéraire et bibliographique. Agen, 1881, in-8, VI-55 pp., br.

739. — Origine agenaise des concours agricoles. Agen, 1883, in-8, 10 pp., br.

740 — La censure et la police des livres en France sous l'ancien régime. — Une saisie de livres à Agen en 1775. Agen, 1884, in-8, 47 pp., br.

741. — Un plagiat. Agen, 1884, in-8, 47 pp., br.

742. — Un châtiment singulier. — Notes sur les mœurs agenaises d'autrefois. Agen, 1885, in-8, 19 pp., br.

743. — Un amour d'Henri IV. — Capchicot. Légende et histoire. Paris, Agen, 1885, in-8, 21 pp., br.

744. — Les Oubliés. — Deux Agenais du XVIIIe siècle. Agen, 1885, in-8, 17 pp., br.

745. — Les Oubliés. — Quelques soldats Agenais du XVIIe au XIXe siècle. Agen, 1886, in-8, 46 pp., br.

746. — Andrieu (Guillaume-Jules). — Histoire de l'imprimerie en Agenais depuis l'origine jusqu'à nos jours. Paris, Agen, 1886, in-8, 172 pp., br.

774. — Annuaire ou calendrier du département de Lot-et-Garonne. Agen, impr. veuve Noubel et Fils aîné ; Raymond Noubel ; Fernand Lamy ; veuve Lamy. 1792 ; 1800-86 ; 87 vol., in-18 et petit in 12. demi rel. ou rel. pleines variées.

748. — Arrest du Conseil d'Estat du roy intervenu sur les contestations formées par quelques réguliers du diocèse d'Agen, tant au sujet de la prédication de la parole de Dieu que de l'administration du sacrement de pénitence. Du quatrième jour de mars 1669. Paris, Antoine Vitré, 1669, in-4, 76 pp., cart. pap. peigne.

749. — Baradat de Lacaze (Charles). — Astafort en Agenais. Notice historique et coutumes. Paris, Agen, 1886, in-8, 227 pp., br.

750. — Barrère (abbé). — Histoire religieuse et monumentale du diocèse d'Agen. Agen, Chairou, 1855-56, 2 vol., in-4, pl., dem.-rel. m. r.

751. — Ermitage de Saint-Vincent de Pompéjac. Agen, 1865, in-12, br.

752. — Histoire de la commune de Port-Sainte-Marie. Agen, Pr. Noubel, 1866, in 8, 23 pp., br.

753. — Barthalès (Alfred). — Les Sotiates, leur origine et leur histoire. — Etude monographique. Nérac, imp. Duthil, 1881, in-18, 108 pp., fig., br.

754 — Batz-Trenquelléon (Charles de). — Notes sur l'état actuel de perturbation vitale des vers à soie. (Agen, imp. P. Noubel), 1865, in-8, 16 pp. br.

755. — Béchade-Labarthe (Guillaume). — Notice sur la commune de Saint-Barthélemy. Villeneuve-sur-Lot, imp. X. Duteis, 1872, in-8, 24 pp., br.

756. — Bérengier (Théophile), religieux bénédictin. —

Excursion au pays de Monseigneur de Belsunce, évêque de Marseille. Marseille, 1882, in-8, 23 pp., br.

757. — Bergues-Lagarde (Pierre-Casimir). — Mosaïque. — Mélanges d'archéologie, d'histoire et de littérature. — (5ᵉ cahier). Agen, imp. Quillot, 1848, 23 pp., br.

758. — Biénassis de Cauluson (André-Basile-Edme de). — Le christianisme en face du socialisme. — Etablissement tout divin du christianisme. Bordeaux, Ducol, 1850, in-8, XII-252 pp., br.

759. — Bladé (Jean-François). — Pierre de Lobanner et les quatre chartes de Mont-de-Marsan. Paris, Dumoulin, 1861, in-8, 119 pp. br.

760. — Notice sur les mostāsas de la vallée d'Andorre. Toulouse, 1873, in-8, 7 pp., br.

761. — Académie des Jeux Floraux. Remerciement de M. Jean-François Bladé, nommé mainteneur. Toulouse, 1876, in-8, 17 pp., br. A cette brochure est jointe la réponse au remerciement de M. Bladé par M. l'abbé Goux. Toulouse, 1876, in 8, 23 pp., br.

762. — Les exécuteurs des arrêts criminels d'Agen depuis la création jusqu'à la suppression de leur emploi. Agen, 1877, in-8, 27 pp., br.

763. — Géographie juive, albigeoise et calviniste de la Gascogne. Bordeaux, Lefèbvre, 1877, 35 pp., br.

764. — Trois contes populaires, recueillis à Lectoure. Bordeaux, Lefèbvre, 1877, 76 pp., br.

765. — Notice sur la vicomté de Bezaume, le comté de Benauges, les vicomtés de Bruilhois et d'Auvillars et les pays de Villandraut et de Cayran. Bordeaux, Ch. Lefèbvre, 1878, in-8, 80 pp., br.

766. — Bladé (Jean-François). — Révolutions andorranes. Histoire d'une maison de jeu. Agen, 1879, in-8, 37 pp., br.

767 — Académie des jeux floraux. Eloge de Clémence Isaure, lu en séance publique, le 3 mai 1880. Toulouse, Douladoure, 1880, in-8, 8 pp., br.

768. — Trois nouveaux contes populaires, recueillis à Lectoure. Agen, V° Lamy, 1880, in-8, 32 pp., br.

769. — Seize superstitions populaires de la Gascogne. Agen, V° Lamy, 1881, in-8, 30 pp., br.

770. — Mémoire sur l'histoire religieuse de la Novempopulanie romaine. Bordeaux, Chollet, 1885, in-8, 29 pp., br.

771. — Boudon de Saint-Amans (Casimir). — De l'histoire religieuse et monumentale du diocèse d'Agen, par M. l'abbé Barrère. Agen, s. d., 12 pp br.

772. — Boudon de Saint-Amans (J.-F.). — Histoire ancienne et moderne du département de Lot-et-Garonne. Agen, Bertrand, 1836, in-8, 2 vol., dem.-rel., v. violet.

773. — Essai sur les antiquités du département de Lot et-Garonne. Agen, Noubel, 1859, in-8, pl., br.

774. — Bourrousse de Laffore (Jules de). — Nobiliaire de Guienne et de Gascogne. Bordeaux, 1856-83, 4 vol., in-4. Les t. I et II, par O. Gilvy, les t. III et IV, par M. J. de Bourrousse de Laffore. Dem.-rel. et coins m. r. Le t. IV, carton.

775. — Lettres autographes de Louis XVI, de Marie-Antoinette, de Philippe, duc d'Orléans, etc. Agen, imp. P. Noubel, 1856, in-8, 38 pp., br.

776. — Bourrousse de Laffore (Jules de). — Excursion du Congrès archéologique aux ruines de Bapteste. Tours, imp. Paul Bouserez, 1875, in-8, 92 pp., br.

777. — Le duc Gombaud, évêque de Gascogne, fondateur du monastère de La Réole, sur Garonne, en 977 et le duché de Gascogne au xe siècle. Agen, imp. P. Noubel, F. Lamy, successeur, 1877, in-8, 50 pp., br.

778. — Notes historiques sur les monuments féodaux ou religieux du département de Lot-et-Garonne. Agen, imp. F. Lamy, 1879, in-8, 282 pp.

779. — Les Lusignan du Poitou et de l'Agenais. Agen, imp. V° Lamy, 1882, in 8, 88 pp., 2 tomes en un vol., br.

780. — Généalogies des maisons de Fabri et d'Ayrenx. Bordeaux, imp. Gounouilhou, 1884, in-8, br.

781. — Du progrès alarmant de la mortalité dans le département de Lot-et Garonne et en particulier dans la commune d'Agen. Agen, imp. P. Noubel, 1847, in-8, 208 pp., br.

782. — Bourrousse de Laffore (Timoléon de). — Un mot sur le cheval français. Paris, Dumaine, 1862, in-8, 32 pp., br.

783. — Bouyssy (J.-J.-Oscar). — Notice historique sur la ville de Castillonnès. Villeneuve-sur-Lot, Duteis, 1875, in-8, dem.-rel. v. f.

784. — Cabannes (abbé L.-E.). — Vie de Monseigneur Henri-François-Xavier de Belzunce, de Castelmoron, évêque de Marseille. Paris, 1878, in-8, 72 pp., br.

785. — Calendrier ecclésiastique et de dévotion à l'usage du diocèse d'Agen. Agen, Chairou. Années 1845 à 1848, 1850, 5 vol., in-12, br.

786. — Capot (Anastase), chanoine de la cathédrale d'Agen. — La vie religieuse. — Discours prononcé pour une profession, au couvent de la Visitation à Périgueux. Agen, V° Lamy, 1881, in-8, 31 pp., br.

787. — Souvenirs de prédication. — Discours. Paris, Agen, 1883, in-12, X-472 pp., br.

788. — Panégyriques et autres discours. Agen, 1884, in-12, XVII-499 pp., br.

789. — Cassany-Mazet (Auguste). — Histoire de Villeneuve-sur-Lot. Agen, Noubel, 1837, in-8, dem -rel. v. r.

790. — Annales de Villeneuve-sur-Lot et de son arrondissement. Agen, Noubel, 1846, in-8, dem.-rel. v. r.

791. — Carte de Cassini, n° 73, feuille 160. Agen. In-f° sur toile.

792. — Cartes de l'Etat-major du ministère de la guerre, n°⁸ 192 (Marmande), 193 (Villeréal), 204 (Grignols), 205 (Agen), 206 (Cahors), 216 (Montréal), 217 (Lectoure). Ensemble 7 cartes, in-f°, sur toile. Bons tirages.

793. — Carte départementale du Lot-et-Garonne d'après les documents du ministère de la guerre complétés au point de vue hydro-géologique. Coupes hydro-géologiques. Ensemble 3 cartes par M. J. Lacroix. Agen, 1867-68. In-f° en long. Sur toile.

794. — Carte du département de Lot et-Garonne, par L. de Sevin, 1853. In-f°, sur toile. Premier tirage.

795. — Catala (Jean), docteur en médecine. — Coup d'œil sur la valeur respective des doctrines médicales qui se disputent la confiance publique... Agen, imp. P. Noubel, 1861, in-8, 64 pp., br.

796. — Catalogue des livres régionaux de la bibliothèque municipale de Nérac. Nérac, Durey, 1881, in-12, 30 pp., br.

797. — Champmas (abbé Xavier-Laurent). — Poésies gasconnes. Agen, imp. J. Pasquier, 1863, in-8, 16 pp., photogr. de Monbran sur un dessin de M. Ducos du Hauron, br.

798. — Chaudordy (comte de), député de Lot-et-Garonne. — Commission d'enquête parlementaire sur les actes du Gouvernement de la Défense Nationale. — Déposition. — Origines de la guerre et projets d'alliance diplomatique en juillet 1870. Deuxième déposition... Paris. 1873, 2 br. in-18 et in 12, 68 et 24 pp., br.

799. — Combes (abbé Antoine-Léopold-Louis). — Les Evêques d'Agen. Essai historique. Agen, 1885, petit in-4, 194 pp.

800 — Crazannes (Charles et Henri de). — Biographie de M. le baron Chaudruc de Crazannes. Montauban. imp Forestié neveu, 1862, in-8, 24 pp.. br.

801. — Crozet (Ernest), archiviste du département de Lot-et-Garonne. — Catalogue indicatif des documents intéressant le département de Lot-et-Garonne, conservés aux archives de l'Empire et aux archives du département de la Gironde. Agen, s. d. (1860); in-8, 15 pp., carton. pap. peigne.

802. — Coup d'œil sur les archives de l'Intendance de Guienne. Agen, s. d. (1862), in-8, 8 pp., br.

803. — Dardy (abbé Léopold). — Le prieuré de la Grange de Durance, monument du diocèse d'Agen. Bordeaux, typ. Vᵉ J. Dupuy, 1860, petit in-8, 99 pp., br.

804. — Delrieu (abbé, Jean-Baptiste). — Notice sur M. Girou, ancien curé de Houeillès, missionaire rural, mort en 1842. Agen, imp. Pasquier, in-8, 16 pp., br.

805. — Notice sur M Pierre Dupuy, mort chanoine théologal de la cathédrale d'Agen, le 12 mars 1854. Agen, s. d. (1864), imp. Pasquier, in-8, 20 pp., br.

806. — Notice sur M. Antoine Mouran, ancien supérieur du Grand Séminaire, mort chanoine de la cathédrale d'Agen. Agen, impr. Pasquier, 1864, in-8, 14 pp., br.

807. — Delrieu (abbé, Jean-Baptiste). — Notice sur M. J -B. Besse, mort curé de Penne, le 10 mars 1836. Agen, imp. Latour, s. d. (1864). in-8, 42 pp., br.

808. — Notice sur M. Vital Monteils, ancien vicaire de Penne, mort en odeur de sainteté, curé de Saint-Martin-des-Cailles, 5 août 1842. Agen, imp. Latour, 1864, in-8, 61 pp., br.

809. — Notice historique sur la vie et l'épiscopat de Monseigneur Jean Jacoupy. Agen, Noubel, 1874, in-8. br.

810. — Département de Lot-et-Garonne. Liste des émigrés. Agen, Noubel, 1793. Broch in-4, 24 pp., cart. pap. peigne.

811. — Dubédat (Jean-Baptiste.) — Histoire du Parlement de Toulouse. Paris. A. Rousseau, 1885, in-8, 2 vol., br.

812. — Ducos du Hauron (Jean-Marie-Casimir). — La danse macabre au xix⁰ siècle. Poème cabalistique Paris, Didot, 1864, petit in-8, 200 pp . br Un des 5 exempl. sur pap. de Chine.

813. — Dupont (Léonce.) — Souvenirs de Versailles pendant la commune. Paris, Dentu, 1881, in-8, br.

814. — Duvigneau (Pierre-Hyacinthe.) — Eloge historique d'Armand de Gontaud, baron de Biron, maréchal de France sous Henri IV. Genève, Paris, Bordeaux, 1786, petit in-8, dem.-rel., chagrin viol., 2 t. en 1 vol.

815. — Exposition d'objets d'art et de curiosité. Cercle catholique d'Agen. Agen, imp. F. Lamy, 1878, in-18, 32 pp., br.

816. — Extraits découpés dans les journaux : décès, naissances, mariages, articles nécrologiques, récits de fêtes, anecdotes, pièces diverses se rapportant pour la plupart à des familles nobles ou à des familles agenaises (1865-1868). Ces fragments sont collés sur 71 pages d'un reg. in-4 à 2 col., cart. Brad

817. — Faugère-Dubourg (J.-G.-Anatole). — Les sonnets de la mariée. Paris, 1866, in-18 de 16 pp., br.

818. — Nos pères sous Louis XIV. — Extraits des mémoires sur la Généralité de Bordeaux concernant l'Agenais et les parties de l'Albret, du Bazadois et du Condomois qui forment aujourd'hui le département de Lot-et-Garonne. Textes rédigés à l'Intendance en 1715. Agen, imp. V° Lamy, 1885, in-8, 107 pp., br.

819. — Favre (Jean). — Précis historique sur la famille de Durfort-Duras. Marmande, Avit Duberort, 1858, in-8, dem.-rel. v. v.

820. — Gayau (impression de Jean) — Règlement que le roy veut estre observé pour la fourniture et la distribution des estapes et pour le logement et la police de ses troupes marchans à la campagne, du 12 novembre 1665. Agen, Jean Gayau, 1668, petit in-folio, 20 pp., br.

821. — Goux (Jean-Baptiste). — Le Sorcier. Agen, imp. Jacques Pasquier, 1862, in-16, 71 pp., br.

822. — Groussou (Henri de). — Cour d'Appel d'Agen. — La Chambre de Justice de Guyenne et sa session d'Agen (1582-1583). — Discours prononcé à l'audience solennelle de rentrée le 3 novembre 1875. Agen, imp P. Noubel, 1875, in-8, 54 pp., br.

823. — Cour d'Appel d'Agen. — Un épisode de la Fronde en Guyenne. — Le Parlement d'Agen (1653). — Discours prononcé à l'audience solennelle de rentrée le 4 novembre 1878. Agen, imp. F. Lamy, 1878, in-8, 51 pp., br.

824. — Habasque (Francisque). — Cour d'Appel d'Agen. — Un magistrat au xvie siècle. Estienne de La Boetie. — Discours prononcé à l'audience solennelle de rentrée le 3 novembre 1876. Agen, imp F. Lamy, 1876, in-8, 54 pp., br.

825. — Cour d'Appel d'Agen. — Installation de M. Lanfranc de Panthou, procureur général. Agen, imp. F. Lamy, 1878, in-8, 40 pp., br.

826. — La Cour de France à Agen (1564-1565) Agen, imp. V. Lenthéric, 1878, in-8, 51 pp., br.

827. — De la part de maître François Jauffrion. Signé H. Loho. S. l. n. d. (Agen, Ve Lamy, 1880), in-8, 7 pp br.

828. — Hébrard (abbé Pierre). — Sainte Jeanne de Valois et l'Ordre de l'Annonciade, précédé d'une introduction sur la vie religieuse. Paris, Poussielgue, 1878, in-18, XII-474 pp., br.

829. — Jobert (abbé Gayraud) — Histoire de Notre-Dame de Bon-Encontre d'après les documents authentiques, depuis l'origine du pèlerinage jusqu'à nos jours, par un prêtre mariste. Avignon, imp. Seguin, 1883, in-12, X-372 pp., br.

830. — Labat. — Le Laurentin ou les loisirs de Pline. Agen. P. Noubel, 1855, in-8, 25 pp., br.

831. — Un illustre agenais au xviie siècle. Le comte d'Estrades, maréchal de France. Agen, imp. Pr. Noubel, 1858, in-8. 28 pp., br.

832 — La Constitution française présentée au roi par l'Assemblée nationale, le 3 septembre 1791... Agen, Ve Noubel, s. d. (1791), in-12, br.

833. — Lacuée (Jean-Gérard). — Corps législatif. Conseil des anciens. — Rapport fait par J.-G. Lacuée sur une résolution du Conseil des Cinq-Cents, relative à la manière de juger et punir les crimes et délits militaires. Séance du 17 vendémiaire, an 5. Paris, imp. nation.. an 5, in-8, 26 pp., br.

834. — Lafitte-Lajoannenque (Prosper de). — Les suites d'un article anonyme du Journal de Lot-et-Garonne. Agen, imp Sév. Demeaux, 1874, in-18, 42 pp., br.

835. — De La Fitte, ancienne famille de noblesse militaire, originaire de la paroisse de Mercadis, juridiction de Moncrabeau. (Généalogie). Bordeaux, 1856, in-4, 7 pp., cart. pap. peigne.

836. — Lafont-du-Cujula (C.-M.). — Annuaire ou description statistique du département de Lot-et-Garonne. Agen, R. Noubel, 1806, in-8, dem. rel. v. viol.

837. — Lagarde (L.-F.-P.). — Recherches historiques sur la ville et les anciennes baronnies de Tonneins. Agen, Noubel, 1833, in-8, dem. rel., chag. r.

838. — Lagarde (J.-A.) — Chronique des églises réformées de l'Agenais. Toulouse, 1870, in-12, 337 pp., br.

839. — Lassalle (Xavier de). — M. Eugène Rouher — Nécrologie. Agen, imp. Vᵉ Lamy, 1884, in-12, 15 pp., br.

840. — Laroche (J. L de). — Notice historique sur l'ancienne abbaye de Verrières en Marsan. Pau, imp. Veronèse. 1873, in-8, 13 pp., br.

841. — Lauzun (Philippe). — Etude sur le château de Bonaguil, canton de Fumel (Lot-et-Garonne). Agen, Pr. Noubel, 1867, in-8. 63 pp., plan et photogr., dem.-rel. v. noir.

842. — Etude sur le château de Xaintrailles, canton de Lavardac, arrondissement de Nérac (Lot-et-Garonne). Agen, P. Noubel, 1874 in-8, 124 pp., 2 pl., dem.-rel. v. noir et un 2ᵉ exemplaire br.

843. — Une fête et une émeute à Agen pendant la Fronde (1651-1652). Agen, Pr. Noubel, 1875, in-8, 48 pp. — Vingt-quatre heures au Mont-Cassin. Agen, F. Lamy, 1876, in-8, 19 pp. — Les députés du Lot-et-Garonne aux anciens Etats-Généraux et aux Assemblées modernes (1484-1871). Agen, Pr. Noubel, 1876, in-8, 54 pp., 3 broch. en 1 vol., dem.-rel. v. noir.

844 — Lauzun (Philippe). — Le sceau du prieuré de Saint-Antoine d'Agen. Agen, F. Lamy, 1878, in 8, 23 pp., br.

845. — Un ballet agenais au commencement du xviie siècle. Agen, F. Lamy, 1879, in 8, 67 pp., br.

846. — La duchesse d'Aiguillon, nièce du cardinal de Richelieu (d'après l'ouvrage de M. Bonneau-Avenant). Agen, F. Lamy, in-8, 15 pp, br.

847. — Lettres inédites de Marguerite de Valois (1580) tirées des archives de la ville de Condom. Auch, F. Foix, 1881, in-8, 40 pp, br.

848. — Excursion de la Société française d'archéologie dans le département du Gers (octobre 1881) Agen, Ve Lamy, 1882, in-8, 35 pp., br.

849. — Le sceau de la ville de Condom au xiiie siècle avec la description de quelques autres sceaux relatifs à la Gascogne. Auch, F. Foix, 1883, in-8, 20 pp., pl., br.

850. — Le château de Bonaguil en Agenais. Description et histoire. Deuxième édition. Paris, Agen, 1884, in-8, 183 pp, pl., br.

851. — Documents inédits relatifs à l'entrée du duc d'Aiguillon à Agen et à Condom, en 1751. Agen, Ve Lamy, 1885, in-8, 77 pp., br.

852. — Lesueur de Pérès (Auguste). — L'exposé des motifs de M. Dufaure et les commissions mixtes. Agen, Chairou, 1871, in-8, 15 pp, br.

A cette brochure est jointe la suivante : Décrets sur les membres des commissions mixtes. — Observations présentées par M. Ad. Crémieux. Bordeaux imp. Gounouilhou, 1871, in-8, 28 pp., br.

853. — Les commissions mixtes et la magistrature en 1852. Agen, Chairou, 1871, in-8, 34 pp., br.

854. — Chronique d'Isaac de Pérès (1554-1611). Publiée avec le concours de MM. Tamizey de Larroque, Faugère-Dubourg, J. B. de Laffore et Ad. Magen, Agen, imp. F. Lamy, 1879, in-8, 268 pp., br.

855. — Lettres patentes de Louis XIII, roy de France et de Navarre par lesquelles il maintient les jurats de la ville et cité d'Agen dans leurs priviléges et leur accorde de nouveau l'exemtion de logemens de gens de guerre et autres charges de ville (avril 1615). 4 pp. in-8, s. d.

856 — Liste des électeurs communaux d'Agen, dressée en exécution de la loi du 21 mars 1831. Agen, P. Noubel, 1831. in-32, 31 pp., br.

857. — Liste des électeurs communaux d'Agen, dressée en exécution de la loi du 21 mars 1831, pour l'année 1834. Agen, imp. Quillot, in-32, 31 pp., br.

858. — Liste des émigrés du département de Lot-et-Garonne. Copie ms. Cart. pap. peigne.

859. — Lycée impérial d'Agen. (Palmarès de 1868). Agen, imp. P. Noubel, in-8, br.

860. — Magen (Adolphe). — Extraits des essais historiques et critiques d'Argenton sur l'Agenais par Joseph Labrunie. Première dissertation. — Les Nitiobriges. Agen, Pr. Noubel, 1856, in-8, 76 pp., br.

861. — De quelques publications nobiliaires. Agen, Pr. Noubel, 1862, in-8, 20 pp., br.

— 128 —

862. — Magen (Adolphe). — Mouvement intellectuel dans le Lot-et-Garonne. Bordeaux, Lafargue, 1863, in-8, 15 pp., br.

863. — A M. Ph. Tamizey de Larroque. Agen, J. Pasquier, 1864, in-8, 8 pp., br.

864. — Une course en Quercy. I. — Cambayrac. Agen, Pr. Noubel, 1873, in-8, 44 pp., br.

865. — Notice sur deux fours à poterie de l'époque gallo-romaine. Agen, Pr. Noubel, 1873. in-8, 17 pp., pl., br.

866. — La troupe de Molière à Agen, d'après un document inédit. Agen, Pr. Noubel, 1874, in-8, 8 pp., br.

867. — Du droit de grâce dans l'ancienne monarchie, à propos de lettres de rémission. Agen, Pr. Noubel, 1876, in-8, 21 pp., br.

868. — La troupe de Molière à Agen d'après un document inédit. Paris, Bordeaux, 1877, in-8, 44 pp. br., 2 exempl.

869. — Un essai d'organisation démocratique dans la ville d'Agen, en 1481. Agen, Pr. Noubel, F. Lamy, succ., 1877, in-8, 30 pp., br.

870. — Auguste Bosvieux. — Souvenirs et correspondance. Agen, Pr. Noubel, F. Lamy, success., 1878, in-8, 36 pp., br.

871. — Notes pour l'histoire des religieuses de Notre-Dame à Agen. Agen, F. Lamy, 1878, in-8, 15 pp., br.

872. — Briefve narration de ce qui s'est passé en la ville d'Agen depuis sa déclaration au party de la saincte union (1589-1590). Agen, Bordeaux, 1879, in-8, XIV-68 pp., br.

873. — Une lettre inédite de Henri IV. Agen, F. Lamy, 1879, in-8, 11 pp., br.

874. — Notice sur un exemplaire en vélin enluminé de l'Oreloge de dévotion. Agen, F. Lamy, 1879, in-8, 43 pp., br.

875. — Magen (Adolphe). — Deux montres d'armes du xvi° siècle. Agen, F. Lamy, 1882, in-8. 23 pp., br., 2 exempl.

876. — La Ligue au Port-Sainte-Marie, en 1591. Agen, V° Lamy, 1882, in-8, 24 pp., br.

877 — Un memorandum des consuls d'Agen. Agen, V° Lamy, 1882, in-8, 15 pp., br.

878. — Annales de la ville d'Agen pour faire suite à l'Abrégé chronologique des antiquités, par Noël-Joseph Proché. Agen, 1884, in-8, 316 pp., br.

879. — Mairie d'Agen.—Statuts de la Société du Musée. Agen, Imp. V. Lenthéric, 1877, in-8, 8 pp., br.

880. — Marcellus (comte de).—Voyage dans les Hautes-Pyrénées. Paris, Didot, 1826, in-12, br.

881. — Vie de M. de Bonnefond, prêtre et curé de Marmande. Paris, Didot, 1856, in-8, 108 pp., br.

882 — Moulenq (François). — La justice au xvii° siècle. Episode de l'histoire d'Auvillars. Agen, Noubel, 1874, broch. in-8, 90 pp., dem.-rel. v. f.

883. — M. V... (abbé). — Du style épistolaire de Mme de Sévigné. Ses lettres. Agen, imp. P. Noubel, 1865, in-8, 7 pp., br.

884. — Nasse (J.) — Boileau Despréaux corrigé dans son Art poétique par J. N-L. de V...ne (Vianne Lot-et-Garonne.) Agen, imp. R. Noubel, an XIII — 1805. 119 pp., carton.

885. — Noël. — Chronique sur le château de Biron. Riquetti. Agen, imp. J.-A. Quillot, 1848, in-12, 12 pp., br.

886. — Vaifer. Agen, imp. Quillot, 1849, in-12, 11 pp., br.

887. — Noubel (Henri). — Discours prononcé par M. Henri Noubel, député de Lot-et-Garonne, contre l'impôt sur les chevaux et les voitures, dans la séance du 24 mai 1864. Agen, imp. P. Noubel, in-8, 15 pp. br.

888. — Pérès (J.-B.) — Grand erratum source d'un nombre infini d'errata. Agen, imp. P. Noubel, 1835, in-32, 45 pp., br.

889. — Comme quoi Napoléon n'a jamais existé ou grand erratum source d'un nombre infini d'errata. Paris, Risler, 1838, in-12, 24 pp., br.

890. — Plan d'Agen, autog. par L. Daurio. In-f⁰ en long. Sur toile.

891. — Plan de la ville d'Agen dressé en 1874-75 par H-J. Caury, gravé par J. Geisendörfer. In-f° en long. Sur toile.

892. — Poujet. — Lettre d'un curé catholique à une dame de sa paroisse qui s'est faite protestante par M. P... curé de N... (Pouget, curé de Nérac). Agen, P. Noubel, 1825, in-8, 30 pp. br.

893. — Procès-verbal de l'assemblée des trois ordres de la sénéchaussée d'Agenais, tenue à Agen au mois de mars 1789... auquel on a joint les cahiers des doléances... Agen Noubel, s. d. (1789) in-12, 112-19-35-23 pp. Dem.-rel., v. f.

894. — Rangouze (sʳ de) — Lettres panégyriques.. imprimées aux dépens de l'auteur logé au cloistre S. Honoré, a Paris, avec privilege du roy, 1650.

Six parties : L. pan. au roy aux princes du sang, autres princes, ducs, pairs, officiers de la couronne et autres grands de l'état. 226 pp. (Paginé à la main.)

L. pan. aux plus grandes reines du monde, aux princesses du sang, autres princesses et illustres dames de la cour. 148 pp.

L. pan. au chancelier de France, aux presidens au mortier, oonseillers d'Estat, maistres des requestes et autres personnes illustres. 44 pp.

Aux princes et prélats de l'église, 80 pp.

L. pan. aux chevaliers des ordres, ambassadeurs et autres seigneurs du royaume. 190 pp.

L. pan. aux ministres d'estats sur-intendans des finances, secrétaires des commandemens et autres seigneurs du conseil. 82 pp. — Ens., 1 vol. parch.

895. — Rébouis (Hippolyte.) — Coutumes de Clermont-Dessus en Agenais. Paris, Larose, 1881, in-8, 6 pp., br.

896. — Recours (Gaétan). — Notaires de la ville d'Agen avec leurs prédécesseurs par rang d'ancienneté. Agen, imp. V. Lenthéric, 1876, petit in-8, 16 pp., br.

897. — Notaires de la ville d'Agen par rang d'ancienneté avec leurs prédécesseurs. Agen, imp. V. Lenthéric, 1881. Imp. en forme de placard.

898. — Recueil des travaux de la Société d'Agriculture, Sciences et Arts d'Agen. 18 vol. in-8. Collect. compl. Les 9 vol. de la 1re série et les 5 premiers de la 2e série en dem.-rel. v. f., les vol. VI à IX de la 2e série br.

899. — Reinhold Dézeimeris. — Note sur l'emplacement de l'Ebromagus de Saint-Paulin. Bordeaux, imp. Gounouilhou, 1874, in-8, 16 pp., br.

900. — Revue de l'Agenais, t. I à XI, 1874-84, dem.-rel. veau rouge, t. XII, 1885, en livraisons.

901. — R. de L. (Rougier de La Bergerie). — Trente années de la vie d'Henri IV, son séjour et celui de sa cour à Nérac. Agen, Noubel, 1826, in-8, dem.-rel. v. f.

902. — Samazeuilh (Jean-François). — Itinéraire de Bordeaux à Tarbes par Bazas, Casteljaloux, Nérac, Condom, Auch et Mirande. Auch, Brun, 1836, in-8, dem.-rel. v. f.

903. — Histoire de l'Agenais, du Condomois et du Bazadais. Auch, J. Foix, 1846-47, 2 vol. in-8, dem.-rel. v. f.

904. — Nérac et Pau. Notes de deux voyages en Gascogne. Agen, Quillot, 1854, in-8, dem.-rel. v. f.

905. — Les Lugues, vallées du Ciron et de l'Avance. 2e livraison. Bordeaux, 1856, in-8, pp. 67 à 111, br.

906. — Samazeuilh (Jean-François). — Monographie de la ville de Casteljaloux. Nérac, Bouchet, 1860, in-8, dem.-rel. m. brun.

907. — Notice sur la maison de Morin et sur la baronie de Sendat. Nerac, Bouchet, 1861, in-8, dem.-rel. v. f.

908. — La Cour d'Assises ou les Landes. Nérac, 1861, in-8, 82 pp., br.

909. — Dictionnaire géographique, historique et archéologique de l'arrondissement de Nérac. Nérac, 1862-65, in-16, 443 pp., br.

910. — Biographie de l'arrondissement de Nérac. S. l. n. d. (Nérac) in-16, 850 pp., dem.-rel. v. f.

911. — Notes pour la carte de l'arrondissement de Condom. S. l. n. d., in-8, 61 pp. et 10 tableaux, br.

912. — De la communauté d'origine des Lusignan d'Agenais et des Lusignan du Poitou. Villeneuve-sur-Lot, 1868, in-8, 23 pp.

Complément à la notice historique sur les Lusignan d'Agenais et du Poitou. Agen, 1868, in-8, 15 pp.

Lusignan-Grand. Lot-et-Garonne. Notice historique. — Origine. Agen, 1867, in-8, 87 pp. (par M. Dubernet de Bosc). 3 br. en 1 vol. cart. pap. peigne.

913. — Dictionnaire géographique, historique et archéologique de l'arrondissement de Nérac. Edition nouvelle complétée sur le manuscrit de l'auteur, publiée sous la direction et avec des notes de M. Faugère-Dubourg. Nérac, 1881, in-8, XXXVIII-697 pp., br.

914. — Serret (Jules). — Etudes biographiques. — Le poëte Théophile de Viau. Agen, imp. P. Noubel, 1864, in-8, 36 pp., br.

915. — Les débordements de la Garonne dans l'Agenais depuis les temps anciens jusqu'à nos jours. Agen, imp. P. Noubel, 1874, in-8, 29 pp. br.

916. — Carrière (Joseph) chanoine d'Agen, précepteur du comte de Lacépède. Agen, imp. V° Lamy, 1882, in-8, 15 pp., br.

917. — Tamizey de Larroque (Philippe) [1]. — Preuves que Thomas a Kempis n'a pas composé l'Imitation de N. S. J.-C. Paris, 1862, in-8, 82 pp.

918 — Mémoire sur le sac de Béziers dans la guerre des Albigeois et sur le mot : *tuez-les tous !* attribué au légat du pape Innocent III. Paris, 1862, in-8, 32 pp.

---

[1] La collection des cent volumes ou plaquettes publiés jusques à ce jour par M. Ph. Tamizey de Larroque, correspondant de l'Institut, est fort difficile à constituer. Il n'existe pas en France quatre bibliothèques dans lesquelles cette série figure presque sans lacune comme dans le fonds de Raymond. Les exemplaires de Mme de R. portent l'*ex dono* de l'auteur, qui, fidèle à la mémoire d'une amie incomparable, s'est engagé spontanément à joindre aux autres en les adressant aux archives départementales de Lot-et-Garonne, un exemplaire de ses publications futures.

Le liste des ouvrages de M. Tamizey de Larroque, de 1862 à 1880, a été donnée par l'auteur lui-même (*Bibliographie Tamizeyenne*) dans la *Revue des Bibliophiles*, J. Chollet, 1880, p. 336. Elle a été reproduite et complétée jusques à nos jours dans le grand ouvrage de M. J. Andrieu : *Bibliographie agenaise*.

C'est pourquoi je n'ai pas donné toutes les indications bibliographiques telles que : *tiré à ... exemplaires* ; *non mis dans le commerce* ; *tirage à part de* ... Toutefois j'ai noté le nombre de pages de chaque ouvrage.

Les exemplaires du fonds de R. sont généralement brochés.

919. — Tamizey de Larroque (Philippe. — Notice sur le général Jacques-Philippe) Delmas de Grammont. Paris, 1862, in-8, 8 pp.
920. — Quelques pages inédites de Blaise de Monluc. Agen, 1863, in-8, 22 pp.
921. — Douze lettres inédites de Jean-Louis Guez de Balzac. Bordeaux, 1863, in-8, 20 pp.
922. — Quelques notes sur Jean Guiton, le maire de La Rochelle. Agen, 1863, in-8, 32 pp.
923. — Notes pour servir à la biographie de Mascaron, évêque d'Agen, écrites par lui-même et publiées pour la première fois. Paris, Durand, 1863, in-8, 15 pp.
924. — Salluste du Bartas. Documents inédits. Agen, 1864, in-8, 22 pp.
925. — Observations sur l'histoire d'Eléonore de Guyenne. Agen, 1864, in-8, 38 p.
926. — Louis de Foix et la tour de Cordouan. Auch, 1864, in-8, 38 pp.
927. — Lettres inédites de Bertrand d'Echaus, évêque de Bayonne, à Villeroy. Auch, 1864, in-8, 23 pp.
928. — Une lettre inédite de Madame de Montbrun. Paris, 1865, in-8, 9 pp.
929. — Lettres inédites de François de Noailles, évêque de Dax. Auch, 1865, in-8, 69 pp.
930. — De la question de l'emplacement d'Uxellodunum. Agen, 1865, in-8, 47 pp.
931. — Une lettre inédite de Claude Sarrau. Bordeaux, 1866, in-8, 15 pp.
932. — Vies des poètes Gascons par Guillaume Colletet, de l'Académie française. Auch, 1866, in-8, 149 pp.
933. — De la fondation de la Société des bibliophiles de Guyenne. Auch, 1866, in-8, 47 pp.

934 — Tamizey de Larroque (Philippe). — La reprise de la Floride par Dominique de Gourgue. Bordeaux, 1867, in-8.

935. — Essai sur la vie et les ouvrages de Florimond de Raymond, conseiller au parlement de Bordeaux. Bordeaux, 1867, in-8, 135 pp.

936. — Inventaire des meubles du château de Nérac en 1598. Agen, 1867, in-8, 31 pp.

937. — L'amiral Bertrand d'Ornesan, baron de Saint-Blancard. Auch, 1867, in-8, 16 pp.

938. — Notes et documents inédits pour servir à la biographie de Jean de Monluc, évêque de Valence. Auch, 1868, in-8, 84 pp.

939. — Histoire de la commune de Hautesvignes. Agen, 1869, in-8, 12 pp.

940. — Notice sur le prieuré de Sainte-Livrade. Agen, 1869, in-8, 36 pp.

941. — Mémoires des choses passées en Guyenne (1621-1622), rédigés par Bertrand de Vignolles. (Collection méridionale, t. I). Bordeaux, 1869, in-8, 84 pp.

942. — Vie de Guy du Faur de Pibrac, par Guillaume Colletet. Auch, 1871, in-8, 75 pp.

943. — Relation inédite de l'arrestation des Princes (18 janvier 1650), écrite par le comte de Comminges. Paris, 1871, in-8. 24 pp.

944. — Sonnets exotériques de Gérard-Marie Imbert (Collection méridionale, t. II). Bordeaux, 1872, in-8, 101 pp.

945. — Des récents travaux sur Massillon. Paris, 1872, in-8, 24 pp.

946. — Tamizey de Larroque (Philippe). — Relation inédite de la défense de Dunkerque (1651-1652) par le maréchal d'Estrades, suivie de quelques-unes de ses lettres également inédites (1653-1655). (Collection méridionale, t. III). Bordeaux, 1872, in 8, 98 pp.

947. — Lettres inédites du cardinal d'Ossat. Auch, 1872, in-8, 48 pp.

948. — Notice sur la ville de Marmande. Villeneuve-sur-Lot, 1872, in 8, 136 pp.

949. — Note sur Madame d'Hallot pour servir de supplément à une des historiettes de Tallemant des Réaux. Paris, 1872, in-8, 12 pp.

950. — Vies des poètes Bordelais et Périgourdins, par Guillaume Colletet. (Collection méridionale, t. IV). Bordeaux, 1873, in-8, 104 pp.

951. — Lettres inédites de Guillaume du Vair. Marseille, 1873, in-8, 78 pp.

952. — Lettres inédites de Janus Frégose, évêque d'Agen. Agen, 1873, in-8, 36 pp.

953 — Document inédit relatif à l'enlèvement d'Anne de Caumont. Paris, 1873, in-8, 12 pp.

954. — Lettres inédites de Dom Jean Martianay. Auch, 1873, in-8, 32 pp.

955 — Lettres de Jean-Louis Guez de Balzac. Paris, 1873, in-4, 458 pp., br.

956. — Note sur Mademoiselle de Maurès plus connue sous les noms de Manon L'Artigues ou de Nanon de Lartigue. Paris, 1874, in-8, 14 pp.

957. — Lettres inédites du cardinal d'Armagnac. (Collection méridionale, t. V). Bordeaux, 1874, in-8, 134 pp.

958. — Tamizey de Larroque (Philippe). — Lettres inédites de Jacques de Coras. Auch, 1874, in-8, 19 pp.

959. — Documents inédits pour servir à l'histoire de l'Agenais. Agen, 1874, in-8, 315 pp.

960. — Œuvres de Jean de Rus, poète Bordelais de la première moitié du xvi° siècle, publiées d'après l'unique exemplaire qui paraisse subsister. (Collection méridionale, t. VI). Bordeaux, 1875, in-8, 73 pp.

961. — Lettres toulousaines (I. P. de Caseneuve. — II. Saint Blancat et Medon. — III J. Doujat.) Auch, 1875, in-8, 27 pp..

962. — Une douzaine de documents inédits relatifs à l'histoire de Bayonne. Auch, 1875, in-8, 23 pp.

963. — Lettres inédites d'A. Dadine d'Auteserre. Auch, 1876, in-8, 49 pp.

964. — Notes et documents inédits pour servir à la biographie de Christophe et de François de Foix-Candalle, évêque d'Aire. Auch, 1877, in-8, 32 pp.

965. — Documents inédits sur Gassendi. Paris, 1877, in-8, 36 pp.

966. — Notes sur la vie et les ouvrages de l'abbé Jean-Jacques Boileau, publiées avec divers documents inédits. Agen, 1877. in-8, 152 pp.

967. — Antoine de Noailles à Bordeaux, d'après des documents inédits. Bordeaux, 1878, in-8, 93 pp.

968. — Vie de Jean-Pierre de Mesmes, par Guillaume Colletet. Paris, 1878, in-8, 28 pp.

969 — Tamizey de Larroque (Philippe). — Un cantique inédit de Charles Sevin, chanoine d'Agen. Auch, 1878, in-8, 15 pp.

970. — De l'emprisonnement de l'abbé Faydit. Notes et documents inédits. Paris, 1878, in-8, 12 pp..

971. — Vie d'Eustorg de Beaulieu par Guillaume Colletet. (N° 1 des Plaquettes Gontaudaises.) Bordeaux, 1878, petit in-8, 49 pp..

972. — Quelques lettres inédites d'Isaac de la Peyrère à Boulliau. (N° 2 des Plaquettes Gontaudaises.) Bordeaux, 1878, petit in-8, 50 pp..

973. — Document relatif à Urbain Grandier. Paris, 1879, in-8, 16 pp..

974. — Trois lettres inédites de Bertrand d'Echaus, évêque de Bayonne. Auch, 1878, in-8, 32 pp..

975. — Les correspondants de Peiresc. N°1. Dubernard. Agen, 1879, in-8, 17 pp..

976. — Mazarinades inconnues. (N° 4 des Plaquettes Gontaudaises.) Bordeaux, 1879, in-8, 143 pp..

977. — Lettres de Jean Chapelain de l'Académie française. t. I (septembre 1632, décembre 1640). Paris, imp. nat., 1880, in-4, XXIV, 746 pp. (Collection de documents inédits sur l'Histoire de France.)

978 — Sonnets inédits d'Olivier de Magny. (N° 5 des Plaquettes Gontaudaises.) Paris, Lemerre, 1880, in-16, 38 pp..

979. — Mémoires de Jean d'Antras de Samazan. (Publ. en collabor. avec M. J. de Carsalade du Pont.) Sauveterre-de-Guyenne, J. Chollet, 1880.

980. — Tamizey de Larroque (Philippe). — Récit de l'assassinat du sieur de Boisse Pardaillan et de la prise de Monheurt. (N° 6, des Plaquettes Gontaudaises.) Bordeaux, 1880, in-8, 73 pp..

981 — Les correspondants de Peiresc. (N° 11.) César Nostradamus. Lettres inédites écrites de Salon, en 1628-29. Marseille. 1880, in-8, 60 pp.

982. — Vie inédite de la duchesse de Luynes par l'abbé Jean-Jacques Boileau. Bordeaux, 1880, grand in-8, 69 pp..

983. — Lettres inédites de Pierre de Marca au chancelier Séguier. Auch, 1880, in-8, 79 pp..

984. — Le Père Cortade. Notes et extraits. Sauveterre-de-Guyenne, 1880, petit in-4, 43 pp.

985. — Les correspondants de Peiresc. (N° III.) Jean-Jacques Bouchard. Lettres inédites écrites de Rome à Peiresc (1633-1637.) Paris, 1881, in-8, VIII-80 pp.

986. — Les correspondants de Peiresc. (N° IV.) Joseph Gaultier, prieur de La Valette. Aix, 1881, in-8, 65 pp..

987. — Lettres françaises inédites de Joseph Scaliger. Agen, Paris, 1881, in-8, 428 pp..

988. — Deux documents relatifs à l'histoire de la chambre de l'Edit de Nérac. Nérac, 1882, in-18, 38 pp..

989. — Les correspondants de Peiresc. (N° V.) Claude de Saumaise. Lettres inédites écrites de Dijon, de Paris et de Leyde à Peiresc (1620-1637). Dijon, 1882, in-8, 182 pp..

990 — Tamizey de Larroque (Philippe). — Oraison funèbre de Pierre Gassendi par Nicolas Taxil, prononcée dans l'Eglise Cathédrale de Digne, le 14 novembre 1655, publiée avec divers documents inédits. Bordeaux, 1882, 94 pp..

991. — Les vieux papiers du château de Cauzac, documents inédits. (1592-1627.) Agen, 1882, XV-99 pp..

992. — Entrée du roi Charles IX à Bordeaux, avec un avertissement et des notes. Bordeaux, 1882, petit in-4, 12-8 pp..

993. — Lettres inédites d'Adrien d'Aspremont, vicomte d'Orthe, gouverneur de Bayonne. Bordeaux, Paris, 1882, in-8, 56 pp..

994. — Lettres de Jean Chapelain, de l'Académie française. T. II. (2 janvier 1659-20 décembre 1672.) Paris, imp. nat., 1883, in-4, 967 pp..

995 — Les guerres du règne de Louis XIII et de la minorité de Louis XIV. Mémoires de Jacques de Chastenet de Puységur. Paris, 1883, petit in-8, 2 vol., XIII-300 pp. et 288 pp..

996. — Deux lettres inédites de Jean Price à Bourdelot. Paris, 1883, in-8, 16 pp..

997. — Lettres inédites de quelques oratoriens. Paris, 1883, in-8, 12 pp..

998. — Gonin Joseph et le vignoble de Saint-Joseph. Agen, 1883, in-8, 11 pp..

999 — Les correspondants de Peiresc. (N° VI.) Balthazar de Vias. Lettres inédites écrites de Marseille à Peiresc. (1615-1637.) Bordeaux, Marseille, 1883, in-8, XXV-46 pp..

1000. — Tamizey de Larroque (Philippe). — Arnaud de Pontac, évêque de Bazas. Bordeaux, 1883, petit in-4, 112 pp.
1001. — Le cardinal d'Armagnac et Jacques de Germigny. Documents inédits. Paris, 1883, 28 pp.
1002. — Les correspondants de Peiresc. (N° VII.) Gabriel de l'Aubespine, évêque d'Orléans. Lettres inédites écrites de Marseille et de Paris à Peiresc (1627.) Orléans, 1883, in-8, 29 pp.
1003. — La marquise de Flamarens. Auch, 1883, in-8, 26 pp.
1004. — Documents inédits pour servir à l'histoire de la ville de Dax. Paris, s. d. (1884), in-8. 64 pp.
1005. — Une demi-douzaine de lettres inédites adressées par des hommes célèbres au maréchal de Gramont. Auch, 1884, in-8, 18 pp.
1006. — Trois lettres inédites du président de Sevin à Peiresc. Agen, 1884, in-8, 12 pp.
1007. — Une lettre inédite de Peiresc à Jean Chalette. Arcis-sur-Aube, s. d. (1884), in-8, 4 pp.
1008. — Récit de la conversion d'un ministre de Gontaud (1629), publié d'après le seul exemplaire connu. Bordeaux, 1884, in-8. 15 pp.
1009. — Note sur le poète lectourois Lacarry. Auch, 1884, in-8, 11 pp..
1010. — La Messaline de Bordeaux. Bordeaux, 1884. in-8, 15 pp.

1011. — Tamizey de Larroque (Philippe). — Lettres et billets inédits de Jules Mascaron, évêque de Tulle et d'Agen. Marmande, 1884. in-8, 23 pp.

1012. — Une lettre inédite du roi Henri IV et une mazarinade inconnue. Marmande, 1884, in-8, 11 pp.

1013. — Unn lettre de Ph. Fortin de La Hoguette au roi Louis XIII. S. l. n. d. (1884.) in-8, paginé 375-386.

1014. — Les correspondants de Peiresc. (N° VIII.) Le cardinal Richi, évêque de Carpentras. Lettres inédites écrites à Peiresc (1632-1637,) suivies de diverses lettres adressées au même savant relatives au Comtat-Venaissin et à la principauté d'Orange. Paris, Marseille, 1885, in-8, XXIV-55 pp.

1015. — Lettres du comte de Cominges, ambassadeur extraordinaire de France en Portugal. (1657-1659.) Pons, 1885, in-8, 32 pp.

1016. — La bibliothèque de Mlle Gonin. Agen, 1885, in-8, 37 pp..

1017. — Appel aux érudits au sujet de l'itinéraire d'Henri IV. Auch, 1885, in-8, 7 pp..

1018. — Les correspondants de Peiresc. (N° IX.) Salomon Azubi, rabbin de Carpentras. Lettres inédites écrites de Carpentras à Peiresc (1632-33.) Paris, Marseille, 1885, in-8, 51 pp.

1019. — Les correspondants de Peiresc. (N° X.) Guillaume d'Abbatia, capitoul de Toulouse. Lettres inédites écrites à Peiresc. (1619-1633.) Paris, Marseille, 1885, in-8, VI-45 pp.

1020. — Tamizey de Larroque (Philippe). — Quelques pages inédites de Louis de Rechignevoisin de Guron, évêque de Tulle et de Comminges. Tulle, 1885, in-8, 38 pp.

1021. — Les œuvres posthumes de Camille Arnaud. Forcalquier, 1885, in-8, 13 pp..

1022. — Documents inédits relatifs à l'histoire des terrines de Nérac, publiés par un gourmet. Nérac, 1885, petit in-12, 23 pp.

1023. — Reliquiæ Benedictinæ. Documents inédits. Auch, 1886, in-8, 42 pp..

1024. — Les correspondants de Peiresc. (N° XI.) Jean Tristan, sieur de Saint-Amant. Lettres inédites adressées à Peiresc. (1633-1636.) Paris, 1886, petit in-8, 35 pp.

1025. — Madame la comtesse de Raymond Auch, mai 1886, in-8, 14 pp.

1026. — Une aventure du baron de Lusignan, récit de 1625. Nérac, 1886, petit in-16, 26 pp.

1027. — Catalogue ms. des œuvres de M. Tamizey de Larroque publiées de 1862 à 1886 en 144 n°°. Dans ce catalogue, dressé par Mme de Raymond, sont comprises 5 brochures qu'elle ne possédait pas.

1028. — Tholin (Georges). — Notice sur l'église d'Aubiac (Lot-et-Garonne). Paris, imp. impér., in-8, 8 pp., pl., br.

1029. — Notice sur l'église de Layrac (Lot-et-Garonne). Caen, 1872, in-8, 12 pp. pl., br.

1030. — Le siège du château de Madaillan par le maréchal Blaise de Monluc (1572-1575). Agen, 1872, 20 pp., br.

1031. — Tholin (Georges). — Etudes sur l'architecture religieuse del'Agenais du xe au xvie siècle. Agen, Paris, 1874, in-8, XVI-364 pp., pl., br.
1032. — Les églises du Haut-Languedoc. Toulouse, Chauvin, 1876, in-4, 29 pp., br.
1033. — Notes sur les stations, les oppidum, les camps et les refuges du département de Lot-et-Garonne. Agen, 1877, in-8, 38 pp., br.
1034. — Aperçus généraux sur le régime municipal de la ville d'Agen au xvie siècle. Agen, 1877, in-8, 37 pp., br.
1035. — Notes sur la chasse dans l'Agenais. Agen, 1877, in-8, 36 pp., br.
1036. — Les anciens hôtels de ville et le local du musée d'Agen. Agen, 1878, in-8, 22 pp., br.
1037. — Le livre de raison des Daurée d'Agen (1491-1671). Agen, veuve Lamy, 1880, in-18, 204 pp., br.
1038. — Quarante jours en Italie. Lettres à M. Ad. Magen. Agen, 1881, in-8, 83 pp., br.
1039. — Un mois en Algérie. Agen, 1881, in-8, 61 pp., br.
1040. — Documents sur le mobilier du château d'Aiguillon confisqué en 1792. Agen, 1882, in-8, 32 pp., br.
1041. — Supplément aux Etudes sur l'architecture religieuse de l'Agenais. Agen, 1883, in-8, 50 pp., br.
1042. — Documents inédits pour servir à l'histoire de l'Agenais Dix lettres du roi de Navarre (Henri IV). Agen, 1884, in-8, 21 pp., br.

1043. — Tholin (Georges).—Le carnet d'un franc-tireur. (novembre 1870 — mars 1871). Agen, 1884, in-8,40 pp., br.

1044. — Cahiers des doléances du tiers état du pays d'Agenais aux Etats Généraux (1588, 1614, 1649, 1789). Paris, Agen, in-8, VII-193 pp , br.

1045. — Trenquelléon (Charles de). — Aubry, poéme en quatre chants, dédié aux ouvriers. Bordeaux, imp. Suwerinck, 1846, in-8, 101 pp., br.

1046 — Villeneuve-Bargemont (Christophe, comte de). — Notice historique sur la ville de Nérac. Agen, Noubel, 1807, in-8, dem.-rel. v. r.

1047. — Villepreux Louis de). — Eléonore de Guyenne. — Etude biographique. Paris, Hachette, 1862, petit in-8, 169 pp., br.

1048. — Le premier président de Gourgues et le duc d'Epernon. Paris, Cotillon, 1870, in-8, 103 pp., br.

1049. — Ville d'Agen. — Fêtes de charité. — Cavalcade historique,13 mai 1879. Agen, imp. F. Lamy,in-18,39 pp., br.

1050. — Volat (Jules). — Veillées d'hiver. Agen, imp. P. Noubel, 1841, in-8, br.

BIBLIOTHÈQUE HÉRALDIQUE

HISTOIRE ET TRAITÉS GÉNÉRAUX. — MANUELS DE BLASON.

1051. — Mémorial de chronologie généalogique et historique (par l'abbé Jacques d'Estrées). Paris, imp. Ballard, 1752, 1753, 1754, 1755, 4 vol. in-12, rel. v. j.

1052. — Tableau généalogique historique de la noblesse, enrichi de gravures... présenté au roi par M. le comte de Waroquier de Combles. Paris, Nyon, 1786-89, in-12, 9 vol., dem. rel. m. r.

1053. — Magny (marquis de). — Nouveau traité historique et archéologique de la vraie et parfaite science des armoiries. Paris, s. d., in-4, pl. Ier vol., chagrin, dor. s. l. p., tr. d.

1054. — Mercure armorial enseignant les principes et élémens du blazon des Armoiries... par C. Segoing, Orléanois. Paris, A. Lesselin, 1649, in-4, fig., rel. parch.

1055. — L'art héraldique, contenant la manière d'apprendre facilement le blason, enrichy de figures. Paris, 1672, in-12, dem.-rel. v. b.

1056. — Abrégé méthodique des armoiries. In-24. fig., v. j. (Le titre manque.)

1057. — Abrégé méthodique des principes héraldiques ou du véritable art du blason, par le P. C. François Menestrier. Bordeaux, 1683, in-12, fig., v. br.

1058. — La nouvelle méthode raisonnée du blason pour l'apprendre d'une manière aisée... par le P. C.-F. Menestrier. Lyon, 1750, in-12, fig., v. m.

1059. — Nouvelle méthode raisonnée du blason ou de l'art héraldique du P. Menestrier, mise dans un meilleur ordre et augmentée..., par M. L. (Lemoine). Lyon, 1780, in-12, fig., v. b.

1060. — Nouveau manuel complet du blason ou code héraldique..., par J.-F. Jules Pautet. Manuel Roret. Paris, in-12, 1843, br.

1061. — Recherches sur l'origine du blason et en particulier sur la fleur de lys, par M. Adalbert de Beaumont. Paris, Leleu, 1853, in-8, pl.. dem.-rel. chag. v.

1062. — Nouveau traité de blason ou sciences des armoiries, par Victor Bouton. 460 blasons, 800 noms de famille. Paris, Garnier, 1863, in-8, cart.

DEVISES. — CRIS DE GUERRE.

1063. — Combles (de) et Waroquier de Méricourt de La Mothe de Combles (comte de). — Traité des devises héraldiques. Paris, 1783-84, 2 vol. in-12, cart. Brad.

1064. — Cris de guerre et devises des états de l'Europe des provinces et villes de France et des familles nobles..., par le comte de C... (Cohen de Vinkenhoef). Paris, 1852, in-18, dem. rel., v. f.

ORDRES DE CHEVALERIE

1065. — Précis historiques des Ordres de chevalerie, décorations militaires et civiles, reconnus et conférés actuellement par les souverains régnants en Europe et dans les Etats des autres parties du monde, orné de 106 planches..., par Jacques Bresson. Paris, Aubert, in-8, cart. Brad.

1066. — Statuts de l'Ordre de Saint-Michel. Imp. roy., 1725, in 4, anc. rel. v. j.

1067. — Morin (Jacques, escuier, sieur de La Masserie). — Les armes et blasons des chevaliers de l'Ordre du Sainct-Esprit creez par Louys XIII, roy de France et de Navarre. Paris, Pierre Sirens, in-4, s. d. s. pag. Pl. Manque la pl. I, armes du roi. Couv. parch.

1068. — Pointe (F. de La). — Création des chevaliers de l'Ordre du Saint-Esprit faits par Louis Le Grand ou armorial historique des chevaliers de l'Ordre... S. l., 1689-98, pl. v. m.

1069. — L'office des chevaliers de l'ordre du Saint-Esprit. S. l. (Paris), imp. roy. 1703, 1 vol. in-12, v. b., armes sur les plats

1070. — Edit du roy portant création et institution d'un ordre militaire sous le nom de S. Louïs, donné à Versailles au mois d'avril 1693. Paris, chez Guillaume Desprez, 1693, in-4. 12 pp , cart., pap. peigne.

1071. — Mémoires historiques concernant l'Ordre royal et militaire de Saint-Louis et l'institution du mérite militaire. Paris, imp. roy., 1785, in-4, anc. rel. v. j.

1072. — Grassot (comte Emmanuel-Ferdinand de). — Essai sur le Grand-Prieuré de Saint-Gilles de l'Ordre de Saint-Jean de Jérusalem suivi du catalogue des chevaliers, etc. Paris, Paul Dupont, 1869, in-4, cart.

HISTOIRE, ORGANISATION, LÉGISLATION DE LA NOBLESSE.

1073. — Déclaration du roy portant règlement touchant la nobilité des fonds et héritages et le déguerpissement des biens roturiers (4 septembre 1696). 7 pp. in-4. — Déclaration du roi qui renvoie aux cours des Aides les instances indécises concernant l'usurpation du titre de noblesse, du 8 octobre 1729. 4 pp. in-4. — Edit du roi portant création d'une noblesse militaire, novembre 1750. 8 pp. in-4. — Ens. 3 pièces cart. pap. peigne.

1074. — La Roque (Gilles-André de, chevalier, seigneur de la Lontière). — Traité de la noblesse de ses différentes espèces, de son origine. Nouvelle édition. Rouen, Le Boucher et Cailloue, 1710, in-4, v. b.

1075. — La noblesse militaire opposée à la noblesse commerçante ou le patriote françois. Amsterdam, 1756, in-18, br.

1076. — Lettres sur l'origine de la noblesse françoise et sur la manière dont elle s'est conservée jusqu'à nos jours (par l'abbé Mignot de Bussy). Lyon, 1763, in-8, dem.-rel., v. r.

1077. — Abrégé chronologique d'Edits, déclarations.. concernant le fait de noblesse par L. N. H. Chérin. Paris, 1788, in-12, br.

1078. — Recueil des statuts, décrets, ordonnances et avis relatifs aux titres nobiliaires et au conseil du sceau des titres publié par ordre de S. Exc. le Garde des sceaux. Paris, imp. impér., 1860, in-12, br.

1079. — Dictionnaire véridique des origines des maisons nobles ou anoblies du royaume de France, par M. Lainé. Paris, 1818-19, 2 vol. in-8, demi-rel. v. v.

1080. — Sémainville (comte P. de). Code de la noblesse française ou précis de la législation sur les titres. Paris, 1860, in-8, br.

1081. — Roger (P.) La noblesse de France aux croisades. Paris, Bruxelles, 1845, in-4°, pl. cart.

1082. — Delley de Blancmesnil (comte de). Notice sur quelques anciens titres suivie de considérations sur les salles des croisades au musée de Versailles. Paris, Delaroque, 1866, in 4º, dem.-rel. v. f.

1083. — L'impôt du sang ou la noblesse de France sur les champs de bataille, par J.-François d'Hozier, publié par Louis Paris. Paris, Champion, 1875-81, 3 vol. in-8, br.

1084. — La noblesse ancienne et la noblesse d'à-présent, par le comte de Zeller. Paris, Delloye, 1841, in-8, dem.-rel. v. viol.

1085. — De la pairie et de l'aristocratie moderne par le comte Auguste Cieszkowski. Paris, Amyot, 1844, in-8, br.

1086. — Cellier-Dufayel (N. H.). Noblesse et préjugés. Paris, Le Doyen, 1852, in-12, br.

1087. — L'art de composer les livrées au milieu du XIXe siècle, par M. de Saint-Epain. Quarante dessins. Paris, 1853, in-12, 47 pp., br.

1088. — Notions claires et précises sur l'ancienne noblesse de France, par le comte de Soyecourt. Paris, Bréauté, 1855, in-8, br.

1089. — De la noblesse dans ses rapports avec nos mœurs et nos institutions par Ch. de Tourtoulon. Paris, 1857, in-12, 49 pp., br.

1090. — Du rétablissement légal de la noblesse, par M. Félix Germain. Paris, 1857, in-18, 66 pp., br.

1091. — La noblesse actuelle en France, par Sénemaud aîné. Angoulême, Paris, 1857, in-16, 34 pp., br.

1092. — De la noblesse au XIXe siècle et du rétablissement des dispositions pénales applicables à l'usurpation des titres par Ed. de Barthélemy. Paris, 1857, in-12, 69 pp., br.

1093 — La noblesse en France avant et depuis 1789, par M. Edouard de Barthélemy. Paris, 1858, in-12, br.

1094. — Lettres d'un paysan gentilhomme sur la loi du 28 mai 1858 et le décret du 8 janvier 1859 relatifs aux noms et titres nobiliaires par Ch. de Cherché Paris, in-16, 170 pp, br.

1095. — De l'aristocratie au xix⁰ siècle, par Anatole de Barthélemy. Paris, 1859, in-12, 69 pp., br.

1096. — De la noblesse et de l'application de la loi contre les usurpations nobiliaires par M Pol de Courcy. Paris, 1859, in 12. 81 pp., br.

1097. — La noblesse maternelle en Champagne et de l'abus des changements de noms, par P. Biston. Châlons, 1859, in-16. 44 pp., br.

1098. — La noblesse flamande de France en présence de l'article 259 du Code pénal, par Louis de Baecker. Paris. 1859, in-12, 72 pp,. br.

1099. — Usurpation de nom. M. L. de Belfort. Particule nobiliaire. — Application de la loi du 28 mai 1858. Colmar, 1860, in-12, 32 pp., br.

1100. — De la noblesse graduelle. Paris, Colmar, 1860, in-18, 18 pp., br.

1101. — Cour impériale d'Agen. Discours prononcé à l'audience solennelle de rentrée le 3 novembre 1860, par M. Léo Dupré, procureur général (sur la noblesse). Agen, imp. Pr. Noubel. 1860, in-8, 34 pp., br.

1102. — La particule nobiliaire. Réplique à quelques magistrats. Paris, in-8, 32 pp., br.

1103. — Recherches sur la noblesse maternelle, par Anatole de Barthélemy. Paris, in-8, 1861, 37 pp., br.

1104. — Encore la noblesse maternelle. Réponse à M. A. de Barthélemy, par l'auteur du Code de la noblesse française. Paris, 1861, in-8. 32 pp., br.

1105. — De la procédure en matière nobiliaire devant le Conseil du sceau des titres et les Tribunaux. Paris, 1861, in-12. 36 pp., br.

1106. — De la noblesse française en 1861, par un maire de village. Paris, 1861, in-16, 48 pp., br.

1107. — Réorganisation de la noblesse. Paris, 1862, in-12, 36 pp., br.

1108. — Des distinctions honorifiques et de la particule par Henri Beaune. Paris, 1863, in 12, 171 pp., br.

1109. — Légendaire de la noblesse de France. par le comte O. de Bessas de La Mégie. Paris, 1865, in-8, br.

1110. — Dictionnaire des familles qui ont fait modifier leurs noms par l'addition de la particule ou autrement en vertu d'ordonnances ou de décrets depuis 1803 jusqu'à 1867. Paris, Bachelin-Deflorenne, 1867, in-8, 131 pp., br.

1111. — Essai sur l'origine des armoiries féodales et sur l'importance de leur étude au point de vue de la critique historique, par Anatole de Barthélemy. Poitiers, imp. Dupré, 1872, in-8, 45 pp., pl., br.

1112. — De l'avènement des nouvelles couches sociales sous l'ancien régime, par M. le baron de Verneilh. (Extrait de *Le Correspondant*) 1879, in-8, 40 pp., cart. pap. peigne.

ALMANACHS NOBILIAIRES.

1113. — L'état de la France contenant les princes, ducs et pairs... (par Louis Trabouillet). Paris, 1718, in-12, t. I, v. f.

1114. — L'état de la France, par le P. Ange de Sainte-Rosalie. Paris, 1722, in-12, t. II, v. f.

1115. — L'état de la France (revu par le P. Simplicien, Pierre Lucas). Paris, 1736, in-12, 6 vol. v. m.

1116. — Calendrier des princes et de la noblesse, contenant l'état actuel des maisons souveraines. princes et seigneurs de l'Europe et de la noblesse de France. Paris, Duchesne, années 1762 à 1769, 8 vol. in-12, dont 6 v. m., 1 m. r., 1 cart.

1117. — La France ecclésiastique ou état présent du clergé séculier et régulier des Ordres religieux-militaires et des Universités. Paris, G. Desprez, 1768, in-12, v. m.

1118. — Etrennes de la noblesse ou état actuel des familles nobles de France et des maisons et princes souverains de l'Europe. Paris, Desventes de La Doué, Dénos, Onfroy, etc. Années 1771, 1773 à 1780, 9 vol., in-12, v. m. Année 1778, cart.

1119. — Almanach de Versailles. Paris, Valade, Versailles, Blaizot etc. Années 1774 à 1784 et 1786 à 1791. St. 1780. Noms et demeures de MM. les députés à l'Assemblée nationale Années 1791, 1801. Ens. 18 vol. in-12, dem. rel. v. f.

1120. — Le trésor des almanachs. Etrennes nationales curieuses et nécessaires. Années 1779 et 1786, 2 vol. in-32, l'un m. r., l'autre br.

1121. — Etat de la noblesse. Paris, Onfroy, etc. Années 1781, 1782, 2 vol. in-12, le premier cart., le second, v. m.

1122. — Almanach royal. Année 1783, imp. d'Houry, in-8, v. m.

1123. — La France chevaleresque et chapitrale. Nouvelle édition, par M. le vicomte de G... Paris, 1787, in-12, dem.-rel. chag. r.

1124. — Calendrier de la Cour. Paris. Années 1787, 1830, 1855, 3 vol. in-32, dont 2 m. r., et un br.

1125. — Almanach de Paris. Première partie contenant la demeure, les noms et qualités des personnes de condition. Seconde partie contenant les noms et demeures des principaux artistes, marchands, fabricants. Paris, Lesclapar, 1788, in-32. v. f.

1126. — Catalogue des gentilshommes en 1789 et des familles anoblies ou titrées depuis le premier empire jusqu'à nos jours (1806-1866) par MM. Louis de La Roque et Edouard de Barthélemy. Paris, 1862-66. Fascic. par provinces, in-8, en 2 vol. dem.-rel. m. b.

1127. — Almanach de la Cour de la ville et des départements. Paris Années 1813, 1815, 1819, 1823, 1828, 1837, 6 vol. in-32. br.

1128. — Almanach de Gotha (1818-1870.) Gotha, 53 vol. in-18, cart.

1129. — Almanach de la noblesse du royaume de France. Paris, Aubert, années 1846, 1848. 2 vol. in-12, d-rel., v. v.

1130. — Etat présent de la noblesse française contenant le dictionnaire de la noblesse contemporaine. 1868. Paris, Bachelin Deflorenne, 1868, in-8. dem.-rel. v. brun.

1131. — Etat présent de la noblesse française. Paris, Bachelin-Deflorenne, gr. in-8°, br.

1132. — Etrennes à la noblesse ou état actuel des familles nobles de France pour l'année 1884. Paris, in-32 carré, fig., br.

JOURNAUX. — REVUES

1133. — Revue historique de la noblesse publiée par M. André Borel d'Hauterive. Paris, 1841-46, in-8, pl., 4 vol. dem.-rel., v. v.

1134. — Annuaire de la pairie et de la noblesse de France et des maisons souveraines de l'Europe publié sous la direction de M. Borel d'Hauterive. Paris, 1843-85, 41 vol, in-12, cart. brad., tr. dor.

1135. — Le Héraut d'armes, revue illustrée de la noblesse. Dir. comte Alfred de Bizemont, gérant V. Bouton. Paris 1861-63, 2 vol. in-8 à 2 col., cart.

1136. — Le Héraut d'armes, art, théâtre, littérature. 1869, n° 7 à 24, br.

1137. — Revue nobiliaire, héraldique et biographique, publiée par M. Bonnesserre de Saint-Denis (1re série, 2 vol.) par M. L. Sandret (nouvelle série, 10 v.) et (3e série, 5 vol.) en tout 17 vol. in-8, cart. peigne, 1862-1880. Paris, J.-B. Dumoulin.

1138. — Panthéon biographique. Revue mensuelle historique et nécrologique... Fondateur et rédacteur en chef Albéric de Busnes. T. 5 et 6, 1863-65, in-8, br.

FACTUMS, MÉMOIRES, PIÈCES DE PROCÉDURE, ARRÊTS, ETC.

1139. — Arrêt du Parlement de Bordeaux sur des interpositions de décret entre les héritiers de François Melon, écuyer, sieur de Marsant. 28 août 1697. 16 pp. in-folio, br.

1140. — A juger en l'audience de la première chambre de la Cour pour Madame de Poudenas, veuve de feu M. de La Caze, premier président en la Cour, et le sieur marquis de Poudenas, demandeur en requête contre le sieur marquis de Montferran, au nom et comme mari de la dame Duhamel, demandeur en criées et défendeur. 56 pp. in-4, s. d. s. n. d'impr., cart. pap. peigne. (Notes sur les Fabas.)

1141. — Mémoire sur partage pour messire Alexis de Labessière, de Durfort, marquis de Castelbajac, capitaine dans le régiment d'En. infanterie, et demoiselle Félice de Lambès de Marambat. 25 pp. in-4, s. n. d'impr. n. d., br.

1142. — Mémoire instructif pour dame Marguerite de Sevin, relicte et héritière de noble Marc-Antoine de Rance... contre noble Antoine-François-Joseph Demons, chevalier, seigneur baron de Latour. 7 pp., in-4, s. n. d'impr. n. d. (1734), br.

1143. — A juger en l'audience de la Grand'Chambre pour Jean-Jacques Sirven, sieur de Lascombes, intimé, contre demoiselle Antoinette Gautier, son épouse, apelante d'un appointement du sénéchal d'Agen, demanderesse en séparation de corps et de bien. 30 pp, in-4 (incomplet). s. n. d'impr. n. d. (1737), cart pap. peigne

1144. — Nouveau mémoire pour les marquis d'Aubaïs et de Fimarcon, demandeurs en cassation d'arrêt, contre les marquis d'Esclignac, comte de Miran, comte de Narbonne et autres. 22 pp. in-4, imp. Veuve Mergé, rue Saint-Jacques, au Coq. s. d., br.

1145. — Mémoire pour Jeanne Dugout, épouse de messire Jean de Redon, chevalier, seigneur des maisons nobles de La Chapelle et de Fousseries... contre messire Frix de Bazignan, écuyer, chevalier, commandeur de l'Ordre de Saint-Lazare, seigneur du Tauzin, Ligards et Bertin. 18 pp. in-4. Bordeaux, imp. Michel Racle, s. d. (1750), cart. pap. peigne.

1146. — Mémoire signifié pour messire Hardouin de Châlon, évêque de Lescar, seigneur et baron de Puynormand, deffendeur, contre M. le duc de Bouillon, pair et grand chambellan de France. 18 pp., in-folio, imp. Vve Claude Simon, 1752, br.

1147. — (3 mémoires : pour messire Henry de Raymond, contre messires de Rech de Saint-Amans, père et fils, — pour ces derniers contre Henry de Raymond. Sur la question de l'Augment. 17, 39, 45 pp., in-4. (1753) cart. pap peigne.

1148. — Instruction sur partage pour messire François Dubernard, seigneur de Rosés, Dolmairac et autres lieux et seigneur direct de Lécussan, ancien lieutenant d'infanterie au régiment de la vieille marine, contre les doyen, prieur et religieux du doyenné de Moirax. 13 pp., in-4, s. n. d'impr., n. d. (1759), cart. pap. peigne.

1149. — Instruction sur partage pour Marie-Anne d'Auxion de Vivent, marquise de Bonas, contre le sieur de Mun de Sarlaboux et le sieur et dame de Melet. 116 pp. in-4, s. n. d'impr. n. d. (1760), cart. pap. peigne.

1150. — Mémoire sur incident pour le sieur de Mellet, écuyer, seigneur de Lassale de Castelviel... contre le sieur Jacques Robert, soi-disant de Verdun, se prétendant noble d'extraction. 10 pp. in-4, imp. Knapen, (Paris), 1766, br.

1151. — Pour dame Marguerite de Cambefort, épouse du sieur de Pissis, contre le sieur de Cambefort de Mazic, procureur du roi en l'Election d'Aurillac, etc... 26 pp. in-4, imp. Quillau, (Paris), 1767, br.. Pièces justificatives. Généalogie du chevalier de Cambefort. 9 pp., in-4, cart.

1152. — Précis pour le sieur Payen de Boisneuf et les sieurs et dames Nogués, héritiers de la dame Bidonne, contre le sieur de Castéra, brigadier des armées du roi. 36 pp. in-4, imp. Hérissant, (Paris), 1769, br.

1153. — Mémoire pour le sieur Jean-Philippe Descrimes, habitant d'Agen, appelant contre le sieur Vaqué de Falagret. Réponse pour noble Jean-Baptiste de Falagret. 12 et 16 pp. in-4, s. n d'imp. n. d., br.

1154. — Réponse aux griefs pour noble Bernard de Thèze, chevalier de l'Ordre royal et militaire de Saint-Louis... contre noble Hilarion d'Avach de Thèze... — Mémoire en réponse... 15 et 22 pp. in-4, Toulouse, imp. Rayet, s. d. (1774), br.

1155. — Mémoire sur partage pour messire de Cugnac, évêque de Lectoure, le syndic du chapitre de la même ville, M° de Bastard, prieur de Sainte-Gemme et M° Laporte, prieur de Saint-Hilaire, contre la communauté de Lectoure, le sieur de Saint-Géry et le nommé Bordes, son métayer. 66 pp. in-4, s. n. d'impr. n. d , br.

1156. — Arrêt du Parlement de Toulouse ordonnant en faveur du chapitre de Saint-Etienne l'exécution de reconnaissance du sieur de Roquemaure. (22 février 1775.)

1157. — (8 factums se rapportant à un procès en annulation du testament du marquis de Beaucaire, entre Louis-George de Pechpeyrou, marquis de Beaucaire, baron de Monbarla, etc., et Henri de Beaudéan, baron dudit lieu, etc.) 53, 81, 24, 9, 29, 31, 7, 13 pp. in-4, Toulouse, imp. Rayet, et Dalles, (vers 1777), br.

1158. — Mémoire pour la dame de Puylaroque, marquise d'Escouloubre, contre la dame de Montesquieu, marquise d'Hautpoul. 79 pp. in-folio, s. n. d'imp. n. d., br.

1159. — Mémoire pour le sieur Jean-Baptiste Mir, contre Adelaide de Lévis, veuve de messire Henry-Emmanuel-Bernard de Timbrune, marquis de Valence... Observations pour la dame marquise de Valence. 29, 29, pp , in-4. Toulouse, imp. P.-B. Robert, et Desclassan, 1781, br..

1160. — Lettres intéressantes de l'abbé de Laboulbène. Pour la maison de Montesquiou, contre les sieurs de La Boulbène. 15 pp. in-4, Paris, imp. Valade, 1783, cart. pap. peigne.

1161. — (Factum pour Jean-Paul Sangosse, baron de Corbère, contre messire Borrust) 44 pp. in-4, (incomplet), cart. pap. peigne.

1162. — Nouvelles observations pour sieur Joseph Dufour-Labarthe, prêtre, recteur de Laas et sieur Paul-Augustin Dufour Labarthe d'Enverrue, habitant de Mirande, contre sieur F. Constantin Dufour-Labarthe, habitant de Monsaurin, 19 pp. in-4, Agen, imp. R. Noubel, s. d. cart. pap. peigne.

1163. — Mémoire pour sieur Jean-Verdun-Labarthe-Béchade... contre sieur Jean Carias-Champelou. Agen, imp. J.-B. Grenier, s. d., br.

1164. — 2 Consultations pour Jeanne Bridiers-Villemor, veuve d'Alexandre Gripière-Moncroc..., contre Paul Bridiers Villemor. Observations pour Paul Bridiers-Villemor. 27, 15. 6 pp. in-4, imp. Noubel et Currius, s. d., br.

1165. — Moyens de droit pour les héritiers maternels de Mlle d'Izaut contre les légataires. 25 pp. in-4, Toulouse, imp. A. Navarre, s. d., br.

1166. — Cour d'appel séante à Agen. Plaidoyer pour la demoiselle Elizabeth Milhet-Bélisle-Phélippeaux, contre le sieur Pierre-Hugues-Philippe Thémines. Agen, Noubel, s. d. (1806), in-4, 111 pp., cart, pap. peigne.

1167. — Consultation de MM. Martignac et Duranteau, jurisconsultes à Bordeaux, pour le sieur Joseph Gaun-Desguillons et la dame Marie Brondeau, son épouse, contre le sieur Louis Brondeau. 12 pp. in-4, Agen, imp. Grenier, 1808, cart. pap. peigne.

1168 — Exposé des faits et moyens développés dans la plaidoirie du sieur abbé d'Hélyot, défendeur, contre les sieurs Deveuf, Jamet, etc., 28 et 3 pp. in-4, Cahors, imp. Cl. Broustet, 1808, br.

1169. — Mémoire pour les sieurs Jean et Pierre Bonfilh contre M. Pierre-Orens-Pujolé-de-Juliac... 74 pp. in-4, Agen, imp. R. Noubel, s. d., br.

1170. — Mémoire contenant griefs pour le sieur Depis, homme de loi, habitant de Terraube, appelant, contre le sieur Bastard, propriétaire, domicilié à Paris. 36 pp. in-4, Agen, imp. Grenier, s. d , cart. pap. peigne.

1171. — Mémoire pour MM. François-Hubert de Lary... contre MM. François-Roch-Joseph Mothe-Belloc... 44 pp. in-4, Agen, imp. R. Noubel. s. d., (1810), br.

1172. — Moyens d'opposition pour la dame Marie-Françoise Carbonier... contre les dames Bonnefoux. 27 pp. in-4. Agen, imp. R. Noubel, s. d., (1812). cart. pap. peigne.

1173. — Jugement rendu par le tribunal civil de Lectoure, le 28 juillet 1821, entre M. Bazile de Lansac, appelant, et M. Jean Foursan, et dame Sophie Grabias. 24 pp. in-4, Agen, imp. L. Currius, 1822, br.

1174. — Mémoire en griefs, pour le sieur Jacques-François Lemaître, inspecteur de l'Enregistrement,... contre le sieur Joseph Descudé 50 pp. in-4, s. n. d'impr., s. d., br.

1175. — (Pièces d'un procès entre le marquis de Luppé et M. Suriray de la Rue, relativement à la vente de la terre de Suriray près Tonneins). 4 factums ou mémoires de 62, 43, 44, 7 pp. in-4, des imp. Quillot, à Agen, Ch. Lawalle, à Bordeaux, J.-M. Dossun, à Bagnères, 1832-1836, br. et une expédition ms. du procès-verbal d'adjudication, de 36 ff.

1176. — Plaidoyer pour les héritiers de Mme de Marbotin contre le sieur Roque. 56 pp. in-4, Bordeaux, imp. Lanefranque, 1836, br.

1177. — Mémoire pour M. le comte de Latour, intimé, contre M. Victor de Lary de Latour. 44 pp. in-4, Agen, imp. Pr. Noubel, s. d., cart. pap. peigne.

1178. — Affaire de Châteaurenard. Tribunal civil de Lyon. 67 pp. in-4 et tableau généal. Paris, imp. Renou et Maulde, s. d., cart. pap. peigne.

1179 — Précis pour Madame de Swistounoff, baronne de Galz de Malvirade... contre Madame Marie-Olga-Léonide de Galz de Malvirade... 20 pp. in-4, Agen, imp. Pr Noubel, 1860, cart, pap. peigne.

1180. — Protestation de MM. les prince et comte de Montmorency-Luxembourg. contre la prétention de M. le prince de Gontran de Bauffremont à prendre le nom de Montmorency. Nice, typ. V.-E. Gauthier, 1864, in-4, 7 pp.

Consultation pour la famille de Montmorency contre M. Adalbert de Talleyrand-Périgord. (Paris), Guyot et Scribe, (1864), in-4, 56 pp.

Examen des prétentions aux noms et titres de Montmorency et Robecque. Brochure in-fol. lith. 13 pp. avec signat. aut. d'Armand de Gontaut Biron. 1864.

3 broch. carton. ensemble, pap. peigne.

1181. — Mémoire pour servir à M. Pierre-Joseph-Théodore Jules de Pardaillan contre M. Louis-Jacques-Auguste d'Arblade, se disant comte de Pardaillan-Gondrin et duc d'Antin, par M. J. Noulens. Condom, 1864, in-8, cart. pap. peigne. — (2° Mémoire) Condom, 1867, in-8, br. — Réponse aux conclusions de MM. de Treil. Condom, 1868, in-8, br. Conclusions de MM. de Treil, in-8, 83 pp. br.

1182. — (Lettres publiées par la famille de Châteaurenard pendant le procès qui suivit l'ouverture du testament de la marquise de Lusignan, en l'année 1865.) 12 pp. in-4, cart. pap. peigne.

1183. — Les suites d'un mariage d'argent. — Exposé de plusieurs procédés anciens et nouveaux pour se défaire d'une héritière. Francfort s. M., imp. C. Adelmann, 1866, in-8, 72 pp., br.

1184. — Mémoires pour servir à MM. les comtes de Bréda contre la rédaction anonyme du *Chartrier français*, par J. Noulens. Paris, imp. J. Claye, 1871, in-4. 126 pp, br.

1185. — Mémoire pour servir à M. Frédéric-Pierre-Marie Vincent Dubosc de Pesquidoux dans une demande en rectification de son état civil, par J Noulens. Beauvais, imp. J. Noulens, 1872, in-8, 40 pp., br.

1186. — Conclusions pour M. Théodore de Sevin du Pécile, contre M. Henri Tropamer. 12 pp. in-4, Agen, imp P. Noubel, s. d., br. Jugement du tribunal civil entre Théodore de Sevin du Pécile et M. Tropamer. du 3 février 1877, 4 pp.

1187. — Testament olographe de M. Jean Larramet, docteur en médecine, chevalier de la Légion d'honneur, déposé et mis au rang des minutes de M° Igounet, notaire à Montech, le 11 novembre 1884... 17 pp. in-4, Toulouse, imp. Douladoure-Privat, br.

HISTOIRE DES MAISONS NOBLES DE L'EUROPE

1188. — Illustrations de la noblesse européenne, par M. l'abbé d'Ormancey, vicomte de Fréjaques, ouvrage orné de 21 blasons magnifiquement coloriés d'après les émaux. Paris, 1848, in-4, d.-rel. chagrin vert.

1189. — Le nobiliaire universel ou Recueil général des généalogies historiques et véridiques des maisons nobles de l'Europe, publié par M. le vicomte de Magny. Paris, au Secrétariat de l'Institut héraldique, 1854-61, 7 vol. in-4, d.-rel. v. v.

MAISON ROYALE

1190. — Alliances généalogiques des rois et princes de Gaule par Claude Paradin. A Lion, par Jan de Tournes, 1561, in-folio, v. brun.

1191. — Relation du service solennel fait dans l'église royale et nationale de Saint-Louis à Rome pour Mgr Louis, dauphin de France, le vendredi 18 septembre 1711. Rome, chez Antoine de Rossi, 1713, in-folio, v. m.

1192. — Histoire généalogique et chronologique de la maison royale de France, des pairs, grands officiers de la Couronne... par le P. Anselme. 3e édit. Paris, 1726-1733, 9 vol. in-folio, v. m.

1193. — (Le même) 4e édit. Paris, Firmin Didot, 1868-70, t. IV, br.

1194. — Les généalogies historiques des anciens patriarches, rois, empereurs, et de toutes les maisons souveraines jusqu'à présent... (par Louis Chasot de Nantigny.) Paris, 1736-38, 4 vol. in-4, v. m. tr. dor. rel. Pasdeloup. Armes du duc d'Aumont s. l. p.

1195. — Etude sur la chronologie des sires de Bourbon (xe-xiiie siècles) par M. A. Chazaud. Moulins, imp. C. Desrosiers, 1865, in 8, d.-rel., v. bleu.

1196. — Dussieux (L.) Généalogie de la maison de Bourbon. Paris, Lecoffre, 1869, in 8, dem.-rel., v. bleu.

1197. — Lehec (Henri). Généalogie des Bourbons de France, d'Espagne, de Naples et de Parme. Histoire des fiefs qui ont donné leur nom aux différentes branches... Châteauroux, Nuret, 1880, in-4, dem. rel. v. viol.

1198. — La maison de France. Son histoire généalogique. Paris, Bray et Retaux, 1883, in-12, 55 pp., br.

CHARGES. — DIGNITÉS.

1199. — Dictionnaire universel, historique, chronologique, géographique et de jurisprudence civile, criminelle et de police des maréchaussées de France, contenant l'histoire des connétables et maréchaux de France... par G. H. de Bauclas, 1748-50, 2 vol. in-4, anc. rel. v. j.

1200. — Gouverneurs, lieutenans de roy, prevôts des marchands, échevins, procureurs, avocats du roy, greffiers, receveurs, conseillers et quartiniers de la ville de Paris. (Pl. gr.) s. d. in-folio, v. m.

HISTOIRE DES MAISONS NOBLES EN GÉNÉRAL.

1201. — Le recueil des armes de plusieurs nobles, maisons et familles tant eclesiastiques, princes, ducs, marquis, comtes. (par Claude Magneney, graveur d'armoiries. Paris, (1630), in-folio. 1 vol. entièrement gravé. v. b.

1202. — Laboureur (le). Les tombeaux des personnes illustres avec leurs éloges, généalogies, armes et devises. Paris, J. Le Bouc, 1642, in-fol., dem.-rel. m. r.

1203. — Guigard (Joannis). Indicateur du Mercure de France (1672-1789.) Paris, Bachelin-Deflorenne, 1869, in-8, dem.-rel. v. bleu.

1204. — Armorial général de France (par d'Hozier). Paris. de l'impr. de Jacques Colombat. 1738-68. Paris, typ. Firmin Didot. Fac-simile de l'édit. orig. avec 2 vol. de supplément, 1868-72, ens. 12 vol. in-4, rel. toile.

1205. — Tablettes historiques, généalogiques et chronologiques (par Louis Chasot de Nantigny.) Paris, 1749-1756, 7 vol. in-24, v m.

1206. — Dictionnaire généalogique, héraldique, chronologique et historique... par M. D. L. C. D. B. (De La Chesnaye-des-Bois.) Paris 1757-1765, 7 vol. in-8, v. j.

1207. — Armorial des principales maisons de France et de plusieurs villes du royaume. Paris, Leboucher, etc. 1782 T. III, IV, V, les deux derniers de pl., ens. 3 vol. in-12, v. m.

1208. — Saint-Allais (de). Dictionnaire encyclopédique de la noblesse de France. Paris, 1816, in-8°, 3 t. en 2 vol. dem.-rel., v. f.

1209. — Saint-Allais (de). Armorial des familles nobles de France Paris, 1817, in-8. dem.-rel. m. f.

1210. — Indicateur nobiliaire ou table alphabétique des noms des familles nobles susceptibles d'être enregistrées dans l'armorial général de feu M. d'Hozier. Paris, Doublet, 1818, in-8°, dem.-rel., chagrin vert.

1211. — Dictionnaire universel de la noblesse de France par M. de Courcelles. Paris, 1820-1822, 5 vol. petit in-8, dem.-rel., v. v.

1212. — Courcelles (de). Histoire généalogique et héraldique des pairs de France, des grands dignitaires de la couronne, des principales familles du royaume... Paris, Arth. Bertrand, 1822-33, 12 vol. gr. in-4, fig., dem.-rel, v. f.

1213. — Lainé Archives généalogiques et historiques de la noblesse de France. Paris, 1828-50. 11 vol. in-8, carton. toile.

1214. — Archives nobiliaires universelles. Bulletin du Collège archéologique et héraldique de France publié sous la direction de M. de Magny. Paris, 1843, in-4°.

Magny (C. de). Recueil historique des ordres de chevalerie. Paris, 1843, in-4°, 104 pp. pl. coloriées.

Ensemble 2 vol. en un, cart. pap. peigne.

1215. — Versailles. Salle des Croisades. Ch. Gavard, édit., s. d., in-folio, pl., d.-rel v. r.

1216 — Eschavannes (Jouffroy d'). Armorial universel précédé d'un traité complet de la science du blason. Paris, Curmer, 1844-48, in 4, 2 vol. pl., cart. Brad.

1217. — Encyclopédie biographique du xix° siècle. — 3° catégorie. Illustrations nobiliaires par M. de Lansac. Paris, 1845, grand in-8, pl., dem.-rel. chag. v.

1218. — Armorial historique de la noblesse de France recueilli et rédigé par un comité, publié par Henry J.-G. de Milleville. Paris, 1845, in-4, pl., dem.-rel. chagrin vert, coins

1219. — Nobiliaire de France publié par P. Roger. Paris, Dumoulin, 1847, in-8. p. 1 à 16, br.

1220. — Mémorial universel généalogique, biographique et héraldique. Les familles de France, les hommes d'état, de guerre, de science et d'art. Paris, 1851, in-4, t. I, br. Chaque monog. à sa pagination.

La monogr. de la maison agenaise de Cessac (Lacuée) est annotée au crayon par Mme de R.

1221. — Dictionnaire héraldique par M. Charles Grandmaison. Collection Migne. Paris, 1852, in-8, d.-rel. chagrin violet.

1222. — Armorial de la noblesse de France, publié par une société de généalogistes paléographes sous la direction de d'Auriac. Paris, Dumoulin, 1854-66, 10 vol. in-4, d.-rel. v. f.

1223. — Hozier (d'). Armorial général d'Hozier ou registre de la noblesse de France continués par le président d'Hozier, 1re et 2e partie. Paris, L'Ecureux, s. d. in-8, dem. rel. chagrin vert.

1224. — Guigard (Joannis). Bibliothèque héraldique. Paris, Dentu, 1861, in-8, dem -rel., v. bleu.

1225. — Rietstap (J.-B) Armorial général contenant la description des armoiries des familles nobles et patriciennes de l'Europe, précédé d'un dictionnaire du blason. Gouda, G. B. van Goor, 1861, in-12, carton

1226. — Batjin (N). Histoire complète de la noblesse de France. Paris, Bruxelles, 1862, in-8, br.

1227. — Sommaires détaillés des généalogies des familles mentionnées dans les tomes XIII, XIV et XV du Dictionnaire de la noblesse de La Chesnaye-Desbois. Paris, Aubry, 1863, in-4, de 106 pp. br.

1228 — Dictionnaire de la noblesse par de La Chenaye-Desbois et Badier. 3e édition. Paris, Schlesinger, 1863-76, 19 vol in-4, rel. toile

1229. — Paris (Louis). Indicateur du grand armorial général de France... par Charles d'Hozier... publié sous la dir. de M. L. Paris. Paris, Bachelin-Deflorenne, 1865, 2 vol. in-8°, dem,-rel. v. f.

1230. — La France héraldique, par Charles Poplimont. Saint-Germain, imp. Eugène Heutte, 1873-75, 8 vol. in-8. br.

1231. — Chastellux (comte de). Notes prises aux archives de l'état civil de Paris, avenue Victoria 4, brûlées le 24 mai 1871. Paris. Dumoulin, 1875, in-8°, cart.

1232. — Trésor généalogique de dom Villevieille publié par Henry et Alphonse Panier. Paris, s. d., t. I et II en d.-rel. v. f. t. III, 1re partie, br.

1233. — Nobiliaire universel de France, par MM. de Saint-Allais, de Courcelles, l'abbé de L'Espines, de Saint-Pons. Supplément. t. XXI. Paris, 1877, 1 vol. in-8, br.

1234. — Riocour (comte D. de). Liste des filles demoiselles reçues dans la maison de Saint-Louis. Paris, Dumoulin, 1879, broch. in-8° de 69 pp., br.

1235. — Etat présent de la noblesse française contenant le dictionnaire de la noblesse contemporaine et l'armorial général de France d'après les manuscrits de d'Hozier, publié sous la direction de M. Bachelin-Deflorenne. 5e édition 1884-86, 6 fasc. in-8, br.

1236. — Fourmont (H. de). L'Ouest aux croisades. Nantes, Paris, 1864-67, in-8, 3 vol., rel. percaline.

HISTOIRE DES MAISONS NOBLES EN PARTICULIER.

1237. — La Roque (Gilles-André de). Histoire généalogique de la maison d'Harcourt. Paris, Séb. Cramoisy, 1662. 4 vol. in-fol., rel. chagr. r., dent. int., f. comp. s. l. p., tr. dor.

1238. — Observations sur les titres de la maison de Braque. Paris, Guillery, 1685, in-4 de 74 pp. et 5 ff. n. chiffr., et 6 ff. mss. sur la *généalogie de la famille de Braque*. v. anc.

1239. — Extrait de la généalogie de la maison de Mailly, suivi de l'histoire de la branche des comtes de Mailly, marquis d'Haucourt et de celle des marquis de Quesnoy. Paris, Ballard, 1757, in-4, v. m.

1240. — Les familles historiques de France. — Archambaud de Comborn, par le comte Horace de Viel-Castel. Paris, 1845, 1 vol. in-8, br.

1241. — Chérin. Généalogie de la maison de Montaignac ou de Montagnac. Sedan, Demeurat, 1856, broch. in-12, 37 pp., cart. pap. peigne.

1242. — Précis généalogique sur la famille Cornély. Bruxelles, Lesigne, 1857, br. in-8, 8 pp., cart. pap. peigne.

1243. — Généalogie historique, anecdotique et critique de la maison du Prat, par le marquis du Prat Versailles, Dagneau, 1857, in-8, 161 pp., dem.-rel. chag. mar.

1244. — Notice historique et généalogique sur la maison Chapt de Rastignac, publiée par la famille. Paris, Wittersheim, 1858, in-12, dem.-rel. v. bleu.

1245. — Preuves de l'histoire de la maison de Menou. Rapport par M. le docteur Fauconneau-Dufresne. Paris, 1859, in-8, 64 pp. avec appendice de 12 pp., br.

1246. — Rochechouart (Louis-Victor-Léon, général comte de). Histoire de la maison de Rochechouart. Paris, Allard, 1859, 2 vol. in-4, ens. 1 vol. dem.-rel. chagrin vert.

1247. — Les généalogies du sieur Guillard, suivies des examen et réfutations par M. le marquis d*** (du Prat.) Paris, bureau du Cabinet historique, 1861, in-8, dem.-rel. m. brun.

1248. — Note historique sur la maison de La Tour du Pin d'après les documents inédits. Paris, 1861. 7 pp. br.

1249. — Chastellux (comte H.-P.-C. de). Histoire généalogique de la maison de Chastellux. Auxerre, G. Perriquet, 1869, in-8°, rel. percaline.

1250. — Noulens (J.). Documents historiques sur la maison de Galard. Paris, Claye. 1871. gr. in-8, 4 t. en 5 vol., dem.-rel et c. v. f.

1251 — Saige (Gustave). Note pour servir à l'histoire de la famille Saige ou Sage dénommée suivant les branches Le Saige, Le Sage, du Saige, du Sage, de Saige. Paris, Donnaud, 1874, broch. in-4° de 39 pp., tirée à 100 ex. Ex. n° 14. br.

1252. — Histoire et généalogie de la maison de Gramont. Paris, Schlesinger, 1874, in-4. Tiré à 165 ex. numérotés, n° 113, dem.-rel. et coins v. f.

1253. — Notice genéalogique sur la famille de Saint-Exupéry. Paris, Jouaust, 1878, in-4, pl. cart. Brad.

1254 — Bourg (Henry du). — Recherches sur la maison du Bourg. Toulouse, P. Rivière, 1881, in-8, 3 part. en 1 vol. dem.-rel. v. f.

1255. — La vérité sur les deux maisons de Saulx-Courtivron par J. d'Arbaumont. Dijon, Lamarche, 1882, 1 vol. in-8, br

1256. — Notice sur la famille Coëtaulem. — Ses alliances avec les familles Quintin et Goësbriant. Chartres, imp. Garnier. 1884, in-16, 8 pp , br.

1257. — Note généalogique sur les titres de la famille de La Motte Ango de Flers. Broch. lithog. 11 pp. in-4°, cart. pap. peigne.

1258 — Troisvilles, d'Artagnan et les trois mousquetaires. Esquisses biographiques et héraldiques suivies d'une notice sur les deux compagnies de mousquetaires et de la liste de leurs capitaines. par J.-B.-E. de Jaurgain. Paris, Champion, s. d., in-8, 98 pp., br.

PROVINCES

1259. — La Loire historique, pittoresque et biographique de la source de ce fleuve à son embouchure dans l'Océan. par J. Touchard-Lafosse. Tours, 1851, 5 vol. in-8, pl., dem.-rel. v. bl.

Alsace.

1260. — Armorial de la Généralité d'Alsace. Recueil officiel dressé par les ordres de Louis XIV et publié pour la première fois. Paris, Colmar, Strasbourg, in-8, br.

Angoumois.

1261 — Les Ravaillac d'Angoulême. Notes et documents inédits par P. de Fleury. Angoulême, imp. Chasseignac, 1883, in-4, 82 pp., br.

1262 — Maintenue de noblesse de l'élection d'Angoulême. Angoulême, Goumard, 1866, broch. in-12, 20 pp., cart. pap. peigne.

Anjou.

1263. — Armorial général de l'Anjou par M. Joseph Denais. Angers, 1885, 3 vol. in-8, br.

Aunis et Saintonge.

1264. — Histoire de Saintonge, Poitou, Aunis et Angoumois, par Armand Maichin. Saint-Jean d'Angély, imp. Henry Boisset, 1671, in-folio, 2 t. en 1 vol., v. n.

1265. — La noblesse de Saintonge et d'Aunis, convoquée pour les Etats-Généraux de 1789 (par M. le baron Léon Michel de la Morinerie). Paris, Dumoulin, 1861, in-8°, carton. pap. peigne.

1266. — Barbot de La Trésorière (Marc-André). Annales historiques des anciennes provinces d'Aunis, Saintonge, Poitou, Angoumois, Périgord, Marche, Limousin et Guienne. Paris, Emile Allard, 1858, in-4, dem.-rel. et c. m. vert.

1267. — Dangibeaud. Etudes historiques. Saintes au XVIe siècle Evreux, A. Hérissey, 1863, broch. in-8, 76 pp., dem.-rel. chag. marron.

1268. — Pièces pour servir à l'histoire de Saintonge et d'Aunis. Procès-verbal de l'assemblée des trois Ordres de la sénéchaussée de Saintonge convoqués et réunis à Saintes le 16 mars 1789. Saintes, Fontanier, 1863, in-8, 68 pp., br.

1269. — Assemblées électorales de la Charente-Inférieure (1790-1799) par M. Eschassériaux. Niort, libr. Clouzot, 1868, gr. in-8, 347 pp. br.

1270. — Rôles Saintongeois suivis de la table alphabétique générale des nobles des élections de Saintes et de Saint-Jean-d'Angély maintenus par d'Aguesseau (1666-1667) par Th. de B. A. (de Brémonds d'Ars). Niort, Clouzot, 1869, in-8, dem.-rel. v. viol.

1271. — Eschassériaux (baron). Etudes, documents et extraits relatifs à la ville de Saintes. Saintes, Orliaguet, 1876, in-8, dem.-rel. et coins v. f.

1272. — Fénelon en Saintonge et la révocation de l'Edit de Nantes (1685-1688.) Etude et documents par M. André Lételié. Paris, A. Picard, 1885, in-8, br.

1273. — Archives historiques de la Saintonge et de l'Aunis (XIV.) Histoire de La Rochelle par Amos Barbot, publiée par M. Denys d'Aussy. Paris, Saintes, 1886, t. I, in-8, 519 pp., br.

1274. — Bulletin de la Société des Archives historiques de la Saintonge et de l'Aunis. VIe vol. 1re et 2me livraison, Saintes, Montreuil, 1886, br.

1275. — Un château de Saintonge. Crazannes (1312-1789) par M. Denys d'Aussy. Pons, imp. Noel Texier, in-8, 74 pp., pl., br

Auvergne.

1276. — Histoire généalogique de la maison de Bosredon en Auvergne .. par Ambroise Tardieu. Clermont-Ferrand, typ. Ferdinand Thibaud, 1844, in-folio, cart.

1277 — Bouillet (J.-B.). Nobiliaire d'Auvergne. Clermont-Ferrand, Perol, 1846-53. 7 vol, in-8°, dem.-rel.. m. r.

1278. — Mémoires de Fléchier sur les grands jours d'Auvergne en 1665. Paris, Hachette, 1856, in-8, d.-rel. v. f.

1279. — Les seigneurs de Miremont, commune de Chalvignac (Cantal) par M. l'abbé J.-B. Chabau. Aurillac, imp. Bonnet-Picut, 1878, in-8, 76 pp., br.

1280. — Tardieu Ambroise). Dictionnaire des anciennes familles de l'Auvergne. Moulins, Desrosiers, 1884, in-4, cart.

1281. — Histoire abrégée et populaire de la ville d'Hermont en Auvergne par Ambroise Tardieu. Hermont, 1885, in-12, 16 pp., br.

1282. — Everat (Edouard). La sénéchaussée d'Auvergne et siège présidial de Riom au XVIII⁰ siècle. Paris, Thorin, 1886, in-8, br.

Béarn. Navarre. Pays de Foix.

1283. — Bascle de Lagrèze (Gustave). Le trésor de Pau, archives du château d'Henri IV avec des fac-simile. Pau, Vignancour, 1851, in-8° dem.-rel., v. brun.

1284. — Armorial des Basses-Pyrénées. In-8⁰, s. titre (Pau, 1858) paginé 255-556, dem. rel. chag. viol.

1285. — Louis XIII et le Béarn ou rétablissement du catholicisme en Béarn et réunion du Béarn et de la Navarre à la France par M. l'abbé Puyol. Paris, imp. E.-L. de Soye, 1872, in-8, br.

1286. — Bulletin de la Société des Sciences, Lettres et Arts de Pau. 2⁰ série, t. II, 1ʳᵉ livraison. Pau, 1873, in-8, br.

1287. — Revue historique du Béarn et de la Navarre. T. I, 1ʳᵉ livraison. Bayonne, 1882, in-8, br.

1288. — La société et les mœurs en Béarn par G. B. de Lagrèze. Pau, G. Cazaux, 1886, in-8, br.

1289. — Castillon (d'Aspet, H.) Histoire du comté de Foix depuis les temps anciens jusqu'à nos jours. Toulouse, Paris, 1852, in-8°, 2 vol., br.

1290. — Généalogie de la maison de Foix divisée en deux branches, la première appelée Carcasovinguiene, la seconde Castalovinguienne... s. l. n. d. broch. in-4, 6 ff., cart. pap. peigne.

Bourbonnais.

1291. — Soultrait (comte George de). Armorial du Bourbonnais. Moulins, Desrosiers, 1857, in-4. pl., dem.-rel. toile.

Bourgogne.

1292. — Marches (A. S. des). Histoire du Parlement de Bourgogne de 1733 à 1790. Châlon-sur-S., Dejussieu, 1851, in-fol., br.

1293. — Histoire généalogique de la maison de Rabutin. Dijon, imp. Rabutot, 1866, in-8, 81 pp., br.

1294. — Famille de Jaucourt. Notice généalogique par M. le comte de Chastellux. Auxerre, imp. G. Rouillé, 1878, in-8, 59 pp., br.

Bresse.

1295. — Baux (Jules). Nobiliaire du département de l'Ain (xviie et xviiie siècle.) Bresse et Dombes. Bugey et pays de Gex. Bourg-en-Bresse, Fr. Martin-Bottier, 1862-64, 2 vol. in-8, dem.-rel. et coins m. gris, tr. dor.

Bretagne.

1296. — Nobiliaire de Bretagne par M. Potier de Courcy. Saint-Pol-de-Léon, 1846, in-4, d. rel. v. f.

1297. — Potier de Courcy (P.) Nobiliaire et armorial de Bretagne, 2e édit. Nantes et Paris, A. Aubry, 1862, 3 vol. in-4, cart. toile grise.

1298. — Généalogie de la maison de Brehant en Bretagne. Paris, Bachelin-Deflorenne, 1867, in-8, br.

1299. — Armorial des évêques de Nantes par Stéphane de La Nicollière. Nantes, imp. Charpentier, 1868, in-8, 116 pp., pl, br.

1300. — Notice sur quelques antiquités celtiques et romaines de la commune de Riec (Finistère.) Quimper, typ. Caen, 1878, in-8, 22 pp. br.

1301. — Allocution prononcée à la séance d'installation du nouveau bureau de la Société archéologique de Nantes et de la Loire-Inférieure (par M. Brémond d'Ars) le 15 janvier 1884. Nantes, V. Forest et E. Grimaud, s. d., in-8, 30 pp., br.

1302. — Les alliés de Madame de Sévigné. — La maison de Poix et la seigneurie de Fouesnel en Bretagne par Frédéric Saulnier. Paris, Champion, 1882, in-8, 3 pp., br.

Champagne.

1303. — Procez verbal de la recherche de la noblesse de Champagne fait par M. de Caumartin. Chaalons, Seneuze, 1673, in-12, v. f.

1304. — Le même. Réimprimé à Vouziers, à la typographie de Flamant Ansiaux, 1852, in-12, dem.-rel. v. f.

1005. — Cahier de l'Ordre de la noblesse du bailliage de Châlons-sur-Marne et extrait du procès-verbal de ses séances. Châlons, imp. Seneuze, 1789, in-4, 26 pp., cart. pap. peigne.

1306. — Barthélemy (Edouard de). Armorial général de la Généralité de Châlons-sur-Marne. Elections de Châlons, Sainte-Menehould, Epernay, Sézanne et Vitry-le-François. Paris, 1862. Broch. in-12, 78 pp., dem.-rel. v. r.

1307. — Caumartin (de), Intendant en Champagne). Nobiliaire de Champagne. Recherche de la noblesse de Champagne. Sur les généalogies dressées ou revues par Charles-René d'Hozier. 1re partie. Paris, Didot, 1868, in-fol., cart.

1308. — Armorial général de l'élection de Soissons publié pour la première fois d'après le manuscrit original conservé à la bibliothèque impériale. Paris, Aubry, broch. in-8, 76 pp., dem.-rel. v. v.

Comtat-Venaissin.

1309. — Histoire de Modène (Comtat-Venaissin) avec dessins héraldiques et gravures par J.-L. Prompsault. Carpentras, imp. Tourrette, 1883, in-8, br.

Corse.

1810. — Sorbier Esquisse de l'histoire et des noms de la Corse. Caen, Hardel, 1848, in 8, dem.-rel. chagrin violet.

1311. — Bulletin de la Société des Sciences historiques et naturelles de la Corse. 6ᵉ année, 66ᵉ fascicule. Bastia, 1886, in-8, br.

Dauphiné.

1312. — Rivoire de La Bâtie (G. de). Armorial de Dauphiné. Lyon, Auguste-Brun, 1867, in-8, rel. percaline.

Flandres.

1313. — Borel d'Hauterive. Armorial de Flandre, du Hainaut et du Cambrésis. Paris, 1856, in-8, br.

1314. — Ditiers faits et armoriés par Engherant Le Franc, héraut d'armes de Valenciennes, pour des noces de nobles bourgeois et pour la confrérie des damoiseaux de cette ville (xvᵉ siècle) publiés par A. Lacroix. Mons, 1856, in-8, 87 pp., br.

Guyenne et Gascogne.

1315. — Carte du Bourdelois, du Périgord et des provinces voisines par J. de L'Isle. In-fº en long. Sur toile.

1316. — Carte du Béarn, de la Bigorre, de l'Armagnac et des pays voisins par de L'Isle. In-fº en long. Sur toile.

1317. — Carte générale de l'ancien diocèse de Bordeaux levée et dressée par M. Berland, curé de Saint-Martin de Labarde, pour servir aux Variétés Bordeloises de l'abbé Baurein. Lacaze édit. In-fº. Sur toile.

1318. — Carte du département de la Gironde. Bordeaux P. Chaumas édit., 1855. In-fº. Sur toile.

1319. — Carte routière et vinicole du département de la Gironde, dressée par E. Coutaut, agent-voyer, 1869. In-fº. Sur toile.

1320. — Cartes des arrondissements d'Agen et de Condom, par J.-Fr. Samazeuilh.

1321. — Cartes des départements du Gers et des Basses-Pyrénées, dressées par A. Donnet, éditées par A. Logerot.

1322. — Rabanis (J.). Essai historique et critique sur les Mérovingiens d'Aquitaine et la charte d'Alaon. Bordeaux. H. Faye, 1841. in-8.

Les Mérovingiens d'Aquitaine. Essai historique et critique sur la charte d'Alaon. Paris, Durand, 1856. 2 vol. en un, dem.-rel., v. viol.

1323. — Ducourneau (Alex.) La Guienne historique et monumentale. Bordeaux, Coudert, 1842-44, 4 parties en 2 vol. in-4, pl., dem.-rel. chagrin noir.

1324. — Revue d'Aquitaine. In-8, t. I à XIV (1857-70). Cette revue mensuelle fut publiée sous la direction de J. Noulens de l'origine à 1869, à Bordeaux sous la direction de A. d'Assier à partir de 1869. Ses titres ont aussi varié : Revue d'Aquitaine, journal historique de Guienne, Gascogne, Béarn, Navarre, etc. (1857-65). Revue d'Aquitaine et des Pyrénées, recueil historique de Guienne, Périgord, Gascogne, Béarn, Languedoc (1866-69). Revue d'Aquitaine et du Languedoc (1869.) 14 vol. dem.-rel. v. v.

1325. — Archives historiques de la Gironde. Bordeaux, Gounouilhou, 1859-85, in-4, 24 vol. br.

1326. — Chronique Bourdeloise. Bourdeaux, par Jacques Mongiron Millanges. 1672. in-4, 47 pp., pl.

Darnal (Jean) Supplément des chroniques de la noble ville et cité de Bourdeaux. Bourdeaux, par Jac. Mongiron Millanges, 1666. 176 pp in 4.

Continuation à la Chronique bourdeloise commençant l'année mil six cens vingt jusqu'à present. s. d., 199 pp. in-4.

Privileges des bourgeois de la ville et cité de Bourdeaux. Bourdeaux, par Jacques Mongiron Millanges, 1667, 64 pp. in-4.

Coppie de la fondation de l'hospital Saint-André de Bourdeaux. s. d., 56 pp. in-4.

Ens. 5 broch. en 1 vol. rel. parch.

1327. - Baurein (abbé). Variétés bordeloises. Nouvelle édition, Bordeaux, Féret, 1876, 4 vol. in-8, br.

1328. — Gazette de (Bordeaux). Années 1743, 1744, 1745 en 1 vol. cart. pap. peigne.

1329. — Histoire de Bordeaux depuis l'année 1675 jusqu'à 1836... par M. Bernadau. Bordeaux, imp. de Balarac, 1837, in-8, d.-rel. v. bleu.

1330. — Département de la Gironde. Commission instituée par arrêté de M. le Préfet du 26 mars 1839 et d'après le vœu du Conseil général pour la recherche et la conservation des monuments et documents historiques du département. Arrêtés, circulaires, rapports, documents et tableaux. Fascic. in-12, 1840-1855, pl., rel. en 1 vol. toile. Collection complète.

1331. — Bordeaux sous le régime de la Terreur. Bordeaux, Chaumas-Gayet, 1849, petit in-8, 91 pp., cart. pap. peigne.

1332. — Congrès scientifique de France. 28ᵉ session, tenue à Bordeaux en septembre 1861. Paris, Bordeaux, 1862, 2 vol in-8, br.

1333. — Annuaire général du commerce et de l'industrie de la ville de Bordeaux et du département de la Gironde ou Almanach des 25,000 adresses. Bordeaux, Delmas, 1862, in-12.

1334. — Impression des Archives de la ville de Bordeaux. Lettre adressée à M. Adrien Sourget, adjoint au maire de Bordeaux, par le comte Alexis de Chasteigner. Bordeaux, 1864, in 8, 8 pp. br.

1335. — Drouyn (Léo). Variétés Girondines ou essai historique et archéologique sur la partie du diocèse de Bazas renfermée entre la Garonne et la Dordogne. Bordeaux, Féret, 1878-83. 2 vol. in-8, dem.-rel. v. brun.

1336. — Drouyn (Léo). La Guienne anglaise. Forteresses élevées pendant la domination anglaise Château de Roquetaillade, in-4, 16 pp pl., cart.

1337 — Gauban (Octave). Histoire de La Réole. La Réole. Vigouroux. 1873, in-8, br.

1338. — Histoire des Juifs à Bordeaux, par Théophile Malvezin. Bordeaux, 1875, in-8, br.

1339. — Les Gascons et l'artillerie bordelaise au siège de Fontarabie par Ernest Gaullieur. Bordeaux, imp. Gounouilhou, 1875, in-8, 66 pp., br.

1340. — Gaullieur (Ernest). Histoire de la réformation à Bordeaux et dans le ressort du Parlement de Guyenne. Paris, New-York, Bordeaux, 1884, in-8, t. I. br.

1341. – Guinodie (Raymond, fils aîné). Histoire de Libourne et des autres villes et bourgs de son arrondissement. 2ᵉ édit. Libourne, 1876, in-8. 3 vol, br.

1342. — Revue catholique de Bordeaux. Bordeaux, 1884, nᵒ 8 et 10. In-8, br. (articles sur les d'Hozier père et fils.)

1343. – Histoire du cardinal François de Sourdis, du titre de Sainte-Praxède, archevêque de Bordeaux, primat d'Aquitaine, abbé de Mauléon et d'Oyrvaux par L.-W. Ravenez, in-8, br.

1344. — Edit du roi portant création d'offices dans le Parlement de Bordeaux, donné à Compiègne au mois d'août 1771. Paris, P.-G. Simon, 8 pp. in-4, cart.

1345. — Etrennes Bordeloises ou calendrier raisonné du palais. Bordeaux, Philippot, années 1784 et 1789, 2 vol. in-32. le premier d.-rel. v. f. et le second br.

1346. — Arrêtés du Parlement de Bordeaux. 3 septembre 1787. (Protestation contre les lettres patentes portant translation du Parlement à Libourne.) S. n d'impr., 16 pp. in-8.

1347. — Essai sur l'histoire de la justice criminelle à Bordeaux pendant le moyen âge (du XIIᵉ ou XVIᵉ siècle.) Discours de rentrée prononcé à l'ouverture des conférences de l'ordre des avocats le 5 janvier 1857. Bordeaux. imp. Crugy, 1857, in-8. 63 pp., br.

1348. — Cour impériale de Bordeaux. Audience solennelle de rentrée (3 novembre 1869.) Le Parlement de Bordeaux et l'avocat général Thibaud de Lavie sous la Fronde. Discours prononcé par M. Théophile Bazot. Bordeaux, imp. Gounouilhou. 1869, in-8. 78 pp., br.

1349. — Metivier (Jean de). Chronique du Parlement de Bordeaux. Publiée par Arthur de Brezets et Jules Delpit. Bordeaux, 1886, in-8, t. I, br.

1350. — Revue de Gascogne. Auch, 1860-85, 26 vol. in-8, dem.-rel., v. b., t. xxvi, br.

1351. — Société historique de Gascogne. Réunion générale du 27 mars 1884. Rapport. — Compte-rendu de la réunion générale (15 juin 1885.) Auch, imp. Foix, 1884-85, 2 broch. in-8, 23 et 27 pp., br.

1352. — Archives historiques de la Gascogne. Auch, Cocharaux, in-8. Les 10 premiers fascicules, 1883-86, br.

1353. — Catalogue des rolles gascons normans et françois conserves dans les Archives de la Tour de Londres (par Thomas Carte). Londres, Jacques Barois, 1743, in-folio, 2 t. en 1 vol. v. m.

1354. — Chroniques ecclésiastiques du diocèse d'Auch suivies de celles des comtes du même diocèse par dom Loüis-Clement de Brugeles. Toulouse, J.-Fr. Robert, 1746, in-4, v. f.

1355. — Abrégé de la généalogie des vicomtes de Lomagne divisée en trois races avec une dissertation sur la branche de Candale de la maison de Foix. Paris, Ballard, 1757, in-12, dem.-rel. v. f.

1356. — Marquessac (baron H, de). Hospitaliers de Saint-Jean de Jérusalem en Guyenne depuis le xii° siècle jusques en 1793. Bordeaux, Justin Dupuy, 1866, in-4, pl., dem. rel. m. bleu.

1357. — Monlezun (abbé J. J.) Histoire de la Gascogne depuis les temps les plus reculés jusqu'à nos jours. Auch et Paris 1846-50, 7 vol. in-8, dem.-rel. v. viol.

1358. - Arrêt du Conseil d'Etat rendu dans une contestation entre les habitants d'Auvillars et le sieur de Chastenet poursuivi parce qu'il refusait de payer la taille pour ses biens ruraux. (9 juillet 1655.) In-4, 26 pp., br.

1359. — La ville, les vicomtes et la coutume d'Auvillars par A. Lagrèze-Fossat. Paris, Montauban, 1868, in-8, 275 pp., br.

1360. — De La Devèze. Comté d'Albret et Bruilhois. (Généalogie.) s. l. n. d., in-4, 8 pp., br.

1361. — Cour d'appel de Pau. — Discours prononcé à l'audience solennelle de rentrée le 4 novembre 1872, par M. Clément Simon. Pau, imp. Vignancourt, 1872, in-8, 64 pp., br

1362. — Bourdeau (F.-J) Manuel de géographie historique. Ancienne Gascogne et Béarn. Paris, Tarbes, Riscle, 1861, in-8. t. I, cart. recouvert en percaline.

1363. — Recherches sur les arts et les artistes en Gascogne au seizième siècle par M. Prosper Lafforgue. Paris, Ve Renouard, 1868, 70 pp., br.

1364. — Etude sur les chroniques de Froissart. — Guerre de Guienne (1345-1346), par M Bertrandy. Bordeaux, imp. Lanefranque, 1870, in-8, 405 pp., br.

1365. — Lencouacq, Bessaut, l'ordre de Saint-Jacques de l'Epée dans les Landes et la province d'Auch, par M. le baron de Cauna. Aire, imp. L. Dehez, 1872, in-8, 20 pp., br., 2 exempl.

1366. — Essai sur les villes fondées dans le sud-ouest de la France aux xiiie et xive siècles sous le nom générique de bastides, par M. A. Curie-Seimbres. Toulouse, Privat, 1880, in-8, 424 pp., br.

1367. — Petits mémoires de Germain d'Antin, seigneur d'Ourout, gouverneur de Lourdes... par J. de Carsalade du Pont. Paris, Champion, 1884, in-8, 76 pp., br.

1368. — Henri IV en Gascogne (1553-1589.) — Essai historique par Ch. de Batz-Trenquelléon. Paris, H. Oudin, 1885, in-8, br.

1369. — Relation veritable contenant la defaite de l'arrière-garde de l'armée de Monsieur le Comte de Harcourt, par les troupes de Monseigneur le Prince commandées par le sieur Marsin, avec la prise de la ville de Miradous ou il a esté fait douze cens prisonniers de guerre. A Paris, chez Jean Brunet, ruë Saincte-Anne, MDCLII. In-4, 6 pp., cart. pap. peigne.

1370. — Un village de Gascogne pendant les guerres de la Fronde, par le docteur E. Desponts. Auch, imp. Foix, 1867, in-8, 91 pp., br.

1371. — Le journal de maître Jean de Solle, docteur en droit et avocat de la ville d'Auch (1605-1642) par M. l'abbé de Carsalade du Pont. Auch, imp. Foix, 1877, in-8, br.

1372. — Sépulture gallo-romaine de Barran (Gers) par M. l'abbé Cazauran. Paris, Auch, 1881, in-8, 16 pp br.

1373 — Le procès de Mgr d'Apchon, archevêque d'Auch, au sujet de son entrée solennelle, avec le baron de Montaut, par le comte Odet de La Hitte. Auch, imp. Foix, 1882, in-8, 28 pp., br.

1374. — Documents inédits sur les troubles du xvi* siècle en Gascogne par le comte Odet de La Hitte. Auch, imp. Foix, 1884, in-8, 22 pp., br.

1375. — Actes d'appel de Messeigneurs les illustrissimes et révérendissimes evesques de Lectoure, de Condom et d'Agen au pape mieux informé et au futur Concile général de la Constitution de N. S. P. le Pape Clément XI, du 8 septembre 1713, qui commence par ces mots *Unigenitus Dei filius* Imp. J.-B. Delespine. 1718, in-4, 4 pp , cart., pap. peigne.

1376. — Masson. Statistique de l'arrondissement de Lectoure. Auch, Roger, 1836, in 4, II 143 18 pp., br.

1377. — Lectoure ville libre par M. Georges Niel. Paris, Dumoulin, 1860, in-8, 27 pp., br.

1378. — Etudes de géographie historique. — L'emplacement de l'oppidum des Sotiates par Eugène Camoreyt. Paris, Champion, 1883, in-8, 54 pp . br.

1379. — Inventaire sommaire des Archives communales antérieures à 1790. Département du Gers. Ville de Condom, carton.

1380. — 4 fac-simile d'inscriptions antiques du Gers relevés par M. l'abbé Cazauran. Lith.

1381. — Alain d'Albret et la succession de Bretagne par M. Clément Simon. Pau, imp. Vignancourt, 1874, in-8, 42 pp., br.

1382. — Les noms réunis d'Albret et de Got, Gout ou du Gout avec tableau généalogique par C. D. Comte ô Kelly. La Réole, imp. Henrion, 1858, in-4, 16 pp. br.

1383. — Le mariage de Jeanne d'Albret par le baron Alphonse de Ruble. Paris, Labitte, 1877, in-8, 1 vol. br.

1384. — Antoine de Bourbon et Jeanne d'Albret, suite de *Le mariage de Jeanne d'Albret*, par le baron Alphonse de Ruble. Paris, Labitte, 1881-85, 3 vol. in-8, br.

1385. — Cauna (baron de). Armorial des Landes, précédé des cahiers du tiers-état et de la noblesse des Lannes en 1789 Bordeaux, J. Dupuy, 1863-69, 3 vol. in-8, dem.-rel. v. bleu.

1386. — Cauna (baron de). Clergé et noblesse des Landes. Armorial. 2ᵉ édition. Bordeaux, Justin Dupuy, 1864, in-8. dem.-rel. v. bleu.

1387. — Le Collège et le Séminaire d'Aire-sur-Adour (Landes). Notice historique par l'abbé Jules Bonhomme. Paris, Dumoulin, 1869, in-8, 103 pp., br.

1388. — Quelques mots sur la Benauge par M. Virac. Bordeaux, Couderc, 1864, in-8, 11 pp., br.

1389. — Raymond (Paul). Cartulaire de l'abbaye de Saint-Jean de Sorde publié pour la première fois sur le manuscrit original Paris et Pau, 1873, in-8, br.

1390. — Castillon (d'Aspet. H.) Histoire des populations Pyrénéennes du Nébouzan et du pays de Comminges. Toulouse et Paris, 1842. 2 vol. in-8, dem.-rel. v. brun.

1391. — Histoire spéciale et pittoresque de Bagnères-de-Luchon par H. Castillon (d'Aspet). Saint-Gaudens, Toulouse. 1842, in-12, br.

1392. — L'abbaye de Lum-Dieu (Lumen Dei) de Fabas au diocèse de Comminges, par le comte Odet de La Hitte. Auch. imp. Foix, 1881, in-8, 28 pp., br.

1393. — Projet du nobiliaire de la Haute-Guienne par M. Lavaissière. Villefranche de Haute-Guienne, imp. Vedeilhé, s. d., pet. in-8, 62 pp., dem.-rel. v. f.

1394. — Documents historiques et généalogiques sur les familles remarquables du Rouergue. Rodez, Ratery, 1853-61, 5 vol., in-8, dem.-rel. v. vert.

1395. — Baron de Gaujal (M.-A.-F.). Etudes historiques sur le Rouergue. Paris, Paul Dupont, 1858-59, 4 vol. in-8, dem.-rel. v. bleu.

1396. — Clabault. Généalogie historique de la maison de Chasteigner en Quercy, en Gascogne et en Périgord. Paris, A.-M. Lottin, 1778, in-4.

Notice historique et généalogique sur la maison de Chasteigner, par P. de C. Paris, Aubry, 1862, broch. in-8, 45 pp. et un tabl. Notes ms. de l'auteur. 2 br. en 1 vol. cart. pap. peigne.

1397. — Histoire politique ecclésiastique et littéraire du Querci par M. de Cathala-Coture. Montauban, Cazaméa, 1785, in-8, 3 vol. dem.-rel. chagrin rouge.

1398. — Liste des émigrés du département du Lot. Cahors, Richard père et fils, s. d. (1793), 15 pp. in-fol. — Décrets de la Convention nationale des 10, 17, 18 et 25 juillet 1793 (8 pp.) des 17 et 31 juillet etc. (8 pp.) des 31 octobre, 1er, 3, 10 et 25 novembre 1792, 3 juin et 25 juillet 1793. (40 pp.)

Ens. 4 broch. Cahors. Richard, carton.

1399. — Statistique du département du Lot, par M. J.-A. Delpon. Paris, Cahors, 1831, 2 vol. in-4, dem.-rel. v. v.

1400. — Essais archéologiques et historiques sur l'ancien Quercy. La cathédrale de Cahors, par F.-A. Calvet. Cahors, 1841, in-8, 47 pp., pl., br.

1401. — Etudes sur le Lot (ancien Quercy.) — 4e cahier. — Le château de Castelnau-Bretennous, commune de Prudhomat, par M. F.-A. Calvet. Cahors, imp. Plantade, 1845, in-8, 19 pp., br.

1402. — Exposition des Beaux-Arts ouverte à Montauban dans les salles de l'hôtel-de-ville le 4 mai 1862. Montauban, imp. Forestié neveu, 1862, in-12, 48 pp. br.

1403. — Lavaissière (abbé). Essai généalogique sur le rameau de la maison de Gozon établi au château d'Ays en Querci. Villefranche de Haute-Guienne, imp. Vedeilhé, s. d., broch. in-4, 56 pp., rel. v. r.

1404. — Grasset (comte Emmanuel-Ferdinand de). Preuves de noblesse des dames religieuses de Beaulieu en Quercy de l'ordre de Saint-Jean de Jérusalem. Paris, Dumoulin, 1868, in-8, 50 pp., extrait de la Revue nobiliaire.

Sartiges d'Angles (baron de). Preuves de noblesse des dames religieuses de l'ordre de Saint-Jean de Jérusalem admises au monastère de Beaulieu. Paris, Dumoulin, 1868, in-8, 46 pp., extrait de la Revue nobiliaire.

Ens. 2 broch. carton. peigne.

1405. — Bulletin archéologique et historique de la Société archéologique de Tarn-et-Garonne, t. I à XII, 1869-84 br., 1885, 2e, 3e et 4e livraisons.

1406. — Accord entre Guy, escuyer, seigneur baron de Luzech et le syndic des consuls, manans et habitants d'icelui, contenant les coutumes concédées en 1260 auxdits habitants par Barthélemy de Roux, évêque de Cahors.. publié par J. Bessières. Cahors, imp. Laytou, 1873, in-8, 96 pp., br.

1407. — Etude sur le moyen âge. — Histoire d'une commune et d'une baronnie du Quercy (Castelnau-de-Montratier) par Léopold Limayrac. Cahors, J. Girma. 1885, in-8, XLIII-654 pp., pl., br.

1408. — La commune de Cahors au moyen-âge, par M. Emile Dufour. Cahors, imp. Combarieu, 1846, in-8, 318 pp., cart. pap. peigne.

1409. — Anciennes coutumes de Montcuq, par Emile Dufour. Paris, A. Durand, 1861, petit in-8, 35 pp., cart. pap. peigne.

1410 — Etudes historiques sur le Quercy. Hommes et choses par M. Emile Dufour. Cahors, imp. J.-G. Plantade, 1864, in-8, 212 pp., cart. pap. peigne.

1411. — Etudes historiques sur l'ancienne province du Quercy. Hommes et choses par M. Emile Dufour. Cahors, 1872-73, imp. Laytou, petit in-8, 26 pp., cart. pap. peigne.

Etude sur Giraud de Maynard, par M. Emile Dufour. S. l. n. d. in-12 pag. 35 à 46, cart. pap. peigne.

1412. — Dufour (Emile). Documents inédits pour servir à l'histoire de l'ancienne province du Quercy. Dénombrements des fiefs et arrière-fiefs du Quercy. Cahors, imp. Layton, s. d broch. in 8 de 20 pp., cart. pap. peigne.

1413. — La commune de Cahors au moyen-âge, par Emile Dufour. S. l. n. d., in-8, 48 pp., cart. pap. peigne.

1414. — Documents inédits pour servir à l'histoire de l'ancienne province du Quercy. — Dénombrement des fiefs et arrière-fiefs du Quercy en 1504, (par Emile Dufour). S. l. (Cahors) n. d., in-8, 20 pp., br.

1415. — Etude sur la topographie des Gaules par M. François Moulenq. Montauban, imp. Forestié neveu, 1876, in-8, 18 pp., br.

1416. — Documents historiques sur le Tarn-et-Garonne, par François Moulenq. Montauban, imp. Forestié, 1877, in-8, 21 pp., br.

1417. — Documents historiques sur le Tarn-et-Garonne, diocèse, abbayes, chapitres, commanderies, églises, seigneuries, etc., par M. François Moulenq. 1879-85, 3 vol. in-8, br.

1418. — Corbarieu et ses seigneurs, par M. François Moulenq. Montauban, imp. Forestié, 1880, in-8, 43 pp., br.

1419. — Recueil sommaire des titres qui établissent l'antiquité et l'authencité des immunités dont jouissent les Citoyens, Bourgeois et Habitants de Périgueux, choisis parmi ceux qui ont échapés aux Guerres et aux malheurs des temps. S l., 1770. petit in-8. 184 pp., br.

1420. — Transaction entre le seigneur et les habitants de la ville et juridiction d'Eymet en 1519, par du Mas-Paysac. Périgueux. imp. Dupont, 1876, in-8, 8 pp., b.

1421. — Une promenade en Périgord. Juin 1841. par F. A. Calvet. Cahors, imp. Combarieu, 1841, in-8, 40 pp., br.

1422. — Notice sur H.-L.-J. B. Bertin, contrôleur général des Finances précédée du testament de Jean Bertin son père, par Amédée Matagrin. Périgueux, imp. Boucharie, 1856, in-18, 24 pp , br.

1423. — Généalogie de la famille de La Porte, en Périgord, Angoumois, Saintonge, Guienne, Poitou, etc. Angoulême, imp. Frugier, 1857, in-4, 46 pp , cart. pap. peigne.

1424. — Matagrin (Amédée). La noblesse du Périgord en 1789. Périgueux, Boucharie, 1857, in-8, dem.-rel. v. v.

1425 — Antiquités périgourdines ou l'histoire généalogique et archéologique de Villamblard et de Grignols par Emmanuel Garraud. Paris, 1868, in-8, 112 pp., br.

1426. — Le tribunal criminel et révolutionnaire de la Dordogne sous la Terreur. Documents authentiques classés et mis en ordre par les commis greffiers du tribunal civil de Périgueux. Périgueux, Cassard, 1880-81, 2 vol. in-8, dem.-rel. v. brun.

1427. — Franchises de la ville de Lalinde en Périgord. (1267). — Chartes d'Edouard 1er, publiées par M de Mourcin. S. l. n. d., in-8, 14 pp., br.

1428. — Notice sur les noms de quelques auteurs célèbres du Périgord, par M. de Mourcin. S. l. n. d., in-12, 12 pp., br.

1429. — Histoire généalogique de la maison de Faudoas. Montauban, Descaussat, 1724, in 4, v. m.

1430. — Généalogie de la maison de Montesquiou-Fézensac suivie de ses preuves. Paris, Valade, 1784 in-4, dem.-rel. et c. m. r. t. d. u. r.

1431. — Rabanis (J.). Notice sur Florimond sire de Lesparre, suivie d'un précis historique sur cette seigneurie. Bordeaux, Fayé, 1843, in-8, br.

1432. — Laigneau (Léonce de). Généalogie de la famille de Laigneau, suivie d'un tableau généalogique. Bordeaux, Crugy, 1860, broch. in-12, 31 pp., cart. pap. peigne.

1433. — Noulens (J.). Maison du Pleix de Cadignan. Généalogie. Paris, Dumoulin, 1861, broch. in-8, 60 pp., cart. pap. peigne.

1434. — Noulens (J.). Maison de Saint Gresse. Paris, Dumoulin, 1861, broch. in-8, 80 pp. (Une page de notes ms. de Mme de R. sur cette généalogie.) Dem.-rel., chag. v.

1435. — Généalogie de la maison de Vaucocour. Périgueux, imp. J. Bounet, s. d. broch. in-8, 33 pp., dem.-rel. v. bleu.

1436. — Généalogie de la maison de Sailhas. Auch, Foix, s. d. broch. in-4, 24 pp., cart. pap. peigne.

1437. — Noulens (J.). Maisons historiques de Gascogne, Guienne, Béarn, Languedoc et Périgord. Paris, Aubry et Dumoulin, 1865-66, 2 vol. in-8, couv. toile.

1438. — Notice sur Guillaume de Motes, par M. Antonin Frézouls. Agen, P. Noubel, 1873, in-8, 39 pp., br.

1439. — Maison de Soubiran de Campaigno. Notice historique et généalogique, par J. Noulens. Paris, Dumoulin, 1874, in-8, br.

1440. — Le capitaine Caravelle par l'abbé de Carsalade du Pont. Auch, imp. Foix, 1878, in-8, 22 pp., br.

1441. — Essai généalogique sur la famille de Meslon, par Léo Drouyn. Bordeaux, imp. Gounouilhou, 1879, in-8, 130 pp., br.

1442 — Notices historiques archéologiques et artistiques par M. l'abbé Despax. Bordeaux, imp. Ragot, 1881, in-12, br.

Ile-de-France.

1443. — Hermite Souliers (Jean-Baptiste de L'). Les éloges de tous les premiers présidens du Parlement de Paris depuis qu'il a este rendu sedentaire jusques a present. Paris, Cardin Besongne, 1645, in-fol., parch.

1444. — Description de la généralité de Paris. Paris, Moreau, 1759, in-8, v. m.

1445. — Tableau de la garde nationale parisienne au 1er avril 1790. Municipalité de la ville de Paris. In-folio de 1^m 02 sur 0, 65, colorié, encadré de filets dorés.

1446. — Etat militaire de la garde nationale de France pour l'année 1790, par une société de patriotes. Seconde partie. Paris, Le Tellier et Garnery, s. d., in-12, br.

1447. — Etrennes aux Parisiens patriotes ou almanach militaire de Paris... rédigé sous l'autorisation de M. le marquis de La Fayette et dédié à ce général par MM. Bretelle et Alletz, soldats citoyens. Paris, Gueffier, 1790, in-12, br.

1448. — Desmaze (Charles). Le Châtelet de Paris, son organisation, ses privilèges. 2ᵐᵉ édition, Paris, s. d., in-8, br.

1449. — Constant d'Yauville (comte H.). Chambre des comptes de Paris. Essais historiques et chronologiques. Paris, Dumoulin, 1866-75, in-fol., dem.-rel. et c. v. gris.

1450. — Histoire du dépôt des archives des affaires étrangères, par Armand Baschet. Paris, Plon, 1875, in-8, br.

1451. — Le couvent des Carmes et le séminaire de Saint-Sulpice pendant la Terreur, par Alexandre Sorel. 2ᵉ édit. Paris, Didier, 1864, in-12, br.

1452. — Histoire d'un vieux château de France. Monographie du château de Montataire, par le baron de Condé. Paris, Picard, 1883, in-8, pl., br.

1453. — Histoire de Versailles de ses rues, places et avenues depuis l'origine de cette ville jusqu'à nos jours, par J.-A. Le Roi. Versailles, P. Oswald, 1868, 2 vol. in-8, br.

1454. — Le château de Versailles Histoire et description par L. Dussieux. Versailles, Bernard, 1881, 2 vol. in-8, br.

Languedoc.

1455. — Histoire générale de Languedoc avec des notes et les pièces justificatives, par dom Cl. Devic et dom J. Vaissette. Toulouse, Privat, 1872-86, t. I à X, XIII, XIV, 12 vol. in-4, carton.

1456. — Antraigues (comte d'). Mémoire sur les états-généraux, leurs droits et la manière de les convoquer. Nouvelle édition. S. l, 1789, in-8, 279 pp.

Antraigues (comte d'). Mémoire sur la constitution des états de Languedoc. Imprimé en Vivarais, s. d., in-8, 112 pp.

Ensemble 2 vol. en un rel. v. f.

1457. — Armorial de la noblesse de Languedoc, généralité de Montpellier, par M. Louis de La Roque. Montpellier, Séguin, 1860, 2 vol. in-8, br.

1458. — Armorial de la noble se de Languedoc, par M. Louis de La Roque. Tables. Montpellier, Paris. 1860, in-12, 24 pp. br.

1459. — Annuaire historique et généalogique de la province de Languedoc par M. Louis de La Roque. 1re et 2e année, Paris, Dentu, 1861, 2. vol. in 8, d.-rel. v. f.

1460 — Armorial de la noblesse de Languedoc généralité de Toulouse, par M. Louis de La Roque, t. I. Toulouse, Paris, 1863, in-8, d.-rel. v. f.

1461. — Annales de la ville de Toulouse depuis la réunion de la comté de Toulouse à la couronne... par M. G. Lafaille. Toulouse, chez Guillaume-Louis Colomyez, 1687-1701, 2 vol. in-folio, v m.

1462. — Annales de la ville de Toulouse, dédiées à monseigneur le Dauphin (de Rozoi.) Paris, Duchesne. 1771, 4 vol. in 4, v. m.

1463. — Juillac (vicomte Gustave de). Recherches historiques sur l'ancien capitoulat de la ville de Toulouse. Toulouse, Delboy, 1855, broch. in-8, 103 pp. dem.-rel v. b.

1464. — Bourg (H. du). Ordre de Malte. Histoire du Grand-Prieuré de Toulouse. Toulouse, Sistac et Boubée, 1883. in-8. dem.-rel. v. bleu.

1465. — Brémond (Alphonse). Nobiliaire toulousain. Toulouse, 1863, in 8. 2 vol. cart. toile grise.

1466. — Indicateur du nobiliaire toulousain ou état présent de la noblesse, par Alphonse Brémond. Toulouse, 1868, in-12, fig., dem.-rel. v. f.

1467. — Armorial toulousain. Armorial général des familles nobles du pays toulousain, par Alphonse Brémond. Première partie. Toulouse, 1869, in-12, fig., br.

1468. — Etat actuel de la noblesse toulousaine, par Alphonse Brémond. Toulouse. 1870. in-12, br.

1469. — Notables et singulières questions de droit écrit jugées au Parlement de Toulouse, conférées avec les préjuges des autres Parlemens de France par M. Géraud de Maynard. Toulouse, Hénault, 1751, 2 vol. in-folio, v. m.

1470. — Audience solennelle de rentrée. Cour impériale de Toulouse. — La Roche-Flavin. — Discours prononcé par M. de Vaulx, avocat-général. Toulouse, imp. L. Ratier, 1862, in-8, 45 pp. br.

1471. — Notes pour servir à un nobiliaire de Montpellier, par Ch. de Tourtoulon. Montpellier, typ. Grollier, 1856, in-8, dem.-rel. chag. v.

1472. — Cartulaire et archives des communes de l'ancien diocèse et de l'arrondissement administratif de Carcassonne, par M. Mahul. Paris, Didron, 1857-82, in-4, 6 vol., d.-rel. v. f.

1473. — François de Tersac baron de Montberaud. Essai biographique renfermant quelques lettres inédites d'Henri III, d'Henri IV et de Catherine de Médicis, par l'abbé Jules de Carsalade du Pont. Auch, imp. Foix, 1871, in-8, 29 pp., br.

1474. — Un cartulaire et divers actes des Alaman, des de Lautrec et des de Lévis (xiiie et xive siècles) publiés par Edm. Cabié et L. Mazens, avec une reproduction de blasons et 9 planches de fac-similés paléographiques. Toulouse, Albi Paris, 1883, in-8, LXXVIII-235 pp. br.

1475. — Gastelier de La Tour. Généalogie de la maison de Preissac, tirée du nobiliaire historique de la province de Languedoc. Paris, P. G. Simon, 1770, in-4, rel. v. m.

1476. — Pavillet. Histoire généalogique de la maison de Villeneuve en Languedoc. Paris, Decourchant, 1830, in-4, dem.-rel. et coins chagrin r.

1477. — Burdin (Gustave de). Documents historiques sur la province de Gévaudan. Toulouse, Laurent Chapelle, 1846-47, 2 t. in-8, en 1 vol, dem.-rel. chagrin r.

1478. — Notes sur la famille d'Aubas de Gratiollet. Toulouse, J.-M. Douladoure, 1854, broch. in-12, 33 pp., cart. pap. peigne.

1479. — Toulouse-Lautrec (comte Raymond de). Résidences historiques de l'Albigeois. Toulouse, Connac, 1865, broch. in-4, 12 pp., 1 pl., br.,

1480 — Lagrèze-Fossat (A.) Etudes historiques sur Moissac. Paris, Dumoulin, 1870-72. In-8. t. I et II, br.

1481. — Le Pouget et ses alentours. Etude historique par Denis de Thézan. Paris, 1882, in-8, 56 pp., br.

1482. — Pibrac. — Histoire de l'église, du village et du château, par A. du Faur, comte de Pibrac. Toulouse, Privat, 1882. in-8, 59 pp., br.

Limousin.

1483. — Nadaud (abbé Joseph.) Nobiliaire du diocèse et de la généralité de Limoges, publié par l'abbé J. B. L. Roy de Pierrefitte et l'abbé A. Lecler. Limoges, 1856-80, in-8, 4 vol. dem.-rel. v bleu.

1484. — La vicomté de Limoges, géographie et statistique féodales, par M. G. Clément-Simon Paris, Champion, s. d. in-8, br.

1485. — Notice sur le nom primitif de la ville de Limoges, par M. de Mourcin. S. l. n. d., in-8, 8 pp., br.

1486. — Chapt de Rastignac. marquis de Rastignac et de Laxion, seigneurs de Firbeys, de Puiguilhem, de Lage-au-Chat, de Mansac, etc., en Limousin et en Périgord (Généalogie du xviiie siècle.) Sans titre, in-folio, 114-X pp. et tabl. généal., cart.

1487. — Notes historiques sur la ville et château de Boussac et la famille de Brosses, par Henri Aucapitaine. Paris. Dumoulin, 1853, in-8, 31 pp., br.

1488. — Quelques procès limousins devant le parlement de Bordeaux, par René Fage. Tulle, Crauffon. 1877, in-8, 111 pp., br.

1489. — Monographies limousines La châtellenie de Merle, par J.-E. Bombal. Tulle, Crauffon, 1877, in-8, 32 pp. br.

1490. — Notices généalogiques sur quelques familles de Royère (du Leyais, Daudaleix, Darfeuille, Larthe, Coutisson, Leblanc, Roux, Faure, Jabouille), par Zénon Tournieux. Limoges, imp. veuve Ducourtieux, 1883, in-12, br.

1491. — Le château de Puy-de-Val. Description et histoire, par René Fage. Tulle, Crauffon, 1883, in-8, 73 pp., pl., br.

1492. — David en Limousin, seigneurs de Rochebrune... connus sous les dénominations de marquis et comtes de Lastours, barons des Etangs. Limoges, Chapoulaud, s. d., broch. in-8, 20 pp. (Notes ms. de Mme de R. Lettre de faire part de la mort de Charles-Prosper de David de Lastours en 1884.) Cart. pap. peigne.

Lorraine.

1493. — Cayon (Jean). Ancienne chevalerie de Lorraine ou armorial historique et généalogique des maisons qui ont formé ce corps souverain. Nancy, Cayon-Liébault, 1850, in-4, dem.-rel. et coins m. brun. Belz-Niedrée.

1494. — De l'ancienne chevalerie de Lorraine. Documents inédits publiés par M. Victor Bouton. Paris, 1861, in-12, 111 pp., pl., br.

1495. — L'ancien régime dans la province de Lorraine et Barrois, d'après des documents inédits (1698-1789) par l'abbé D. Mathieu. Paris, Hachette, 1879, in-8, br.

Lyonnais.

1496. — Armorial général du Lyonnais, Forez et Beaujolais, comprenant les armoiries des villes... Lyon, A. Brun, 1860, in-4, pl., cart.

1497. — Généalogie de la maison de Sainte-Colombe, ses alliances et ses seigneuries, par Paul de Varax. Lyon, 1881, in-8 carré, br.

1498. — La seigneurie de Jarnieux en Lyonnais, par Paul de Varax. Lyon, 1883, in-8, br.

Nivernais.

1499. — Soultrait (George de). Armorial de l'ancien duché de Nivernais. Paris, Didron, 1847, in-8, pl., dem. rel. toile.

Normandie.

1500. — Nobiliaire de Normandie, publié par une société de généalogistes sous la direction de E. de Magny. Paris, Rouen, s. d., 2. vol. in-4, carton. toile.

1501. — Blason populaire de la Normandie comprenant les proverbes, sobriquets et dictons relatifs à cette ancienne province et à ses habitants par M. A. Canel. Rouen, Caen, 1859, 2 vol. in-8, br.

1502. — Rôle des taxes de l'arrière-ban du bailliage d'Evreux en 1562, par l'abbé P.-F. Lebeurier. Paris, Evreux 1861, in-8, br.

1503. — Maison de Bully. Notice historique et généalogique par J. Noulens. Paris, imp Claye, 1874, in-8, br.

1504. — Etudes normandes. — Catherine-Angélique d'Harcourt, baronne de Lougé, par le comte Gérard de Contades. S. n. d'imp., s. d., in-8, 21 pp. br.

1505. — Journal manuscrit du sire de Gouberville et du Mesnil-au-Val, gentilhomme campagnard au Cotentin, 2ᵉ édit. par M l'abbé Tollemer. Oberthur, à Rennes, 1880, in-32, br.

Orléanais.

1506. — Essai historique et critique sur les billets d'enterrement orléanais, par M. l'abbé Victor Pelletier. Orléans, Herluison, 1861, in-8. 16 pp., cart. pap. peigne.

1507. — Hubert (d'). Généalogies des principales familles de l'Orléanais, table analytique des manuscrits d'Hubert, par C. de Vassal. Orléans, Herluison, 1862, in-8, rel. percaline.

1508. — Nobiliaire de l'Orléanais, par C. de Vassal. Orléans, H. Herluison, 1863, in-4, t. I, recouvert en toile.

Picardie.

1509. — Roger (P.). Bibliothèque historique, monumentale, ecclésiastique et littéraire de la Picardie et de l'Artois. Amiens, Duval et Herment, 1844, in-8, pl , dem.- rel v. violet.

Poitou.

1510. — Filleau (Henri). Dictionnaire historique et généalogique des familles de l'ancien Poitou. Poitiers, Saurin, 1840-54, 2 vol. in-8, dem.-rel. chagrin r.

1511. — Tableau des Emigrés du Poitou avec pièces et documents inédits, par H. Beauchet-Filleau Niort, Clouzot, 1862, in-8, 126 pp., br.

1512. — Armorial du Poitou et état des nobles réservés dans toutes les élections de la généralité, par A. Gouget. Niort. Robin et Faye. 1866, in 8, br.

1513. — A. B A. Illustrations poitevines. Le chevalier de Méré, son véritable nom patronymique, sa famille. Niort, Clouzot, 1869, in-8, 44 pp. Extrait de la Revue de l'Aunis, de la Saintonge et du Poitou. br.

1514. — Armorial de la noblesse du Poitou convoquée pour les Etats-Généraux en 1789, par Armand de La Porte. Poitiers, typ. Boileau et Raimond. 1874, in-8, 128 pp., br.

Provence.

1515. — Almanach de Marseille. 1777. In-12, v. m. Incomplet des six premières pages.

1516. — La charte de Frédéric Barberousse confirmative des privilèges de l'Eglise de Marseille. par M. F. Famin. Agen, imp. Pr. Noubel. 1868, in-8, 24 pp., fac simile photog., br.

1517. — Plaquettes Goutaudaises. N° 3. Histoire du massacre des Turcs à Marseille en 1620, publiée par Henri Delmas de Grammont. Paris. Bordeaux. 1879. petit in-8, 69 pp., br.

1518 — Liste des gentilshommes de Provence qui ont fait leurs preuves de noblesse pour avoir entrée aux Etats tenus à Aix de 1787 à 1789, publiée pour la première fois d'après les procès-verbaux officiels par le comte Godefroy de Montgrand. Marseille, typ. V° M. Olive, 1860, in-8, 57 pp., br.

1519. — Généalogie de la maison d'Adhémar-Casevieille. Montpellier, imp. Gras, 1861, in-4. br.

1520. — Gourdon de Genouillac (H.) et le marquis de Piolenç. Nobiliaire du département des Bouches-du-Rhône. Paris, Dentu, 1863, in-8, br.

1521. — Quelques mots sur une famille de Marseille du du nom de Corbeau ou Courbeau, par J.-J.-A. Pilot. Paris, Dentu, 1864, in-8, 15 pp., br.

1522. — Armorial de la ville de Marseille. — Recueil officiel dressé par les ordres de Louis XIV, publié pour la première fois d'après les manuscrits de la Bibliothèque impériale, par le comte Godefroy de Montgrand. Marseille, Gueidon, 1864, in-8, br.

1523. — Chronique de Provence. La famille Romée de Villeneuve dit Le Grand par l'abbé E. Tisserand. Nice, typ. Gauthier, 1866, in-16, cart.

1524. — Histoire de la baronnie royale de Château-Renard en Provence, par le prince Henri de Valori. 3e édition, Paris, 1869, in-8. 121 pp., br.

1525. — Académie d'Aix. Installation de Monsieur le procureur général Clément-Simon comme membre d'honneur de l'Académie. Séance du 7 mai 1878. Aix-en-Provence, imp. Marius Illy, 1878, in-8, 23 pp., br.

Savoie.

1526. — Histoire de Savoie d'après les documents originaux depuis les origines les plus reculées jusqu'à l'annexion par Victor de Saint-Genis. Chambéry, Bonne, 1868-69, 3 vol. in-8, d.-rel. chag. violet.

Touraine.

1527. — Carré de Busserolle (J.-X.) Calendrier de la noblesse de la Touraine, de l'Anjou, du Maine et du Poitou. Tours, 1867, in-12, br.

Etranger

1528. — Burke (John). A genealogical and heraldic dictionary of the peerage and baronetage of the british empire. Seventh edition. London, Henry Colburn, 1843, in-8, carton. Bradel.

1529. — Collen (Henry). Debretts genealogical peerage of Great Britain and Ireland. London, William Pickering, 1846, in-12, dem.-rel. v. r.

1530. — De la noblesse de la Gentry la plus ancienne d'Angleterre, d'Irlande et d'Ecosse et seule héraldique, d'après le blason, par T.-J. R. (Russell.) Pau, 1847, petit in-8, 63 pp., br.

1531. — Histoire de la guerre d'Escosse, par Jean de Beaugué, gentilhomme François. Bordeaux, imp. Gounouilhou, 1862, in-8, br.

1532. — Les O'Toole. — Notice sur le Clan ou la Tribu des O'Toole, princes d'I'Muréday et d'I'Mailey dans la province de Leinster en Irlande... avec blasons... extrait des collections nationales Irlandaises de Charles-Denis, comte O'Kelly-Farrell. La Réole, imp. Vigouroux, 1864, in-folio, 10 pp., br.

1533. — Le prince Albert de Saxe-Cobourg, époux de la reine Victoria, d'après leurs lettres, journaux, mémoires etc. — Extraits de l'ouvrage de sire Théodore Martin et traduits de l'anglais par Augustin Craven. Paris, Plon, 1883, 2 vol. in-8, br.

1534. — Mémoires de S. M. la reine Victoria. — Feuillets détachés de mon journal en Ecosse (1862-1882.) Traduction de Mme Marie Brousart avec autorisation spéciale de Sa Majesté. Ed. illustrée de portraits et gravures. Paris, Ed. Rouveyre et G. Blond. imp.-éd., 1884, in-8, br.

1535. — Les fils d'Arpad. Etude historique, par Germain-Sarrut. Paris, Dentu, 1861, in-8, br.

1536. — Recherches historiques et généalogiques des grands d'Espagne... par J. G. Imhof, avec figures. Amsterdam, 1707, in-12, rel. parch.

1537. — Histoire de Philippe II par H. Forneron. Paris, Plon, 1881-82, 4 vol. in-8, br.

1538. — Annuaire de la noblesse de Belgique, publié par le baron Isidore de Stein d'Altenstein. 11e année, 1857, in-12, br.

1539. — Recueil analytique des édits, placards et ordonnances héraldiques des Pays-Bas espagnols et autrichiens publié d'après un manuscrit de Philippe-Jean-Baptiste O'Kelly par le comte O'Kelly de Galway et Léopold van Hollebeke. Bruges, 1865, in-8, br.

1540. — Pons (prince A. de), marquis de La Chataigneraye). Maison de Savoie (origine) second fragment d'un manuscrit intitulé Chronologie abrégée des trois dynasties .. Paris, Didot, 1842, in-8, chag. bleu, tr. dor.

1541. — La terreur dans le royaume de Naples. Lettre au rigt honorable W. E. Gladstonne..., par Jules Gondon. Paris, veuve Vaton, 1851, in-8, br.

1542. — Lur-Saluces (Henry de). Notice généalogique sur la maison de Lur, suivie d'un précis historique sur les derniers marquis de Saluces et sur la cession du marquisat de Saluces à la France en 1560. Bordeaux, Durand, 1855, broch. in-8, 76 pp., cart.

1543. — Histoire généalogique de S. A R Madame la duchesse de Parme..., par M. Alfred de Grozelier. Paris, Toulouse, 1864, in-8, 160 pp., br.

1544. — Tournon (comte de). Le livre d'or du Capitole, catalogue officiel de la noblesse romaine. Paris, Lyon, 1864, broch. in-8 de 76 pp., dem.-rel., v. b.

1545. — Saige (Gustave). Rapport à Son Altesse Sérénissime Monseigneur le Prince Souverain de Monaco sur la publication des documents historiques extraits des archives du palais de Monaco. 1885, broch. in-4, 12 pp., br.

1546. — Notices généalogiques sur les familles genevoises depuis les premiers temps jusqu'à nos jours par J.-A. Galiffe, C. G. Genève, 1829-1866, 4 vol. pet. in-8, dem.-rel., v. r.

1547. — Armorial Neuchâtelois. Galerie historique du château de Neuchâtel, des gouverneurs qui ont administré le pays en leur nom, ainsi que des quatre bourgeoisies, accompagnée de notes historiques et héraldiques. Berne et Neuchâtel (F.-L. Davoine), 1857, in-8, fig. col., cart. Brad.

1548. — Notices généalogiques sur les familles genevoises depuis les premiers temps jusqu'à nos jours, continuées par J.-B.-G Galiffe. Tome V. Genève, 1884, in-8, br.

1549. — Stamtaule over den danske Linie af familien Oberkampff, ved Frantz Meller. Kjobenhavn i Januar 1877. In-12, 36 pp. pl., br.

1550. — Almagro (comte d'). Notice sur les principales familles de la Russie. Paris, Dauvin et Fontaine, 1843, broch. in-8, 100 pp., dem.-rel. et c. chagrin v.

1551. — Généalogie des rois de Chypre de la famille de Lusignan. Venise, imp. Marco Visentini, 1881, in-8, 50 pp., br.

1552. — Les Brienne de Lecce et d'Athènes... par le comte Ferdinand de Sassenay. Paris, 1869, pet. in-8, br.

1553. — Résumés historiques sur la Perse moderne, l'Inde et la Chine, en 4 parties par A. de B. de C. Bordeaux. P. Faye, 1843, in-8, br.

TROISIEME PARTIE

MANUSCRITS

1554. — Mémoire généalogique de la maison de Secondat... dressé sur les titres conservés aux archives du château de La Brède, par Charles Denis, comte O'Kelly, et transcrit ici par Marie de Raymond. 1849, ms. de 72 pp. in-f°, armes en couleur, rel. chagr. bleu.

1555. — Armorial de personnages historiques. 24 planches in-f° d'armes en couleur, d.-rel. et c. m. r.

1556. — Armorial de la famille du Cauze de Nazelles (Guyenne et Champagne), par la comtesse M. de R... Agen, 1868. 12 planches, inf°, d'armoiries en couleurs, d.-rel. et c. chagrin vert.

1557. — Généalogies des familles Uchard et Lafont du Cujula. Notes sur les fiefs de Brazalem et de Gueyze, par Mlle Marie de Coquet. Dédicace à Mme de R..., ms. de 48 pp. in-8, d.-rel. v. bleu.

1558. — 9 cahiers in-f° de table alphab. des noms contenus dans le nobiliaire de Saint-Allais. Travail personnel de Mme de R...

Donné à Pierre de Montesquieu.

1559. — Dictionnaire des pensées d'un solitaire (par J.-Florimond Boudon de Saint-Amans.) Ms. original par ordre alphabét., sorte de petite encyclopédie. 4 vol., d.-rel. et c. vél, de 398, 385, 416, 498 pp. de format pet. in-4.

1560. — Voyage philosophique et moral. — Articles bibliographiques. — Hymnes théologiques par un curé.

Ms. original (par J.-Florimond Boudon de Saint-Amans.) 1823. 1 vol. d.-rel. et c. vél. de 214 pp., de format pet. in-4.

1561. — Rêveries d'un solitaire. Ms. original (par J.-Florimond Boudon de Saint-Amans). 1827. Etudes sur des questions religieuses politiques et sociales. 1 vol. d.-rel. et c. vél. de 259 pp., de format pet. in-4.

THÉOLOGIE.

1562. — La Sainte Bible, traduite par Lemaistre de Sacy. Paris, Furne, 1841, 4 vol. in-8, d.-rel. et c. chagrin violet.

1563. — * La Sainte Bible ou l'ancien et le nouveau testament d'après la version revue par J. F. Ostervald. Paris, imp. Marc Duclou, 1850, in-8, v. vert.

1564. — Heures a l'usaige de Rome tout au long sans rien requerir avecques plusieurs belles hystoires et figures de l'apocalipce a la mode d'Ytalie, nouvellement imprimées. S. d. (1527, Paris, G. Hardouin.) Format in-12, exempl. en vél., rel. mar. brun, avec orn. aux fers froids. Capé.
Donné à P. de M.

1565. — * Histoire du ciel où l'on recherche l'origine de l'idolâtrie et les méprises de la philosophie. Paris, veuve Estienne, 1748, 2 vol. in-12, v. m.

1566. — * Les confessions de saint Augustin traduites en françois par M. Arnauld d'Andilly. Paris, G. Desprez, 1762, in-12, v. m.

1567. — Sulpitii Severi opera omnia quæ extant. Lugd. Batavorum. Ex officina Elzeviriana, 1643, m. v.

1568. — * De la Société chrétienne au quatrième siècle, par J.-L. Génin. Paris, Hachette, 1833, in-8, br.

1569. — * Recueil d'instructions et de prières à l'usage de la confrairie du Saint-Sacrement, érigée le 9 août 1690 en la paroisse de Sainte-Marguerite. S. l. (Paris), 1780, in-12, v. f., tr. dor.

1570. — Histoire de Sainte-Elisabeth de Hongrie, par le comte de Montalembert. Paris, Debécourt, 1837, 2 vol. in-12, d.-rel. v. brun.

1571. — Audin. Histoire de Luther. — Histoire de Calvin. — Histoire de Léon X. Paris, L. Maison, 1845-46, 3 vol. in-12, d. rel., v. violet.

1572. — * Les constitutions du monastère de Port-Royal du Saint-Sacrement. Mons, Gaspard Migeot, 1665, in-12, v. f., tr. dor.

1573. — * La vie de la bienheureuse Jeanne-Françoise Fremiot, baronne de Chantal, fondatrice de l'Ordre de la Visitation, par M. P. B. A. C. D. N. Avignon, Claude Delorme, 1751, in-12, v. m.

1574. — Texte primitif des Lettres provinciales de Blaise Pascal. Paris, Hachette, 1867, in-8, m. brun, tr. dor., armes de Mme de R. s. l. p.

Donné à P. de M.

1575. — Les provinciales ou les lettres écrites par Louis de Montalte à un provincial de ses amis et aux RR. PP. Jésuites. 8e édit. Cologne, Nicolas Schoute, 1685, v. b.

1576. — Lettres écrites à un provincial par Blaise Pascal. Paris, Garnier frères, 1865, in-12, d.-rel. v. vert.

1577. — * Œuvres choisies de Massillon. Paris, Delestre Boulage, 1824 et 1825, 6 vol, in-8, d.-rel., v. v.

1578. — Introduction à la vie dévote du bienheureux François de Sales. Paris, Techener, 1855, in-16, m. v. dent. int., tr. dor. Trautz-Bauzonnet.

Donné à P. de M.

1579. — Lettre inédite de saint François de Sales, publiée par le comte Amalric Lombard de Buffiières et Alexis de Jussieu. Paris, Plon, 1878, in-8, br. Pap. de Hol.

Donné à P. de M.

1580. — Avis à une personne engagée dans le monde, ouvrage ascétique..., par M. l'abbé Clément. Paris, H. L. Guérin, 1759, in-12. rel. m. vert, tr. dor. *Ex libris* de Narbonne.

1581. — Recueil des oraisons funèbres prononcées par feu Messire E. Fléchier. Lyon, Faucheux, 1780, in-12, v. m.

1582. — Response du sieur de Sponde au traicté de Théodore de Bèze. (Manque le titre. Bordeaux, S. Millanges, 1595) in-16, vél.

1583. — Les impostures inventées contre les papes, rapportées suivant la vérité aux ministres de Calvin pour monstrer par leurs propres passages qu'ils sont les vrays precurseurs de la Beste. A Bourdeaus, par Jacques Marcan, aux Ayres, 1616, in-16, vél.

1584. — Erreur populaire de la papesse Jane, par Florimond de Ræmound, conseiller du Roy au Parlement de Bourdeaus. A Bourdeaus, par S. Millanges, 1594, in-16, v. f.

1585. — L'Anti-papesse ou erreur populaire de la papesse Jeanne, par Florimond de Ræmond. Cambray, de l'imp. de Jean de la Riviere, 1613, in-16, vél.

1586. — L'Anti-Christ et l'Anti-papesse, par Florimond de Ræmound. Edit. 3ᵉ. Paris, Abel L'Angelier, 1607, in-16, v. anc

1587. — L'Anti-Christ, par Florimond de Ræmound. Lyon, Jean Pillehotte, 1597, in-16, cart.

1588. — L'Anti-Christ, par Florimond de Ræmond. Dern. édit. Cambray, de l'imp. de Jean de la Riviere, 1613. in-16, d.-rel. v. m.

1589. — * La naissance, progrez et decadence de l'heresie de ce siecle par feu Florimont de Rœmond. 1623, in-8, v. m.

1590. — Histoire des assemblées politiques des Réformés de France.

Un nouveau chapitre de l'histoire politique des Réformés de France.

De l'état civil des Réformés de France, par L. Anquez. Paris, Durand, Grassart, 1859-68, 3 vol. in-8, d.-rel. v. bleu.

JURISPRUDENCE.

1591. — * Nouvelle traduction des Institutes de l'empereur Justinien par M. Claude-Joseph de Ferrière. Douay, Willerval, 1771, 7 vol. in-12, v. m.

SCIENCES ET ARTS.

1592. — * L'Eloge de la Folie, composé en forme de déclamation, par Erasme et traduit par M. Gueudeville. Amsterdam, Fr. L'honoré, 1728, in-12, v. brun.

1593. — * L'éloge de la Folie, traduit du latin d'Erasme, par M. Gueudeville. Nouv. édit. ornée de nouvelles figures. S. l. 1751, in-12, v. m.

1594. — * Essais de Michel de Montaigne. Edit. selon l'orthographe de l'auteur. Paris, Tardieu-Denesle, 1828, 6 vol. in-8, d.-rel. chag. violet.

1595. — Essais de Michel de Montaigne. Text. original de 1580, publié par R. Dézeimeries et H. Barckhausen. Bordeaux, Gounouilhou, 1870-73, 2 vol in-8, m. r. dent. int., tr. dor, armes de Mme de R. s. l. p. Exempl. n° 8, au nom de Mme de R.

Donné à P. de M.

1596. — Pensée de M. Pascal sur la religion. Edit. nouv., Amsterdam, H. Wetstein, 1699, in-12, v. f., tr. dor.

1597. — * Les Caractères de La Bruyère. Paris. Stér. d'Herhan, 1802, 3 vol. in-12, br.

1598. — Les Caractères ou les mœurs de ce siècle, par La Bruyère, suivis du discours à l'Académie et de la traduction de Théophraste. Paris, Belin-Leprieur, 1845, in-8, cart. brad.

1599. — * Œuvres posthumes de d'Alembert. Paris, Charles Pougens, an VII. 1799, 2 vol. in-12, d. rel. v. bleu.

1600. — * Réponse aux questions d'un provincial. Rotterdam. Reinier Leers, 1704, 2 vol, in-12, v. brun.

1601. — Les grands écrivains de la France. Nouv. édit., publiées sous la direction de M. Ad. Regnier, lib. Hachette.

La Bruyère, 1865-68, 3 vol. in-8, le t. III en 2 part., br.

1602. — La Rochefoucauld. 1868-83, 3 vol. in-8, le t. III en 2 part., notice biograph. et album, br.

1603. — Réflexions, sentences et maximes morales de La Rochefoucault. Biblioth. elzévir. In-16, cart. brad.

1604. — Pensées de J. Joubert, précédées de sa correspondance. 3ᵉ édit. Paris. Didier, 1862, 2 vol. in-12, d.-rel., v. violet.

1605. — Pensées et réflexions morales par M. Sorbier. Caen, Le Blanc-Hardel, 1864, in-8, 32 pp., br.

1606. — L'Ecole menaisienne. Lamennais, par l'abbé Ant. Ricard. Paris, Plon, 1883, in-18, br.

1607. — Lettres de Lord Chesterfield à son fils. Philippe Stanhope. Paris, Labitte. 1842, 2 vol., in-12, d.-rel., v bleu.

1608. — Education des mères de famille, par L. Aimé Martin. Paris, Charpentier, 1847, 2 vol. in-12, d.-rel., v. gris.

1609. — Lorédan Larchey. Les excentricités du langage français. Paris, bureaux de la Revue anecdotique, 1861, in-12, vél.

1610. — * Antonii Laurentii de Jussieu. Genera plantarum secundum ordines naturales. Parisiis, Herissant, 1789, in-8, d. rel. v. p.

1611. — * Œuvres complètes de Buffon, nouv. édit., publiée par H. R. Duthilloeul. Paris, Lecointe, 1822, 12 vol. in-8, v. r.

1612. — * L'ami de l'éleveur. Réflexions pratiques sur l'espèce chevaline. Paris, Plon, 1856, in-8, br.

1613. — * L'art de découvrir les sources par M. l'abbé Paramelle. Paris, Victor Balmont, 1856. in-8, br.

1614. — Dictionnaire portatif des Beaux-Arts.... par M. Lacombe. Paris, 1755, in-16, v. m.

1615. — * Les trésors de l'art, par M J. G. D. Armengaud. Paris, typ. Lahure, 1859, in-f° cart. brad.

1616. — Les femmes blondes selon les peintres de l'école de Venise, par deux Vénitiens. Paris, Aubry, 1865, in-8, br.

1617. — Cham. Sa vie et son œuvre, par Félix Ribeyre. Paris, Plon, 1884, in-18, br.

1618. — * Ecole de la miniature dans laquelle on peut aisément apprendre à peindre sans maître. Lyon, Fr. Duchesne, 1679, in-12, v. m.

1619. — *Prières. Fac-simile du ix⁰ au xv⁰ siècle, par Mlle A. Guibert. Paris, 1840. 13 pp. avec encadr. enluminés, format in-8, rel. en chagrin noir.

1620. — Livre d'heures ou offices de l'église, illustrés d'après les manuscrits de la bibliothèque du roi, par Mlle A. Guibert. Paris, 1843. 93 pp. avec encadr. enluminés, format petit in-8, rel. en chag. noir.

1621. — Les manufactures nationales et les arts du mobilier. S. l. n. d., Quantin, in-8, 38 pp., br.

1622. — De l'ameublement et de la décoration intérieure de nos appartements, par E. Guichard. Paris, Ed. Rouveyre, 1880, in-12, br.

1623. — *A propos d'un cheval. Causeries athéniennes par Victor Cherbuliez. Genève, Joël Cherbuliez, 1860, in-8, br.

1624. — Œuvres complètes de L. Vitet. Paris, Michel Lévy, 1862-1872, 7 vol. in-18, d. r. v. vert.

1625. — Le Moyen-âge et la Renaissance. Direct. de M. Paul Lacroix et M. Ferdinand Séré. Paris, 1848-51, 5 vol. in-4. d.-rel., chag. noir. tr. dor.

Donné à P. de M.

1626. — Paul Lacroix. xviiⁱ siècle. France. (1590-1700). Institutions, usages et coutumes. — Lettres, sciences et arts. Paris. Firmin-Didot, 1880-82, 2 vol in-8, cart. brad , tr. dor.

1627. — Dictionnaire raisonné de l'architecture française du xiⁱ au xviⁱ siècle, par M. Viollet-Le-Duc. Paris, A. Morel, 1854-68, 10 vol. in-8, d -rel. et c. m. r., tr. dor. Partie des armes de Bastard, s. l. d. Niedrée.

Donné à P. de M.

1628. — Les grands architectes français de la renaissance, par Adolphe Berty. Paris, Aubry, 1860, in-16 cart. toile.

Donné à P. de M.

1629. — Les châteaux historiques de la France, par M. Gustave Eyriès, accompagné d'eaux fortes tirées à part et dans le texte et gravées par nos principaux aquafortistes sous la direction de M. Eugène Sadoux. Paris, Poitiers,

1877-79, 2 vol. in-4, d.-rel. et c. m. r., tr. dor. Armes de Mme de R. s. l p.

Donné à P. de M.

1630. — * Edouard Fournier. Paris démoli. Paris, Dentu, in-12, d.-rel. v. r.

1631. — Jules Chevrier. Châlons sur-Saône pittoresque et démoli. Paris, Quantin, 1883, in-4. Pap. de Hollande, exempl. n° 189.

Donné à P. de M.

1632. — La France au xix° siècle, illustrée dans ses monuments et ses plus beaux sites, dessinés d'après nature, par Thomas Allom, avec un texte descriptif, par Charles-Jean Delille. Fisher fils, à Londres, s. d., 3 vol. in-4, cart. brad., tr. dor.

1633. — * Plans raisonnés de toutes les espèces de jardins, par Gabriel Thouin. (Paris), imp. Lebègue, 1823. in-f°, cart.

1634. — 60 planches d'orfèvrerie de la collection de Paul Eudel. Paris, Quantin, 1884. In-4, en portefeuille. Pap. de Hol., exempl. n° 91.

Donné à P. de M.

1635. — Histoire de la crinoline au temps passé par Albert de La Fizelière. Paris, Aubry 1859, in-12, d.-rel., m. vert.

Donné à P. de M.

1636. — Livre du roy Charles. De la chasse du cerf, publié par Henri Chevreul. Paris, Aubry, 1859, in-16, d.-rel. et c. m. vert.

Donné à P. de M.

1637. — Le cuisinier Gascon. Amsterdam, 1740, in-12, v. p. Exempl. de M. A. Dinaux avec une note de sa main.

BELLES-LETTRES.

RHÉTORIQUE.

1638. — * De la manière d'enseigner et d'étudier les belles-lettres, par M. Rollin. Paris, veuve Estienne, 1732, 4 vol. in-8 v. p.

1639. — * Lycée ou cours de littérature ancienne et moderne, par J. F. La Harpe. (Œuvres diverses.) Paris, Emler, 1829, 16 vol. in-8, d.-rel. v. r.

1640. — Conversations littéraires et morales par Hippolyte Rigault. Paris, Charpentier, 1859, in-12, d.-rel. v. f.

POÉSIE.

1641. — L'Iliade et l'Odyssée d'Homère, traduites du grec, par le prince Le Brun. Paris, Lefèvre, 1836, in-8, d.-rel. v. bleu.

1642 — Œuvres complètes d'Horace. Traduction de Goupy. Paris, Firmin Didot, 1857, in-12, c. de R., dent. int., tr dor. Gruel.

1643. — Les œuvres d'Horace. Traduction nouvelle, par M. Jules Janin. 2e édit. Paris, Hachette, in-12, m. vert, armes de Mme de R. s. l. p., tr. dor.
Donné à P. de M.

1644. — * La metamorphose d'Ovide figurée. A Lyon, par Jan de Tournes, 1564. in-12, non paginé, toutes les pp. encadr. de grav. s. bois, v. m.

1645. — La divina commedia di Dante Alighieri col comento di Pietro Fraticelli. Firenze, G. Barbèra, 1879, in-16, br.

1646. — * Jérusalem délivrée, poëme du Tasse, traduit en françois par le Prince Le Brun. Paris, Lefèvre, 1836, in-8, d.-rel. v. violet.

1647. — Arioste. Roland furieux, trad. nouv. et en prose, par M. V. Philipon de La Madelaine. Edit. illustrée de 300 vignettes par MM. Tony Johannot, Baron, Français et C. Nanteuil. Paris, J. Mallet, 1844. in-8, cart. brad.

1648. — Œuvres complètes de Sheakspeare, trad. par M. Francisque Michel. Paris, Aug. Desrez, 1839-40, 3 vol. in-8, d.-rel. v. vert.

1649. — * Paradise lost. A poem the author John Milton. Glasgow, R. and A. Foulis, 1770, in-f°, v. r.

1650. — * Le Paradis perdu de Milton. Poème héroïque traduit de l'Anglois, avec les remarques de M. Addisson. Lyon, Barret, 1781, in-12, v. p.

1651. — * La boucle de cheveux enlevée. Poème héroicomique de M. Pope. Paris, 1728, in-16, v. m. Armes du duc de Beauvilliers s. l p.

1652. — Chefs d'œuvre poétiques de Thomas Moore, traduits par Mme Louise Sw. Belloc. Paris, Charles Gosselin, 1841, in-12, d.-rel. v. r.

1653. — * Œuvres de Lord Byron, traduct. de M. Amédée Pichot. Nouv. édit. 1836, 6 vol. in-8, d.-rel. v. noir.

1654. — La chemise sanglante de Henry-Le-Grand. Nouv. édit. Paris, Aubry, 1860, in-16 de 17 pp., br.

1655. — * Poésies de Malherbe et de Racan, Paris, imp. Didot jeune, 1800, in-12, br.

1656. — Théophile. Œuvres complètes. Biblioth. elzévir. 2 vol. in-16, cart. brad.

1657. — * Œuvres complètes de Boileau Despréaux. Paris, Lebigre, 1832, 3 vol. in-8, d.-rel. v. f.

1658. — * Œuvres diverses du sieur Boileau Despréaux avec le Traité du sublime. Nouv. édit. Amsterdam, H. Schelte, 1708, 2 vol. in-12, v. brun.

1659. — Œuvres complètes de La Fontaine, ornées de trente vignettes dessinées par Devéria. Paris, A. Sautelet, 1826, in 8, v. r.

1660. — * La Religion, poème par M. Racine. 8e édit., Paris, 1763, in-12, v. m.

1661. — Œuvres diverses de M. l'abbé de Chaulieu. Amsterdam. Par la Compagnie, 1750, in-12, v. m., armes de Grammont et de Choiseul s. l. p.

1662. — * Œuvres complètes de M. le C. de B*** (Bernis). Londres, 1767, in-12. 2 t. en 1 vol. v. r.

1663. — * La Guerre des dieux. Poème en dix chants, par Evariste Parny. S. l., an VII., in-16, d.-rel., v. v.

1664. — * Œuvres choisies de madame et mademoiselle Deshoulières. Genève, 1777, in-12, v. m., tr. dor.

1665. — * Œuvres de madame et de mademoiselle Deshoulières. Nouv. édit., Paris, libr. assoc., 1790, 2 vol. in-12, v. m.

1666. — Œuvres de Gilbert, précédées d'une notice historique, par Charles Nodier. Paris, Ménard et Desenne, 1826, in-12, br.

1667. — * Narcisse dans l'isle de Vénus (par Malfilâtre). Paris, chez Maradan, s. d , in-8, br.

1668. — * Joseph, poème en neuf chants par M. Bitaubé. 3ᵉ édit. Paris. Belin. 1773, in-12, br.

1669. — * Almanach des Muses. 1779. Paris, Delalain, in-12, v. m., tr. dor.

1670. — * Œuvres de M. Léonard. Paris, Prault, 1788, 2 t. en 1 vol in-12, d.-rel., v. vert.

1671. — * Profanation des tombes royales de Saint-Denis, en 1793, par Mᵐᵉ de Vannoz, née Sivry. Paris, Giguet et Michaud, 1806. in-12, br.

1672. — * Les tombeaux de Saint-Denis et l'héroïsme de la piété fraternelle. Elégies, par M. Treneuil. Paris, Dentu, 1808, in-8, br.

1673. — * La Gastronomie, poëme, par J. Berchoux. 4ᵉ édit. Paris, Giquet et Michaud, 1805, in 12, br.

1674. — * Œuvres de Delille. Paris, Furne, 1832-33, 10 vol. in-8, d.-rel. v. bleu.

1675. — * L'imagination. Poëme, par Jacques Delille. Paris, Giguet et Michaud, 2 vol. in-12, br.

1676. — Œuvres complètes de Casimir Delavigne.... seule édit. avouée par l'auteur. Paris, A. Desrez... 1836, in-8. d.-rel. v. viol.

1677. — * Chansons de P.-J. de Béranger. Paris, Baudoin frères, 1826, in-32, v. r.

1678. — Œuvres complètes de Béranger. — Dernières chansons. — Ma biographie. Paris, Perrotin, 1847-58, 4 vol. in-8, d.-rel. et c. chag. violet.

1679. — Iambes et poëmes, par Auguste Barbier. 10ᵉ édit., Paris, Dentu, 1859, in-12, d.-rel. v. vert.

1680. — * Œuvres de Victor Hugo. Paris, Furne et Cie. 1841 46. 16 vol. in-8, d.-rel. v. f. (manque le t. XIII. Le t. IX est en 2 parties.)

1681. — Jocelyn. Episode, par A. de Lamartine. Paris, Ch. Gosselin, Furne, Pagnerre, 1848. in-8, d.-rel. chag. vert.

1682. — Œuvres complètes de Alfred de Musset. Edit. dédiée aux amis du poète, ornée de 28 dessins de Bida. Paris, Charpentier, 1866. 10 vol. in-4, d. rel. et c. m. du L. tête dor.

Donné à P. de M.

1683. — * Poésies nouvelles par Alfred de Musset. Bruxelles, Tarlier, 1853. — Œuvres d'Alfred de Musset. Bruxelles, J.-B. Tarride, 1854. 2 T. en 1 vol. pet. in-12, cuir de Russie d. de soie, dent. int. tr. dor. 2 fermoirs.

1684. — Sonnets humouristiques, par Joséphin Soulary. Nouv. édit., Lyon, Scheuring, 1859, in-8, br.

1685. — François Coppée. 9 plaq. in-12. Paris, A. Lemerre, br.

Le rendez-vous. Comédie, 1872.

Le luthier de Crémone. Comédie, 1876.

Le naufragé. Poème, 1878.

La maison de Molière. Poésie. S. d.

La veillée. Poème, 1879.

L'épave. Poème, 1880.

Le trésor. Comédie, 1880.

La marchande de journaux. Conte parisien, 1880.

Fais ce que dois. Episode dramatique, 1881.

1686. — Contes en vers et poésies diverses. 2° édit. Paris. A. Lemerre, 1881, in-18, br.

1687. — L'Exilé. Poésies. Paris, A. Lemerre, 1877, in-8 carré, broch. Pap. de Hol.

Donné à P. de M.

1688. — Poesies de Jean Reboul de Nîmes. Paris, H.-L. Delloye, 1841, in-12, br.

1689. — Les saints évangiles de Jésus-Christ traduits en vers français, par Adrien Brun. Paris, J. Hetzel, 1862, in-8, br.

1690. — Poésies, par Emile Dufour, publiées par le fils de l'auteur. Cahors, imp. J.-G. Plantade, 1876, in-8, br.

1691. — Le siège de Frigolet, poème épique en trois chants par Jehan de La Tour d'Aillane. Aix, imp. Nicot, 1880, in-18, 35 pp., br.

POÉSIE DRAMATIQUE.

1692. — Don Carlos, infant d'Espagne, poëme dramatique de F. Schiller, traduit en vers français, par Adrien Brun. Paris, Amyot, 1860, in-8, br.

1693. — * Œuvres de P. Corneille avec le commentaire de Voltaire et les jugements de La Harpe. Paris, Janet et Cotelle, 1821, 12. vol. in-8, d.-rel. v. brun.

1694. — * Œuvres de Jean Racine, publiées par M. Petitot. Paris, veuve Dabo, 1823, 5 vol. in-8, v. r.

1695. — Œuvres poétiques de J. Racine. Paris, Plon, 1863, 4 vol. in-12, m. r., tr. dor.

1696. — Œuvres de Molière avec des remarques grammaticales, des avertissemens et des observations sur chaque pièce, par M. Bret. Paris, libr. assoc., 1788, 6 vol, in-8, v. r. tr. dor.

1697. — * Œuvres de Molière, avec un commentaire... par M. Petitot. Paris, J. P. Aillaud, 1823, 6 vol. in-8, v. m.

1698. — * Œuvres de Crébillon. Nouv. édit. Paris, chez les libr. associés, 1774, 3 vol. pet. in-12, v. m.

1699. — * Œuvres complètes de Crébillon. Nouv. édit. augmentée et ornée de belles gravures. Paris, libr. assoc., 1785, 3 vol. in-8, v. m.

1700. — * Théâtre de Messieurs de Montfleury, père et fils. Nouv. édit. Paris, Cie des libr., 1739, 3 vol. in-12 v. p.

1701. — * Les étourdis ou le mort supposé, comédie en trois actes en vers, par M. Andrieux. Paris, Bailly, 1788, in-8, br.

1702. — * Œuvres de Regnard. Nouv. édit., Paris, Maradan, 1790, 4 vol. in-8, v. r.

1703. — * Venceslas. Tragédie en cinq actes et en vers de Rotrou, retouchée par M. Marmontel. Nouv. édit., Avignon, Jacques Garrigau, 1791, in-8, br.

1704. — * Œuvres de Collin d'Harleville. Paris, Janet et Cotelle, 1821, 4 vol. in-8, d.-rel. v. f.

1705. — * Répertoire populaire du théâtre français. Charles IX ou La Saint-Barthélémy, tragédie en 5 actes par Chénier. — Le fanatisme ou Mahomet le Prophète, tragédie en 5 actes par Voltaire. Paris, A. Desauges, 1826, 2 broch. in-32, br.

1706. — * Régulus, tragédie en trois actes, par M. Lucien Arnault. 3e édit., Paris, Ponthieu, 1822, in-8, br.

1707. — * La famille Glinet ou les premiers temps de la Ligue, comédie en cinq actes en vers, par M. Merville. 2e édit., Paris, Barba, 1818, in-8, d.-rel. vél. vert.

1708. — * Clytemnestre. Tragédie en cinq actes, par M. Alexandre Soumet. 2e édit., Paris, Ponthieu, 1822, in-8, br.

1709. — * L'école des vieillards, comédie en cinq actes et en vers, par M. Casimir Delavigne. Paris, Ladvocat, 1823, in-12, br.

1710. — Théâtre complet d'Alexandre Dumas. Nouv. édit. Paris, Ch. Gosselin, 1843, 3 vol. in-12, d. rel. v. bleu.

1711. — Le roman. Comédie en cinq actes et en vers, par M. de La Ville de Mirmont. Paris, Barba, 1825.

La jeunesse de Henri V, comédie en trois actes et en prose, par M. Alexandre Duval. Paris, Vente, 1806.

Les Machabées ou Le Martyre, tragédie en cinq actes, par M. Alexandre Guiraud. Paris, Ambroise Tardieu, 1822.

L'aveugle par crédulité, comédie en un acte et en prose. Toulouse, 1778.

Gaston et Bayard, tragédie en cinq actes et en vers, par de Belloy. Paris, Fages, 1806.

Un jeu de la Fortune ou les Marionnettes, en cinq actes et en prose, par L. B. Picard. Paris, Martinet, 1806.

Venceslas, tragédie en cinq actes et en vers de Rotrou. Paris, Fages, 1807.

Ensemble 7 broch. en 1 vol, d.-rel. v. vert, avec le titre : *Théâtre*.

1712. — * Théâtre choisi de Lesage. Paris, Hachette, 1853, in-12, br.

1713. — Le Philosophe sans le savoir. Comédie en cinq actes et en prose, par Sedaine. Paris, Hachette, 1854, in-18, br.

1714. — Médée. Tragédie en trois actes et en vers, par Ernest Legouvé. Paris, Gustave Sandré, 1854.

La conscience. Drame en cinq actes et en six tableaux, par Alexandre Dumas. Paris, Alph. Taride, 1854.

Le demi-monde. Comédie en cinq actes en prose, par Al. Dumas fils. 2ᵉ édit., Paris, Michel Lévy, 1855.

Flaminio. Comédie en trois actes et un prologue, par George Sand.

5 vol. in-12, rel. en un, d.-rel. v. r.

1715. — Franciscus Columna. Dernière nouvelle de Charles Nodier. Paris, Techener, 1844.

Claudie. Drame en trois actes et en prose par George Sand. Paris, libr. théâtr., 1851.

Mademoiselle de La Seiglière. Comédie en quatre actes et en prose, par Jules Sandeau. Paris, Michel Lévy, 1851.

Bataille de Dames ou un duel en amour. Comédie en trois actes et en prose, par MM. Scribe et Legouvé. Paris, D. Giraud, 1851.

Lady Tartuffe. Comédie en cinq actes et en prose, par Mᵐᵉ Emile de Girardin. Paris, Michel Lévy, 1853.

Diane. Drame en cinq actes et en vers, par Emile Augier. 2ᵉ édit., Paris, Michel Lévy, 1852.

L'honneur et l'argent. Comédie en cinq actes et en vers, par F. Ponsard. Paris, Michel Lévy, 1853.

7 vol. in-12, rel. en un, d.-rel. v. noir.

1716 — François Ponsard. Le lion amoureux, comédie en cinq actes en vers. Paris, Michel Lévy, 1866, in-8, br.

1717. — François Ponsard. Galilée, drame en vers. Paris, Michel Lévy, 1867, in-8, br.

1718. — Le fils de Giboyer. Comédie en cinq actes en prose, par Emile Augier. Paris, Michel Lévy, 1863, in-8, d.-rel. chag. marron.

1719. — La Contagion, comédie en cinq actes. Paris, Michel Lévy, 1866.

Paul Forestier, comédie en 4 actes. Paris, Michel Lévy, 1868.

Les Fourchambault, comédie en 5 actes. Paris, Calmann Lévy, 1878.

3 t. in-18 en 1 vol., d.-rel., v. noir, avec le titre (*Théâtre d'Emile Augier*).

1720. — Victorien Sardou. Rabagas, comédie. Paris, Michel Lévy, 1872, in-12, br.

1721. — Victorien Sardou. — Daniel Rochat, comédie. Paris, Calmann Lévy, 1880, in-8, br.

1722. — Histoire du supplice d'une femme, réponse à M. Emile de Girardin, par Alex. Dumas, fils, 2ᵉ édit. Paris, Michel Lévy, 1865.

Le supplice d'une femme, drame en trois actes avec une préface par Emile de Girardin, 2ᵉ édit. Paris, Michel Lévy, 1865. In-18, 2 t. en 1 vol., d.-rel., v. r.

1723. — Emile de Girardin. Le supplice d'une femme, drame en trois actes. Tiré à cent exemplaires. Paris, Michel Lévy, 1865, in-8, br.

1724. — Edouard Fournier. Gutemberg, drame en cinq actes en vers. Paris, Dentu, 1869, in-8, br.

1725. — Théâtre de François Coppée (1869-1872). Paris, A. Lemerre, 1872, in-12, d.-rel. et c. m. d. L. J. Canape.

1726. — Poésies de François Coppée (1864-1869). Paris, A. Lemerre, 1872, in-12, d. r. et c. m. d. L. J. Canape.

1727. — François Coppée et A. d'Artois. — La guerre de cent ans, drame en cinq actes. Paris, A. Lemerre, 1878, in-18, br.

1728. — François Coppée. — Madame de Maintenon. — Severo Torelli. — Les Jacobites (drames). Paris, A. Lemerre, 1881-85, 3 vol., in-18, br.

1729. — Le monde où l'on s'ennuie comédie en trois actes, par Edouard Pailleron. Paris, Calmann Lévy, 1881, in-8, br.

FICTIONS EN PROSE.

1730. — * Le don Quichotte, traduit de l'espagnol, par H. Bouchon Dubournial. Paris, Méquignon-Marvis, 1822, 4 vol., in-8, d.-rel. v. r.

1731. — L'ingénieux Hidalgo, don Quichotte de La Manche, par Miguel de Cervantès Saavedra, traduction de Louis Viardot avec les dessins de Gustave Doré, gravés par H. Pisan. Paris, Hachette, 1863, 2 vol. in-f°, cart. brad.

1732. — * L'Heptaméron des nouvelles de Marg. d'Angoulême, nouv. édit, par P. L. Jacob. Paris, Ad. Delahays, 1858, in-12, cart. brad.

1733. — * Les œuvres de M. François Rabelais. Amsterdam, Adrien Moetjans, 1659, 2 vol. in-12, v. brun.

1734. — Aventures du baron de Fœneste, par d'Aubigné. Biblioth. elzévir, in-16, cart. brad.

1735. — * La princesse de Clèves. — Zayde, histoire espagnole, par Mme de La Fayette. Paris, Werdet, 1826, in-32, 4 vol. d. rel. v. vert.

1736. — * Sentimens de Cléante sur *Les entretiens d'Ariste et d'Eugénie*. Paris, Pierre Le Monnier, 1671, in-12, v. brun.

1737. — Le Temple de Gnide. Paris, Simart, 1725. In-12. Edit. orig. v. f. Signat et *ex-libris* de La Mennais. Note autog. d'Arthur Dinaux sur l'origine probable de cette signature qui fut appliquée par spéculation à toute une bibliothèque.

1738. — Denis Diderot. — Le neveu de Rameau. Texte revu par Isambert. Paris, Quantin, 1883, in-8, br.

1739. — Le Bélier. Conte, par le C. Antoine Hamilton. S. l., 1749, m. v., tr. dor. Armes de Charlotte-Anne-Françoise, duchesse de Montmorency-Luxembourg s. l. p.

1740. — * Histoire de Manon Lescaut et du chevalier des Grieux, par Prévost. Paris, Werdet et Lequien fils, 1827, in-8, d.-rel. v. f.

1741. — * Mémoires de Mademoiselle de Sternheim, publiés par M. Wieland. La Haye, 1774. 2 t. in-12 en 1 vol. v. m.

1742. — Histoire de Gil Blas de Santillane, par Le Sage. Vignettes par Jean Gigoux. Paris, Paulin, 1836, in-8, d.-rel. v. bleu.

1743. — Recueil amusant de voyages en vers et en prose fait par différents auteurs (Chapelle et Bachaumont.) Paris, Nyon, 1783, 6 vol. in-12, v. m.

1744. — Sterne. Voyage sentimental. — Vie et opinions de Tristram Shandy. Paris, Charpentier, 1841, 1848, 3 vol. in-12, d.-rel. v. r.

1 745. — Werther, par Gœthe. Traduct. nouv., par M. P. Leroux. Paris, Charpentier, 1839, in-12, d.-rel. v. r.

1746. — * Les souffrances du jeune Werther, par Gœthe, traduites par le comte Henri de La B... Paris, Crapelet, 1845, in-8, d.-rel. v. r.

1747. — Les affinités électives. Roman de Gœthe, trad. de l'Allemand. Paris, L'Huillier, 1810, 3 vol. in-16, d.-rel. v. vert.

1748 — * Œuvres de M. le chevalier de Bert *** Nouv. édit., Lourdes, 1785, petit in-12. v. m.

1749. — Œuvres complètes du comte Xavier de Maistre. Paris, Garnier frères, s. d., in-18, d.-r. v. f.

1750. — * Tom Jones ou l'enfant trouvé, imitation de Fielding, par de La Place. Paris, Parmantier, 1824, 4 vol. in-12, d. rel. v. v.

1751. — Voyages de Gulliver dans des contrées lointaines, par Swift, édit. illustrée par Grandville. Paris, Fournier, 1838, 2 vol. in-8, d.-rel. v. vert.

1752. — * Œuvres de Walter Scott, traduction de Fauconpret. 20ᵉ édit. Paris, Furne-Pagnerre-Perrotin, 1848-51, 25 vol. d.-rel. chag. viol.

1753. — * Lettres de Ninon de Lenclos au marquis de Sévigné. Paris, Capelle et Renaud, 1806, petit in-12, 3 volumes v. r.

1754. — * Le Prisme. Encyclopédie morale du dix-neuvième siècle, illustré par Daumier, etc. Paris, L. Curmer, 1841, petit in-f°, cart.

1755. — Jérôme Paturot à la recherche d'une position sociale, par Louis Reybaud. Edit. illustrée par J.-J. Grandville. Paris, J.-J. Dubochet etc. 1846, in-8, cart. brad. tr. d.

1756. — * Scènes de la vie privée et publique des animaux. Vignettes par Grandville. Paris, J. Hetzel, 1842, 2 vol. d.-rel. chag. violet.

1757. — * Souvenirs de la Belgique, cent jours d'infortunes ou le procès mémorable par Mlle M. A. Le Normand. Paris, 1822, in-8, br.

1758. — Paul et Virginie, suivi de la Chaumière indienne, par Bernardin de Saint-Pierre. Paris, Furne, 1855, in-8, cart. Bradel, tr. d.

1759. — Rachel, par Mme la Comtesse ***. Paris, Moutardier, 1828, in-12, d. rel. v. f.

1760. — Adolphe, par Benjamin Constant. Paris, Charpentier, 1839, in-12, d. rel. v. r.

1761. — Alfred de Vigny. Stello. — Servitude et grandeur militaire. — Cinq-Mars. Paris, Charpentier, 1841-42. 3 vol. in-12, d.-rel. v. vert.

1762. — * Notre-Dame de Paris, par Victor Hugo. Paris, Eug. Renduel, 1836, in-8, v. f. avec ornements gothiques.

1763. — Petites misères de la vie humaine, par Old Nick et Grandville. Paris, H. Fournier, 1843, in-8, d.-rel. et c. chag. violet.

1764. — Voyage où il vous plaira, par Tony Johannot. Alfred de Musset et P.-J. Stahl. Paris, J. Hetzel, 1843. Petit in-4, d.-rel. v. vert.

1765. — Assemblée nationale comique, par Auguste Lireux, illustré par Cham. Paris, Michel Lévy, 1850, in-8, cart.

1766. — Premiers voyages en zigzag. — Nouveaux voyages en zigzag, par R. Töpffer. Paris, Garnier, 1858-59, 2 vol. in-8, d.-rel. v. f.

1767. — Les fiancés par Alex. Manzoni, trad. par Rey Dusseuil. Paris, Charpentier, 1840. in-12, d.-rel. v. vert.

1768. — Mes prisons Des devoirs des hommes par Silvio Pellico. Traduction nouv. acc. du texte par Mmes Woillez et d'Hollosy. Paris, Lefèvre, 1837, in-8, d.-rel. v. vert.

1769. — Valérie, par Mme de Krüdner. Paris, Charpentier, 1840, in-18, d -r. v. rouge.

1770. — Le vicaire de Wakefield, par Olivier Goldsmith. Paris, Charpentier, 1839, in 18, d.-r. v. rouge.

1771. — * Contes fantastiques de Hoffmann, trad. nouvelle par P. Christian. Paris, Lavigne, 1843, in-8, d.-rel. chag, violet, tr. d.

1772. — * Pelham ou aventures d'un gentleman. Paris, Fournier, 1839, 2 vol. in-8, d.-rel. v. violet.

1773. — Le fiord. Scènes de la vie norwégienne, par Miss Martineau. Paris, in-12, br.

1774. — Tableaux de la vie privée, par Mlle Frédérika Bresner, traduit du suédois par Mlle du Puget. 2e édit. Paris, libr. de l'Association pour la propag. et la public. des bons livres. S. d. 9 vol. in 16, d.-rel. v. vert.

1775. — * Le rouge et le noir. Chronique du xixe siècle par Stendhal (Henri Beyle). Paris, Hetzel, 1846, in-12, d.-rel. v. f.

1776. — * Mademoiselle de Maupin, par Théophile Gautier. Paris, Charpentier, in-18. d.-rel. v. f.

1777. — Anette Gervais. Scènes de famille par M. Tourte-Cherbuliez. Genève, Paris, 1835, in 12, br.

1778 — * Eugène Süe. Latréaumont. — Le Morne-au-Diable. Paris, Paulin, 1846, 4 t. in-12 en 2 vol. d.-rel. v. vert.

1779. — Les trois mousquetaires, par M. Alexandre Dumas. Paris, J.-B. Fellens et L.-P. Dufour, 1846, 2 vol. in-8, d. rel. v. violet.

1780. — Le vicomte de Bragelonne, par M. Alexandre Dumas. Paris, Dufour et Mulat, 1851, 2 vol. in-8, d. rel. chag. violet.

1781. — Le Robinson suisse... par Mme la baronne Isabelle de Montolieu. Paris, Arthus Bertrand, 1833, 5 vol. in-12, d. rel. v. vert.

1782. — Currer Bell. — Jeanne Eyre ou les mémoires d'une institutrice, trad. par Mme Lesbazeilles-Souvestre. Paris, D. Giraud, 1847, in-12, 2 t. en 1 vol. d -rel. v. vert.

1783. — Eugène Aram. roman par Edouard Litton Bulwer. Paris, Ch. Gosselin, 1842, in-12, d.-rel. v. marron.

1784. — * La case de l'oncle Tom, par Mme H. Beecher Stowe. Paris, Charpentier, in-18, 1853, d.-rel. v. f.

1785. — Ida May ou encore une triste face de l'esclavage aux Etats Unis, par Mary Langdon. Paris, Ch. Leidecker, 1855, in-12, d.-rel. v. vert.

1786. — L'allumeur de réverbères. Ouvrage américain, Paris, Ch. Meyrueis, 1854, in-12, 2 t. en 1 vol., d.-rel. v. bleu.

1787. — Le monde, le vaste monde, par Elisabeth Wetherell. Paris, 1853, 2 vol. in-18, d.-rel. v. violet.

1788. — Nouvelles et chroniques par M. Alexis de Valon. Paris, Dentu, 1851, in-12, d.-rel. v. violet.

1789. — Sentiments intimes. — Emmerik de Mauroger, par l'auteur de Marguerite Aymon et des Trois soufflets. Paris, Victor Masson, 1837, 2 vol. pet. in-8. d.-rel. v. vert.

1790. — Marguerite ou deux amours, par Mme Emile de Girardin. Paris, Michel Lévy, 1853, in-12, d.-rel. v. vert.

1791. — * Poésies et nouvelles, par Mme d'Arbouville. Paris, Amyot, 1855, 3 vol. in-8, d.-rel. chag. violet.

1792. — * Colomba suivi de La mosaïque, par Prosper Mérimée. Paris, Charpentier, 1842, in-18, d.-rel. v. vert.

1793. — Prosper Mérimée. Mateo Falcone. Paris, Charpentier, 1876, in-8 carré, pap. de Hol
Donné à P. de M.

1794. — Œuvres complètes de H. de Balzac. Edit. définitive. Paris, Michel Lévy, 1869-76, 24 vol. in-8, d.-rel. et c. chag. vert, tr. dor.

1795. — Maximes et pensées de H. de Balzac. Paris, Michel Lévy, 1856, in-16, m. brun d. d. m b. dent. int. Donné à P. de M. tr. dor. armes de Mme de R. s. l. p. Petit.

1796. — Affaire Clémenceau, 4ᵉ édit.

Denise. Pièce en quatre actes. Paris, Calmann Lévy, 1885.

La princesse de Bagdad. Pièce en 3 actes, par Alexandre Dumas, fils.

3 t. in-18 en 1 vol. d.-rel. v. r.

1797. — George Sand. La comtesse de Rudolstadt. Paris, Hetzel, 1857, 2 vol.

Consuelo, Lévy, Hetzel, 1856, 3 vol.

La dernière Aldini. Paris, Michel Lévy. 1857.

Mauprat. Hetzel, Lévy, 1856.

La Filleule. Librairie nouvelle, 1857

Indiana. Michel Lévy. 1857.

Valentine. Lévy, Hetzel, 1857.

Jeanne. Hetzel, Lévy, 1856.

La Daniella. Lib. nouv. 1857, 2 vol.

Ensemble 13 vol. in-12, d.-rel. chag. bleu.

1798. — George Sand. Mont-Revêche. Paris, lib. nouv. 1855, in-12, d -rel. v. bleu.

1799. — XIXᵉ siècle. Les œuvres et les hommes par J. Barbey d'Aurevilly. Paris, Amyot, 1861-65, 4 vol. in-12, br.

1800. — XIXᵉ siècle. Les œuvres et les hommes, par J. Barbey d'Haurevilly. Paris, L. Frinzine, 1885, in-8, br.

1801. — XIXᵉ siècle. Les œuvres et les hommes, par J. Barbey d'Aurevilly. Sensations d'Art. Paris, L. Frinzine, 1886, in-8, br.

1802. — Ce qui ne meurt pas, par J. Barbey d'Aurevilly. 3ᵉ édit. Paris, Lemerre, 1884, in-18, br.

1803. — * Madame Bovary. Mœurs de Province, par Gustave Flaubert. Paris, Michel Lévy, 1857, in-18, d.-rel. chag. vert.

1804. — L'œuvre privilégiée d'un mourant. — Une petite fille de Henri IV, roman historique, par Antony de Menou. Paris, 1865, in-8, br.

1805. — Gustave Droz. Les Etangs. Paris, Hetzel, 5ᵉ édit. s. d., in-8, br.

1806. — Les quatre saisons. Etudes d'après nature, par Ernest **Feydeau**. Paris, Didier, 1858, in-8, br.

1807. — La religieuse de Toulouse, par M. Jules Janin. Paris, Michel Lévy, 1850, 2 vol. d.-rel. v. rouge.

1808. — Les amours du chevalier de Fosseuse, par Jules Janin. Paris, Miard, 1867, in-12, br.

1809. — Une passion dans le grand monde, par Eléonore-Adèle d'Osmond, comtesse de Boigne. Paris, Michel Lévy, 1867, 2 vol. in-18, br.

1810. — Lettre d'Espagne, par la comtesse J. de Robersart. Paris, Watelier, 1879, in-8, br.

1811. — Gustave Droz. Un paquet de lettres, 6ᵉ édit. Paris, Hetzel, s. d., in-12, br.

1812. — * La duchesse de Mazarin, par Alexandre de Lavergne. Paris, Paulin, 1846, in-12, 2 t. en 1 vol. d.-rel. v. vert.

1813. — * Rome souterraine, par Charles Didier, nouv. édit. Paris, Paulin, 1848, in-12, d.-rel. v. vert.

1814. — Mᵐᵉ Charles Reybaud. Le moine de Chaalis. — Deux à Deux. — Clémentine. — Valdepeiras. Paris, Hachette, 1859-64, 4 vol. in-12, d.-rel. v. f.

1815. — Mademoiselle de La Seiglière, par Jules Sandeau. Paris, Charpentier, 1850, in-12, d.-rel. v. vert.

1816. — * Jules Sandeau. — Le docteur Herbeau. — Marianna. — Madame Sommerville. Paris, Paulin, 1846, 5 t. en 3 vol. d.-rel. v. vert.

1817. — François Coppée. Vingt contes nouveaux. Paris, A. Lemerre, 1883, in-18, br.

1818. — Le berger, par Jules de Glouvet. Paris, Calmann Lévy, 1882, in-12, br.

1819. — Histoire du vieux temps, par Jules de Glouvet. Paris, Calmann Lévy, 1882, in-18, br.

1820. — Jules de Glouvet. Croquis de femmes. 3ᵉ édit. Paris, Victor-Havard, 1886, in-18, br.

1821. — * Edmond About. La Grèce contemporaine. — Les mariages de Paris. — Germaine. — Le roi des montagnes. Paris, Hachette, 1855-57, 4 vol. in-12, d.-rel. v. f.

1822. — Thackeray. Henry Esmond. — Mémoires de Barry Lyndon. Edit. de Lahure, s. d., Hachette, 2 vol. in-12, d.-rel. v. r.

1823. — Mᵐᵉ Louise Collet — Lui. Roman contemporain. Paris, libr nouv., 1860. in-12. d.-rel. v. f.

1824. — Jules Claretie. Un enlèvement au xviiiᵉ siècle. Paris, Dentu, 1882. in-8, br.

1825. — Le combat de la vie, par Henri Rivière. Paris. Calmann Lévy, 1884, in-4, d.-rel. vél.

PHILOLOGIE. — CRITIQUE LITTÉRAIRE. — ANA, ETC.

1826. — * Abrégé des causes célèbres et intéressantes, par P. F. Besdel. Lyon, Aimé de La Roche, 1784, 3 vol. in-12, v. m.

1827. — * Mémoires d'Hyppolite Clairon, et réflexions sur l'art dramatique, publiés par elle-même. Paris, F. Buisson, an VII, in-8, d.-rel. v. f.

1828. — Lettres de la marquise du Deffand à Horace Walpole. Paris, 1812, 4 vol., in-8, d.-rel. v. f. Init. M. R. cour.

1829. — * Réponse aux attaques dirigées contre M. de Châteaubriand, par M. Damaze de Raymond. Paris, imp. de Mame, 1812, in-8, d.-rel. v. vert.

1830. — * Réponse aux attaques dirigées contre M. de Châteaubriand, par M. Damaze de Raymond. Paris. Le Normant, 1812, in-8, d.-rel. v vert.

1831. — Cours de littérature dramatique, par M. Saint-Marc Girardin. Paris, Charpentier, 1852-55, 3 vol. in-12, d.-rel. v. violet.

1832. — Sainte-Beuve. — Causeries du lundi, t. III à XV. Paris, Garnier frères s. d. — Portraits de femmes. Paris,

Garnier frères, 1876. — Portraits littéraires. Paris, Garnier frères, t. I, 1876, t, II, 1862, t. III, 1864, nouv. édit. — Table (des ouvrages ci-dessus). Paris, Garnier frères, s. d. Ensemble 18 vol. in-18, d.-rel. v. f.

Nouveaux lundis. 4e édit. Paris, Michel Lévy, 1870-75, 13 vol. in-18, d.-rel. v. f

Châteaubriand et son groupe littéraire sous l'Empire. Paris, Garnier frères, 1861, 2 vol. in 18, d.-rel. v. f.

Portraits contemporains. Paris, Calmann Lévy, 1871-76, 5 vol. in-18, d -rel. v. f.

Tableau historique et critique de la poésie française et du théâtre français au xvie siècle. Paris, Charpentier, 1869, in-12, d.-rel. v. f.

Poésies complètes. Paris, Charpentier, 1869, in-12, d.-rel. v. f.

Volupté. 3e édit. Paris, Charpentier, 1845, in-12, d.-rel. v. f.

Souvenirs et indiscrétions. 2e édit. Paris, Michel Lévy, 1872, in-18, d.-rel. v. f.

(Les 42 vol. ci-dessus avec reliure uniforme, v. f. étiq. rouges et vertes).

1833. — Correspondance (1822-1869), t. I. Paris, Calmann Lévy, 1877, in-18, br.

1834. — Port-Royal, par C -A. Sainte-Beuve. 2e édition. Paris, Hachette, 1860, 5 vol. in-8, m. du Lev., dent. int., tr. dor., armes de Mme de R sur l. p. Petit.

Donné à P. de M.

1835. — Matinées littéraires. Etudes sur les littératures modernes par Edouard Mennechet. Paris, 1846, 4 vol. in-8, d.-rel. v. bleu.

1836. — * Histoire de la vie et des ouvrages de J. de La Fontaine. par C. A. Walckenaer. Paris, A. Nepveu, 1824, in-8, d.-rel. chag. marron.

1837. — Archéologie moliéresque. Le jeu de paume des Mestayers par Auguste Vitu. Paris, A. Lemerre, 1883, in 12, br.

1838. — Les médecins du temps de Molière, par Maurice Raynaud. Paris, Didier, 1866, in-12, d.-rel. v. r.

1839. — Le roi Voltaire, par Arsène Houssaye. Paris, Michel Lévy, 1858, in-8, d.-rel. v. violet.

1840. — Iconographie voltairienne, par Gustave Desnoiresterres. Paris, Didier, 1879, in-4, cart.

1841. — Correspondance inédite du chevalier Daydie. Paris, Firmin-Didot, 1874, in-18, br.

1842. — * Les jeudis de Madame Charbonneau, par Armand de Pontmartin. 2ᵉ édit. Paris, Michel Lévy, 1862. in-12, d.-rel. v. r.

1843. — A. de Pontmartin. Mes mémoires. Enfance et jeunesse. Paris, Calmann Lévy, 1885, in-18, br.

1844. — Armand de Pontmartin. Souvenirs d'un vieux critique. Paris, Calmann Lévy, 1881-84, 5 vol. in-18, br.

1845. — Histoire amoureuse des Gaules, par Bussy Rabutin. Biblioth. elzévir. 4 vol. in-16, cart. brad.

1846. — * Encyclopédiana. Recueil d'anecdotes anciennes, modernes et contemporaines .. Paris, Paulin, 1843, in-8, d.-rel. v. bleu.

1847. — * Voltairiana. — Diderotiana. — Rousseana, par Cousin d'Avalon. Paris, 1809, 1810, 3 vol. in-12, br.

POLYGRAPHES.

1848. — * Œuvres de Montesquieu. Nouv. édit. Paris, E. A. Lequien, 1819, 10 vol. in-8, d.-rel. v. vert.

1849. — * Œuvres de Voltaire avec préfaces, avertissements, notes, etc., par M. Beuchot. Paris, Lefèvre, 1834-40, 72 vol. d.-rel. v. f.

1850. — Œuvres complètes de Beaumarchais. Paris, Firmin Didot, 1861, in-8, d.-rel v. f.

1851. — Œuvres complètes de J.-J. Rousseau avec des éclaircissements et des notes historiques, par P. R. Anguis. Paris, Dalibon, 1825, 27 vol. in-8, d.-rel. v. f.

1852. — * Œuvres de Fontenelle, précédées d'une notice sur sa vie et ses ouvrages. Paris, Salmon, 1825, 5 vol. in-8, d.-rel. v. bleu.

1853. — Œuvres complètes de M. le vicomte de Châteaubriand. Paris, Firmin Didot, 1839, 5 vol. in-8, d.-rel. v. r.

1854. — Mme de Stael. Corinne. — Delphine. — De l'Allemagne. Paris, Charpentier, 1839-44, 3 vol. in-12, d.-rel. v. violet.

1855. — Charles Nodier. Romans. — Contes. — Nouvelles. — Souvenirs de la Révolution. Paris, Charpentier, 1840-41, 4 vol. in-12, d.-rel. v. vert.

1856. — J. Michelet. L'Oiseau. — L'Amour. — La Femme. — La Mer. Paris Hachette, 1856-61, 4 vol. in-18, d.-rel. v. f.

1857. — Pr. Mérimée. — Chronique du règne de Charles IX. — Les Cosaques d'autrefois. — Les deux héritages. — Nouvelles. — Mélanges historiques et littéraires. — Episode de l'Histoire de Russie. Les faux Démétrius. — Histoire de don Pèdre 1er, roi de Castille. — Dernières nouvelles. — Portraits historiques et littéraires. — Etudes sur l'histoire romaine. — Colomba suivi de La Mosaïque. — Théâtre de Clara Gazul. - Ens. 12 vol. in-12, Charpentier et Michel Lévy, 1854-74, d.-rel. et c. m. r. Petit.

Donné à P. de M.

1858. — Edouard Fournier. — L'esprit des autres. Paris. Dentu, 1861, in-12.

Corneille à la butte Saint-Roch, 1862, in-8.

Histoire du Pont-Neuf, 1862, 2 vol. in-12.

Chroniques et légendes des rues de Paris, 1864, in-12.

La Comédie de La Bruyère, 1866, 2 vol. in-12.

L'esprit dans l'Histoire, 1867, in-12.

La Valise de Molière, 1868, in-12.

Ensemble 9 vol. Paris, Dentu, rel. v. f. fil., armes de Mme de R. s. l. p. Petit, succ^r de Simier.

Donné à P. de M.

1859. — Edouard Fournier. — Le Vieux-Neuf. Paris, Dentu, 1859, 2 vol. in-12.

Enigmes des rues de Paris, 1860.

L'esprit dans l'Histoire. 2e édit., 1860.

Le roman de Molière. 1863.

Ensemble 5 vol. in-12, Paris, Dentu, d.-rel. v. r.

1860. — Edouard Fournier.—Les Prussiens chez nous.—Le Vieux-Neuf, 3 vol.

Paris-Capitale. Ensemble 5 vol. Dentu, 1871-81, in-18 br.

1861. — Etudes sur la vie et les œuvres de Molière. Paris, Laplace, 1885, in-18, br.

HISTOIRE.

PROLÉGOMÈNES. — HISTOIRE UNIVERSELLE. — HISTOIRE ANCIENNE.

1862. — * Dictionnaire historique portatif, par M. l'abbé Ladvocat. Paris, Didot, 1755, 2 vol. pet. in-8, v. m.

1863. — Atlas manuel de géographie moderne contenant 54 cartes imprimées en couleur. Paris, Hachette, 1883, in-f°, m. brun, dent. int., armes de Mme de R. sur les plats.
Donné à P. de M.

1864. — * Observations faites dans les Pyrénées, pour servir de suite à des observations sur les Alpes, insérées dans une traduction des lettres de W. Coxe sur la Suisse. Paris, Belin, 1789, in-8, d.-rel. v f.

1865. — Souvenirs de voyage. — Une visite à quelques champs de bataille de la vallée du Rhin. Paris, Dentu, 1869, in-12, d.-rel. m. du Lev.

1866. — * Voyage dans les Etats-Unis d'Amérique fait en 1795, 1796 et 1797 par La Rochefoucauld-Liancourt. Paris, an VII, 8 vol, in-8, d.-rel., v. p.

1867 — * Voyage en Italie pendant l'année 1789, par Arthur Young, traduit de l'Anglais par François Soulès. Paris J.-J. Fuchs, an V, in-8, d.-rel. v. f.

1868. — * Voyage dans le Levant en 1817 et 1818, par M. le comte de Forbin. Paris, imp. roy., 1819, in-8, br.

1869. — L'Empire chinois, illustré d'après des dessins pris sur les lieux par Thomas Allom, avec les descriptions... par Clément Pelle. Fisher fils, Londres, s. d, 4 vol. in-4, cart. brad.

1870. —* Voyage à la Guiane et à Cayenne, fait en 1789. . par L. . M... B..., armateur. Paris, an VI, in-8, br.

1871. — * Journal d'un voyage à Temboctou et à Jenné, par René Caillié. Paris, imp. roy.,1830, 3 vol. in-8, d.-rel. v. violet, et atlas in-f⁰, br.

1872. — * Discours sur l'histoire universelle, par messire Jacques-Bénigne Bossuet. Paris, v* David, 1765, in-12. v. m.

1873. — * Les ruines ou méditation sur les révolutions des Empires, par C.-F. Volney. Paris, Baudouin, 1820, in-12, d.-rel. v. f.

1874. — * Abrégé de l'histoire ecclésiastique contenant les évènements considérables de chaque siècle avec des réflexions. Cologne, aux. dép. de la Cie, 1752-54, 13 vol. in-12, v. m.

1875. — * Voyage du Jeune Anacharsis en Grèce. Paris, de Bure, 1788, 4 vol. in-4, v. p. et atlas.

HISTOIRE MODERNE.

1876. — Augustin Thierry. Œuvres complètes. Paris, Furne, 1846, 8 vol. in-12, d.-rel. v. vert.

1877. — Guizot. — Histoire de la civilisation en France. Paris, Didier, 1857, 4 vol.

Histoire de la Révolution d'Angleterre depuis l'avènement de Charles Ier. Paris, Masson, 1850-54, 4 vol.

Etudes biographiques sur la Révolution d'Angleterre. Paris, Didier, 1851.

Histoire du Protectorat de Richard Cromwel. Paris, Didier, 1856.

Monk. Chute de la République et rétablissement de la Monarchie en Angleterre en 1660. Paris, Didier, 1851.

Histoire de la Civilisation en Europe. Paris, Didier, 1856.

Shakspeare et son temps. Paris, Didier, 1852.

Abailard et Héloïse, essai historique, par M. et Mme Guizot. Paris, Didier, 1853.

Ensemble 15 vol in-8, d.-rel. v. rouge.

HISTOIRE DE FRANCE.

1878. — * Œuvres complètes de Duclos, historiographe de France. Paris, Delaunay, s. d., 10 vol. in-8, v. m.

1879. — * Histoire de France, par le Père G. Daniel. Nouv. édit. Paris, 1755-1757, 17 vol. in-4, v. m.

1880. — * Histoire des Français, par J.-C.-L. Simonde de Sismondi. Paris, Trenttel et Würtz, 1821-44, 31 vol in-8, d.-rel. v. b.

1881. * Abrégé chronologique de l'histoire de France, par le sieur de Mézeray. Amsterdam, David Mortier, 1755, 14 vol. in-12, v. m.

1882. — Histoire de France, par J. Michelet. Nouv. édit. Paris, Chamerot, 1861-67, 17 vol. in-8, d.-rel. v. f.

1883. — Précis de l'histoire moderne, par M. Michelet. Paris, Hachette, 1840, in-8, br.

1884. — Histoire des Français depuis le temps des Gaulois jusques en 1848, par Théophile Lavallée. 15e édit., Paris, Charpentier, 1861-64, 6 vol. in-8, d.-rel. v. f.

1885. — Les Cours galantes, par Gustave Desnoiresterres. Paris, Dentu, 1864-65, 4 vol. in-18, m. r. dent. int.; tr. dor. Armes de Mme de R. s. l. p. Petit.

Donné à P. de M.

1886. — Trois drames historiques. — Enguerrand de Marigny. — Semblancay. — Le chevalier de Rohan. Paris, Didier, 1857, in-8, d.-rel. v. vert.

1887. — Histoire des paysans depuis la fin du moyen-âge jusqu'à nos jours, par Eugène Bonnemère Paris, Chamerot, 1856, 2 vol. in-8, d.-rel. v. vert.

1888. — Mémoires pour servir à l'histoire de France et de Bourgogne, contenant un journal de Paris sous les règnes de Charles VI et de Charles VII. Paris, Gandouin, 1729, in-4, m. v. dent. int. f. comp. et armes de Bastard. s. l. p , tr. dor.

Donné à P. de M.

1889. — * Histoire de France pendant les guerres de religion, par Charles Lacretelle. Paris, Marescq, 1844, 8 vol. in-8, d.-rel. v. violet.

1890. — Une famille rurale au dix-septième siècle, d'après un document inédit, par Charles de Ribbe. Paris, lib. de la Soc. bibliogr., in-18, 64 pp , br.

1891. — * Histoire de France pendant le xviii* siècle, par Charles Lacretelle. Paris, Delaunay, 1812, 6 vol. in-8, d.-rel. v. brun.

1892. — Histoire des Princes de Condé pendant les xvi* et xvii* siècles, par M. le duc d'Aumale. Paris, Michel et Calmann Lévy, 1863-86, 4 vol. in-4, d.-rel. m. du Lev. Initiales M. R. et couronne de comte s. le dos.

1893. — Abrégé de l'histoire universelle de J. A. de Thou, par M. Rémond de Sainte-Albine. La Haye, 1759, 10 vol. in-12, v. m.

1894. — Bibliothèque des mémoires relatifs à l'histoire de France pendant le 18e siècle, par M. Fr. Barrière : T. III. Mémoires de Madame du Hausset et extrait des Mémoires de Bachaumont. — T. VII. Mémoires de Weber. — T. IX. Mémoires de Cléry. Paris, Firmin Didot, 1846 47, 3 vol. in-18, d.-rel., v. violet.

1895. — Les Parlements de France. Essai historique sur leurs usages, leur organisation et leur autorité, par le vicomte de Bastard-d'Estang. Paris, Didier, 1858, 2 vol. in-8, m. r., dent. int., armes des Bastard s. l. p. Belz-Niedrée. Donné à P. de M.

1896. — Histoire de cent ans, de 1750 à 1850, par César Cantu, trad. de l'italien, par Amédée Rénée. Paris, Firmin Didot, 1852, 4 vol. in-12, d.-r. v. bleu.

1897. — Imbert de Saint-Amand. — Les femmes de la Cour des derniers Valois. Paris, Amyot, s. d. (2e édit.)
Portrait de grandes Dames. Paris, Plon, 1875, 2 vol.
Les femmes de Versailles : La Cour de Louis XIV. — Les femmes de la Cour de Louis XV. — Les beaux jours de Marie-Antoinette. — La fin de l'ancien régime. — Le Château. — Marie-Antoinette aux Tuileries. — La dernière année de Marie-Antoinette. — Marie-Antoinette et l'agonie de la royauté. — La jeunesse de l'impératrice Joséphine. — La citoyenne Bonaparte. — La femme du premier consul. — Les dernières années de l'impératrice Joséphine. — Les

beaux jours de l'impératrice Marie-Louise. — Marie-Louise et l'invasion de 1814. — Marie-Louise, l'île d'Elbe et les Cent jours. — Marie-Louise et la décadence de l'empire, 17 vol. in-18, Dentu, 1876-85, br.

1898. — Commentaires de César sur la guerre des Gaules avec la trad. fr. de la collection Panckoucke, par M. Artaud Paris, Garnier, 1860, in-18, d.-rel. v. f.

Moyen-âge.

1899. — Histoire des Francs. Grégoire de Tours et Frédégaire. Traduction de M. Guizot. Nouv. édit., par Alfred Jacobs. Paris, Didier, 1861, 2 vol. in-8, br.

1900. — Histoire des Croisades, par Michaud. 6me édit. Paris, Furne, 1841, 6 vol. in-8, d.-rel. v. rouge.

1901. — Chroniques de J. Froissart, publiées pour la Société de l'histoire de France, par Siméon Luce. Paris, Renouard, 1869-78, 7 vol. in-8, br.

1902. — Collection de chroniques ..., par M. Jean Yanoski. — Froissart. Paris, Firmin Didot, 1846, in-12, d.-rel. v. violet.

1903. — Azincourt, par René de Belleval. Paris, J.-B. Dumoulin, 1865, in-8, m. r. dent. int., tr. dor. Armes de Bastard, s. l. p. Niedrée.

Donné à P. de M.

1904. — Nouvelles recherches sur la famille de Jeanne d'Arc, par E. de Bouteiller et G. de Braux. Paris, Claudin, 1879, in-8, 40 pp. br. Pap. de Hol.

Donné à P. de M.

1905. — Mémoires de Philippe de Commynes. Nouv. éd., par R. Chantelauze. Paris, Firmin-Didot, 1881, in-8, d.-rel. et c. m. r.

1906. — Jacques-Cœur et Charles VII, par Pierre Clément. Paris, Didier, 1866, in-12, d.-rel. chag. vert.

XVIe siècle.

1907. — * Histoire de François Ier roi de France, par M. Gaillard. Paris, Saillant, 1769, 8 vol. in-12, v. m.

1908. — Marguerite d'Angoulême (sœur de François I*) son livre de dépenses (1540-1549) par le comte H. de La Ferrière-Percy. Paris, Aubry, 1862, in-16, rel. vél. faite pour Mme de R.

Donné à P. de M.

1909. — Histoire des ducs de Guise par René de Bouillé. Paris, Amyot, 1849-50, 4 vol. in-8, d.-rel. m. r.

1910. — Œuvres complètes de Pierre de Bourdeille, seigneur de Brantôme, publiées par Ludovic Lalanne. Paris, V° Jules Renouard, 1864-82, 11 vol. in-8, d.-rel. v. f.

1911. — * Les dames galantes par le seigneur de Brantôme. Paris, Abel Ledoux, 1834, 2 vol. in-8, d. rel. v. r.

1912. — Commentaires de messire Blaise de Monluc, mareschal de France. Bourdeaus, S. Millanges, 1592, in-12, m. r. dent. int. armes de Mornay s. l. p., tr. dor. Ardy.

1913. — Commentaires de messire Blaise de Montluc. Paris, d'Espilly, 1746, 4 vol. in-12, v. m.

1914 — Commentaires et lettres de Blaise de Monluc, maréchal de France. Ed. par M. Alphonse de Ruble. Paris, V° Jules Renouard, 1864-72, 5 vol. in-8, m. viol. dent. int. tr. dor, armes de M. de R. s. l. pl. Petit.

Donné à P. de M.

1915. — * Journal de Henri III par M. Pierre de L'Estoile. La Haye, Paris, V° Pierre Gandouin, 1744, 5 vol. in-32, d.-rel. v. vert.

Journal du règne de Henri IV, par M. Pierre de L'Estoile. La Haye, Vaillant, 1741, 4 vol. in-32, d.-rel v. vert.

1916. — Un gascon du xvie siècle. Le premier duc d'Epernon par George de Monbrison. Paris, typ. Georges Chamerot, 1878, in-8. br.

1917. — George de Monbrison. Un gascon du xvie siècle. Le premier duc d'Epernon. Paris, imp. J. Claye, 1874. m. r. dent. int. tr. dor. Amand. Envoi d'auteur à Mme de R.

1918. — Journal de François de Syrueilh, de l'an 1568 à l'an 1585, publié par M. Clément-Simon. Bordeaux, Gounouilhou, 1873, in-4, d.-rel. et c. m. r , tête dor. Envoi de l'auteur à Mme de R.

1919. — Deux années de mission à Saint-Pétersbourg, manuscrits, lettres et documents historiques sortis de France en 1789. Paris, imp. impér., 1867, in-8, d.-rel. m. v. tête dor.

1920. — Mémoires de Théodore Agrippa d'Aubigné, publiés par M. Ludovic Lalanne. Paris, Charpentier, 1854, in-12, d.-rel. v. bleu.

1921. — Mémoires de la vie de Théodore-Agrippa d'Aubigné, ayeul de Mme de Maintenon, écrits par lui-même avec les mémoires de Frédéric Maurice de la Tour, prince de Sédan. Amsterdam. J.-Frédéric Bernard, 1731, in-12, 2 t. en 1 vol. v. b., armes de la comtesse de Verrue, s. l. p.

1922. — Raoul de Pellevé. Esquisses du temps de la Ligue, par M. de Pastoret. Paris, Paulin, 1847, in-12, 2 t. en 1 vol. d.-rel. v. vert.

1923. — * Satyre Menippée de la vertu du catholicon d'Espagne. Paris, Delangle, 1824, 2 vol. in-8, d.-rel. v. r.

1924. — Mémoires du duc de Sully. Nouv. édit. Paris, Et. Ledoux, 1822, 6 vol. in-8, d.-rel. v. brun.

1925. — * Histoire de Henry-le-Grand, par Hardouin de Péréfixe. Paris, 1827, in-12, v. r.

1926. — G.-B. de Lagrèze. Henri IV. Vie privée. — Détails inédits. Paris, Firmin-Didot, 1885, in-8, br..

1927. — Henri IV et Marie de Médicis, par Berthold Zeller. Paris, Didier, 1877, in-8, br..

1928. — Harangues et lettres inédites du roi Henri IV, par Eugène Alphen. Lille, imp. L. Daniel, 1879. Grand in-8, br., exemp. pap. de Hollande.

Donné à P. de M.

1929. — L'enlèvement innocent ou la retraite clandestine de Monseigneur le Prince avec Madame la princesse sa femme hors de France (1609-1610). Vers itinéraires et faits en chemin, par Claude-Enoch Virey, publié par E. Halphen. Paris, Aubry, 1859, in-16, d.-rel. m. du Lev., tête dor.

Donné à P. de M.

Louis XIII.

1930. — Sacre et couronnement du roy Louis XIII par C. de Remond, abbé de La Frenade. 1610, Paris, Charles Sevestin, in-12, m. r. dent. int. f. comp. s. 1 p., tr. dor. Amand. Envoi de M. George de Monbrison.

1931. — Hervard (Jean). Journal sur l'enfance et la jeunesse de Louis XIII (1601-1628).. publié... par MM. Eud. Soulié et Ed. de Barthélemy. Paris, Didot, 1868, 2 vol. in-8, dem -rel. m r. Couronne de comtesse et initiales M. R.

1932. — Histoire de France sous Louis XIII et sous le ministère du cardinal Mazarin, par M. A. Bazin. Paris, Chamarot, 1846, 4 vol. in-12, d.-rel. v. vert.

1933. — Le politique tres-chrestien ou discours politiques sur les actions principales de la vie de feu M. l'éminentissime prince cardinal duc de Richelieu. Paris, 1647, in-12, vél.

1934. — Mémoires du comte de Grammont par A. Hamilton. Paris, Werdet et Lequien, 1826, 2 vol. in-32, m. de L. tr. dor. *Ex libris* de Jules Janin.

1935. — Mémoires de François de Paule de Clermont, marquis de Montglat. Amsterdam, 1728, 2 vol. in-12, v. b.

1936. — Journal de ma vie. Mémoires du maréchal de Bassompière, publiés pour la Société de l'histoire de France, par le marquis de Chantérac. Paris, Ve Renouard, 1870-77, 4 vol. in-8, d.-rel. v. bleu.

1937. — Les historiettes de Tallemant des Réaux. 3e éd. par MM. Monmerqué et Paulin Paris. Paris, Techener. 1854-60. 9 vol. in-8, v. f. Closs. *Ex libris* de M. de Bastard.

1938. — Lettre en vers sur les mariages de Mademoiselle de Rohan avec M. de Chabot, de Mlle de Rambouillet avec M. de Montausier, et de Mlle de Brissac avec Sabatier (1645). Paris, Aubry, 1862, in-12 br.

Donné à P. de M.

Louis XIV.

1939. — Histoire de la Fronde, par M. le comte de Saint-

Aulaire. Paris, E. Ducrocq, 1843, 2 vol. in-8, d.-rel. chag. brun.

1940. — Victor Cousin. — La jeunesse de Mme de Longueville. — Mme de Longueville pendant la Fronde. — Mme de Hautefort. — Mme de Chevreuse. — Mme de Sablé. — Jacqueline Pascal. — Paris, Didier, 1859-69, 6 vol. in-8, d.-rel. v. f.

1941. — * Mémoires du cardinal de Retz, de Guy Joli et de la duchesse de Nemours. Paris, Ledoux et Tenré, 1817, 6 vol. in-12, d.-rel. v. brun.

1942. — Le cardinal de Retz et son temps... par M. Léonce Curnier. Paris, Amyot, 1862-63, 2 vol. in-8, d.-rel. chag. viol. Init. M. R. et cour. de comte.

1943. — Mémoires de Tavannes et de Balthazar. Biblioth. elzévir. in 16, carton. brad.

1944. — Mémoires de M. D. L. R. sur les brigues à la mort de Louis XIII, les guerres de Paris et de Guyenne. Cologne, Pierre Van Dyck, 1763, in-12, m. r. dent. int., tr. dor. Gruel.

1945. — Mémoires complets et authentiques du duc de Saint-Simon sur le siècle de Louis XIV et la Régence, collationnés sur le manuscrit original par M. Chéruel. Paris, Hachette, 1856-58, 20 vol. in-8, d.-rel. et c. chag. rouge, tête dor.

1946. — Mémoires de Saint-Simon. Nouv. édit. collation. par A. de Boisisle. Paris, Hachette, 1879-84, 4 premiers vol. in-8, gr. pap., n° 93. cart.

Donné à P. de M.

1947. — Ecrits inédits de Saint-Simon, publiés sur les manuscrits conservés au dépôt des affaires étrangères, par M. P. Faugère. Paris, Hachette, 1880-83, 6 vol. in-8, br.

1948. — Papiers inédits du duc de Saint-Simon. Lettres et dépêches sur l'ambassade d'Espagne. Introduction par Edouard Drumont. Paris, A. Quantin, 1880, in-8, br.

1949. — Le duc de Saint-Simon, son cabinet et l'historique de ses manuscrits, d'après des documents authentiques et entièrement inédits, par Armand Baschet. Paris, Plon, 1874, in-8, br.

1950. — * Mémoires du duc de Villars, pair de France, Maréchal, Général des armées de Sa Majesté. La Haye, Pierre Gosse, 1736, 3 vol. in-32, v. brun.

1951. — * Relation de la Cour de Rome, faite l'an 1661 au Conseil du Prégadi, par l'exc. sign. Angelo Corraro. Leide, Almarigo Lorens, 1663, in-12, vél.

1952. — Lettres de Madame de Villars à Madame de Coulanges (1679-1681) nouv. édit. par Alfred de Courtois. Paris, Plon, 1868, in-8, d.-rel. m. vert Init. M. R. et cour. de comte s. l. d.

1953. — * Mémoires politiques et militaires pour servir à l'histoire de Louis XIV et de Louis XV, composés sur les pièces originales recueillies par Adrien-Maurice, duc de Noailles, par M. l'abbé Millot. Paris, Moutard, 1777, 6 vol. in-12, v. m.

1954. — Recueil des lettres de Madame la marquise de Sévigné à Madame la comtesse de Grignan sa fille. Nouv. édit., Paris, Rollin fils, 1737-38, 6 vol. in-12, v. m.

1955. — Lettres de Madame de Sévigné à sa fille et à ses amis. Nouv. édit. par Ph. A. Grouvelle. Paris, Masson, 1823-24, 13 vol. in-12, d-rel. v. f.

1956. — Lettres de Madame de Sévigné, de sa famille et de ses amis, recueillies et annotées par M. Monmerqué. Paris, Hachette, 1860-66, 16 vol. in-8, d.-rel. v. f. c. têt. dor. Smeers. Papier de Hol.

Donné à P. de M.

1957. — Lettres inédites de Madame de Sévigné à Madame de Grignan sa fille, par Charles Capmas. Paris, Hachette, 1876, 2 vol. in-8, br. Pap. de Hol. exempl. n° 149.

Donné à P. de M.

1958. — Correspondance de Roger de Rabutin, comte de Bussy, par Ludovic Lalanne. Paris, Charpentier, 1858-59, 6 vol. in-12, d.-rel. v. violet.

1959. — Mémoires du marquis de Sourches sur le règne

de Louis XIV, publiés par le comte de Cosnac et Arthur Bertrand. Paris, Hachette, 1882-86, 6 vol. in-8. br. Exemplaire en papier de Hollande n° 27.

Donné à P. de M.

1960. — * Mémoires de Louis XIV, écrits par lui même... mis en ordre et publiés par J.-L.-M. de Gain-Montagnac Paris, Garnery, 1806, pet. in-8, 2 part. en 1 vol. d.-r. v. m.

1961. — Histoire de Madame de Maintenon et des principaux événements du règne de Louis XIV, par M. le duc de Noailles. Paris, 1848-57, 3 vol. in-8, d.-rel. chag. violet.

1962. — Journal du marquis de Dangeau, publié en entier pour la première fois par MM. Soulié, Dussieux, de Chennevières, Mantz, de Montaiglon. Paris, Firmin Didot, 1854-60, 19 vol. in-8, d.-rel. v. vert. Initiales M. R. et cour. de comte s. l. d.

1963. — Quelques lettres de Louis XIV et des princes de sa famille (1688-1713). Paris, Aubry, 1862, in-16, br.

Donné à P. de M.

1964. — * Etats au vrai de toutes les sommes employées par Louis XIV. 1° aux créations de Versailles... Supplément..· Paris, Versailles, 1836, in-8, 70 pp.. br.

1965. — Erard du Châtelet. Esquisses du temps de Louis XIV, par M. le marquis de Pastoret. Paris, Paulin, 1847, in-12, d.-rel. v. vert.

1966. — Rapin-Thoyras, sa famille, sa vie et ses œuvres. Etude historique suivie de généalogies, par Raoul de Cazenove. Paris, Aubry, 1866, in-4, d.-rel. et c. m. f., tête dor.

1967. — Mémoires du duc de Navailles et de La Valette, pair et maréchal de France. Amsterdam, Jean Malherbe, 1702, m. b. tr. dor.

1968. — Les héros de la France sortans de la barque de Caron, s'entretenans avec Messieurs de Louvois, Colbert et Seignelai. Cologne, chez Pierre Marteau, 1694, pet. in-12, rel. m. r. *Ex libris* du duc d'Aiguillon.

1969. — * Histoire générale de Port-Roïal depuis la réforme de l'abbaïe jusqu'à son entière destruction. Amsterdam, J. Vanduren, 1755-57, 10 vol. in-12, v. brun.

Louis XV.

1970. — * Histoire de la Régence et de la minorité de Louis XV, par P.-E. Lemontey. Paris, Paulin, 1832, 2 vol. in-8, d.-rel. v. f.

1971. — Chronique de la Régence et du règne de Louis XV (1718-1763) ou journal de Barbier. Paris, Charpentier, 1866. 8 vol, in-8, d.-rel. chag. b.

1972. — Almanach royal. Année 1736. Paris, in-8, v. m.

1973. — Correspondance complète de Madame la duchesse d'Orléans, née princesse Palatine, mère du régent, trad. par G. Brunet. Paris, Charpentier, 1869, 2 vol. in-12, d.-rel. v. f.

1974. — Nouvelles lettres de Madame la duchesse d'Orléans, trad. par G. Brunet. Paris, Charpentier, 1853, in-12, d.-r. v. vert.

1975. — Correspondance de Madame, duchesse d'Orléans par Ernest Jaeglé. Paris, Quantin, 1880, 2 vol. in-12, br.

1976. — Le Petit-Trianon. Histoire et description, par Gustave Desjardins, ancien archiviste du département de Seine-et-Oise. Versailles, L. Bernard. 1885, in-8, biz.

1977. — Elémens de fortification, dédiés à Son Alt. Mgr le prince Charles de Lorraine, par M. Le Blond. Paris, Ch.-Ant. Jombert, 1739, in-12, v. brun.

1978. — Mémoires de Madame d'Epinay. Edit. nouv., par M. Paul Boiteau. Paris, Charpentier, 1863, 2 vol. in-8, chag. marron.

1979. — Mémoires du duc de Luynes sur la cour de Louis XV (1735-1758), publiés sous le patronage du duc de Luynes, par MM. Dussieux et Eud. Soulié. Paris, Firmin Didot, 1860-65, 17 vol. in-8, d.-rel. chag. bleu. Init. M. R. et cour. de comte s. l. dos.

1980. — Journal et mémoires du marquis d'Argenson, publiés... par E.-J.-B. Rathery. Paris, Renouard, 1859-67, 9 vol. in-8, d.-rel. m rouge. Init. M. R. et cour. de comte s. l. d.

1981. — * Discours et œuvres mêlées de M. le chancelier d'Aguesseau. Paris, libr. assoc. 1771, 2 vol. in-12, d.-rel. v. v.

1982. — Correspondance de Louis XV et du maréchal de Noailles, publiée par Camille Rousset. Paris, Paul Dupont, 1865, 2 vol. in-8, d.-rel. v. gris.

1983. — * Correspondance inédite de Mme de Châteauroux. Paris, Léop. Collin, 1806, 2 t. en 1 vol. in-12, d.-rel. v. f

1984. — * Mémoires de Madame du Hausset, femme de chambre de Mme de Pompadour. Paris, Baudouin, 1824, petit in-8, d.-rel. v. vert.

1985. — Histoire de Madame du Barry, par Charles Vatel. Versailles, L. Bernard, 1883, 3 vol. in-18, br.

1986. — Anecdotes sur Mme la comtesse du Barri. Londres, in-12. 1775, d.-rel. et c. m. b. Raparlier.

1987. — Documents inédits sur le règne de Louis XV. — Journal des inspecteurs de M. de Sartines. Paris, Bruxelles, 1863, in-18, d.-rel. m. r.

1988 — Souvenirs d'un chevau-léger de la garde du roi, par Louis-René de Belleval. Paris, Aubry, 1866, in-8, br.

1989. — Voltaire et la Société Française au xviiie siècle, par Gustave Desnoiresterres. Les 7 séries et Voltaire, son retour et sa mort. Paris, Didier, 1867-1876, 8 vol. in-8, d.-rel. et c. m. r. tête dor. Petit.
Donné à P. de M.

1990. — Une famille d'autrefois, par le R. P. L.-J.-M. Cros. Toulouse, Ad. Regnault, 1873, in-18, br.

1991. — Souvenirs de la marquise de Créquy, de 1710 à 1803. Paris, H. L. Delloye, 1842, 10 t. en 5 vol. in-12, d.-rel. v. bleu.

1992. — * Extraits des mémoires relatifs à l'histoire de France depuis l'année 1757 jusqu'à la Révolution, par M. Aignan. Paris, veuve Desoer, 1824, 2. vol. in-8, d.-rel. v. b.

Louis XVI.

1993. — Marie-Antoinette. — Correspondance secrète entre Marie-Thérèse et le comte de Mercy-Argenteau..., publiée par M. le chevalier Alfred d'Arneth et M. A. Geffroy. Paris. Firmin-Didot, 1874-75, 3 vol. in-8, d.-rel. et c. chag. vert.

1994. — Marie-Antoinette et la Révolution française, recherches historiques par le comte Horace de Viel-Castel. Paris, Techener. 1859, in-12, br.

1995. — * Catéchisme du citoyen ou élémens du droit public français par demandes et par réponses. Genève, aux dépens de la Compagnie, 1775, in-12, d.-rel. v. f.

1996. — * Compte rendu au roi par M. Necker, directeur général des Finances, au mois de janvier 1781. Paris, imp. roy, 1781, in-4, v. p.

1997. — Mémoires de la baronne d'Oberkirch, publiés par le comte Léonce de Montbrison, son petit-fils. Paris, Charpentier, 1869, 2 vol. in-12, d.-rel. v. f.

1998. — Almanach royal. — Année 1786. M. r. tr. dor. Armes de Bourbon s. l. p.

1999. — * Voyages en France pendant les années 1787, 88, 89 et 90, par Arthur Young, traduit de l'anglais, par F. S. Paris, Buisson. 1793, 3 vol. in-8, d.-rel. v. f.

2000. — * Mémoires de M. le duc de Choiseul écrits par lui-même. Chanteloup et Paris, Buisson, 1790, 2 t. en 1 vol. in-8, d.-rel. v. f.

Révolution.

2001. — * Histoire de la Révolution française depuis 1789 jusqu'en 1814 par F. A. Mignet. 6e édit., Paris, Firmin-Didot, 1836, 2 vol. in-8, d.-rel. v. noir.

2002. — Histoire de la Révolution française, par J. Michelet. 2e édit., Paris, libr. internat. 1868-69. 6 vol. in-8, d.-rel. chag. brun.

2003. — * Histoire de la Révolution française accompagnée d'une histoire de la Révolution de 1355, par MM. A.

Thiers et Félix Bodin. Paris, Lecointe et Durey. 1823-27, 10 vol. in-8, d.-rel. v. f.

2004 — * Histoire de France depuis la fin du règne de Louis XVI jusqu'à l'année 1825, par l'abbé de Montgaillard. Paris, Moutardier, 1827, 9 vol. in-8, d.-rel. v. brun.

2005. — Mémoires du comte Beugnot, ancien ministre (1783-1815), publiés par le comte Albert Beugnot, son petit-fils. Paris, Dentu, 1866-68, 4 vol. in-8, d.-rel. m. du Lev. Initiales M. R. et couronne de comte s. l. dos.

2006. — * Histoire des Girondins, par A. de Lamartine. Paris, Furne, 1847, 8 vol. in-8, d.-rel. v. bleu.

2007. — * Caricatures politiques. An VI. s. l., 5 pl. et 18 pp. in-12. rel. en chag. noir, par Despierres.

2008. — Mémoires du duc de Lauzun et du comte de Tilly avec avant-propos et notes par M. F. Barrière. Paris, Firmin Didot. in-12, d.-rel. v. r.

2009. — * Mémoires d'une contemporaine ou souvenirs d'une femme sur les principaux personnages de la République, du Consulat, de l'Empire, etc. 4ᵉ édit. Paris, Ladvocat, 1829, 8 vol. in-8, br.

2009 (*bis*). — Souvenirs de quarante ans (1789-1830), par Mᵐᵉ la comtesse de Béarn. Nouv. édit., Paris. Victor Sarlit, 1868, in-8, d.-rel. v. f.

2010. — * Le Pour et le Contre: recueil complet des opinions prononcées à l'Assemblée conventionnelle dans le procès de Louis XVI. Paris, Buisson, an I, 7 vol. in-8, v p.

2011. — * Louis XVII. sa vie, son agonie, sa mort. Paris. Plon, 1852, 2 vol. in-8, d.-rel. v. f.

2012. — Quiberon. Souvenirs du Morbihan, par Alfred Nettement. Paris, Lecoffre, 1869, in-12, br.

Premier Empire.

2013. — Histoire du Consulat et de l'Empire, faisant suite à l'histoire de la Révolution française, Paris, Furne, 1874, tables, 1869, 21 vol. in-8, d.-rel. et c. chag. brun, tête dor.

2014. — * Carte de l'Empire français avec ses établissements politiques, militaires civils et religieux, dressée au dépôt général de la guerrre. An XII (1804). Paris, grav. par Tardieu. In-f° sur toile, plié.

2015. — Mémoires du cardinal Consalvi, secrétaire d'Etat du Pape Pie VII, par J. Crétineau-Joly. Paris, Plon, 1864, 2 vol. in-8, d.-rel. m. vert.

2016. — Réminiscences, par J. J. Coulmann. Paris, Michel Lévy, 1862-69, 3 vol. in-8, d.-rel. v. f.

2017. — Almanach impérial. 1808, 1810. Paris, 2 vol. in-8. v. r.

2018. — * Relation circonstanciée de la campagne de Russie, par Eugène Labaume. 2ᵉ édit., Paris, Panckoucke, 1814, in-8, d.-rel. v. r.

2019. — * Napoléon en exil à Sainte-Hélène, par Barry E. O'Meara, son dernier chirurgien. 2ᵉ édit., Paris, chez Plancher, 1822, 2 vol. in-8. d. r. v. b.

Restauration.

2020. — Mon journal. Evènements de 1815, par Louis-Philippe d'Orléans. Paris, Michel Lévy, 1849, 2 vol. in-18, d.-rel. v. bleu.

2021. — Histoire des deux Restaurations jusqu'à l'avènement de Louis-Philippe, de janvier 1813 à octobre 1830, par Achille de Vaulabelle. Paris, Garnier, 1874, 10 vol. in-8, d.-rel. v. f.

2022. — Histoire de la Restauration, par M. de Rochau. Paris, Germer Baillière, 1867, in-8, d.-r. chag. vert.

2023. — * Discours du général Foy. Paris, Moutardier, 1826, 2 vol. in-8, d.-rel. v. brun.

2024. — Mémoires de S. A. S. Louis-Antoine-Philippe d'Orléans, duc de Montpensier, prince du sang. 2ᵉ édit., Paris, Baudouin, 1824, in-8, d.-rel. v. violet.

2025. — * Des Communes et de l'Aristocratie, par M. de Barante. Paris, Ladvocat, 1821, in-8, d.-rel. v f.

2026. — * Profil des contemporains, par Napoléon. Paris, 1824, in-12, cart.

2027. — Almanach royal pour l'an 1825. Paris. Guyot, v. v., *ex libris* de Rosny.

2028. — * Mémoire à consulter sur un système religieux et politique tendant à renverser la religion, la société et le trône, par M. le comte de Montlosier. 7ᵉ édit., Paris, Ambroise Dupont, 1826, in-8, d.-rel. v. f.

2029. — * Collection complète des pamphlets politiques et opuscules littéraires de Paul-Louis Courier. Bruxelles, 1826, in-8, d.-rel. v. m.

2030. — * Œuvres complètes de P.-L. Courier. Nouv. édit., Paris, Paulin et Perrotin, 1834, 4 vol. in-8, d.-rel. v. vert.

2031. — L'art de la guerre. Conversation chez la comtesse d'Albany par Paul-Louis Courier. Paris, lib. des bibliophiles, 1871, in-12, br..

Louis-Philippe.

2032. — Révolution française. Histoire de dix ans (1830-1840) par M. Louis Blanc. 5ᵉ édit., Paris, Pagnerre. 1846 5 vol. in-8, d.-rel. v. f.

2033. — * Relation de la fête du roi, des grandes revues et des deux voyages de Sa Majesté dans l'intérieur du royaume en mai, juin et juillet 1831. Paris, Vᵉ Agasse, 1831, in-8, br.

2033 (*bis*). — * Revue rétrospective ou archives secrètes du dernier gouvernement (1830-1848). Paris, Paulin, 1848, in-8, cart.

2034. — * Madame la duchesse d'Orléans, Hélène de Mecklembourg-Schwerin. Paris, Michel Lévy. 1859, in-8, d.-rel. chag. noir.

2035. — Lettres originales de Mᵐᵉ la duchesse d'Orléans. Hélène de Mecklembourg-Schwerin et souvenirs biographiques recueillis par G. H. de Schubert. Genève, Paris, 1859, in-8, d.-rel. m. rouge.

2036. — Campagnes de l'armée d'Afrique (1835-1839) par le duc d'Orléans. Publié par son fils. Paris, Michel Lévy, 1870, in-8, d.-rel. chag. bleu.

2037. — Les Zouaves et les Chasseurs à pied. Esquisses historiques (par le duc d'Aumale). 2ᵉ édit., Paris, Michel Lévy, 1855, in-12, m. r. dent. int. init. d'H. d'O. s. l. pl. tr. dor. Capé. Don de l'auteur.

Donné à P. de M.

2038. — Le château d'Eu. Notices historiques par M. J. Vatout. Paris, 1836, 5 vol. in-18, d.-rel v. noir.

2039. — * La liste civile dévoilée. 5ᵉ édition. Paris, 1837, broch. in-12. br.

2040. — * De l'amnistie et du mariage de S. A. R. le duc d'Orléans, par A. Barginet. Paris, 1837, broch. in-12, br.

2041. — Le roi, par Jules Janin (Extrait de la publication des *Français*.) Paris, Curmer, s. d.

2042. — * De la Royauté au dix-neuvième siècle. Etude de l'histoire contemporaine par M. le comte de Pradel. Paris, Ad. Le Clerc, 1841, in-8, d.-rel. v. f.

2043. — Livre des orateurs par Timon. 12ᵉ édit., ornée de 27 portraits gravés sur acier. Paris, Pagnerre, 1842, in-8, d.-rel. et c. chag. violet, tr. d.

2044. — De l'influence de la France en Europe. Notes posthumes par Henri de Villers Versailles, imp. Klefer, 1846, in-8, d.-rel. v. violet.

2045. — Rien ! — Dix-huit années de gouvernement parlementaire par M. le comte de Montalivet. Paris, Michel Lévy, 1864, in-18, d.-rel. v. bleu.

2046. — Vie de Marie-Amélie, reine des Français, par M. Auguste Trognon. Paris, Michel Lévy, 1871, in-8, br..

2047. — Marie-Amélie de Bourbon. — Notes historiques et biographiques. Paris, libr. centrale, 1868, in-16, d.-rel. m. bleu.

République.

2048. — * Carte routière et postale de la France, publiée par J. Andriveau-Goujon. Paris, 1850, in-f°, sur toile, plié.

Second Empire.

2049. — * Récit complet et authentique des événements de décembre 1851 à Paris et dans les départements, par A. Granier de Cassagnac. Paris, 1851, in-8, 48 pp., br.

2050. — Etude historique sur le coup d'état. Paris en décembre 1851. — La Province en décembre 1851, par Eugène Ténot. Paris, Armand Le Chevalier, 1868, 2 vol. in-8, d.-rel. v. rouge.

2051. — Mémoires du comte Horace de Viel-Castel sur le règne de Napoléon III. 2e édit., Paris, 1883-84. 6 vol. in-8 d.-rel. v. f.

2052. — Papiers et correspondance de la famille impépériale. Paris, imp. nation., 1870-71, 2 vol. in-8, d.-rel. v. vert.

2053. — Mémoires sur le second empire, par M. de Maupas, ancien ministre. Paris, Dentu, 1884-85, 2 vol. in-8 br.

2053 (*bis*). — La question romaine, par E. About. Bruxelles, Méline, 1859, in-8, d.-rel. v. violet.

2054 — Notes sur Paris. Vie et opinions de M. Frédéric-Thomas Graindorge, par H. Taine. Paris, Hachette, 1867, in-8 d.-rel. chag. f.

2055. — Recherches sur la puissance des armées...... par Gratien West. Paris, Dentu, 1868, in-8, br.

2056. — L'armée d'après les lois militaires de 1818 à 1868... par Gratien West. Paris, Dentu, 1868, in-8, d.-rel. m. r. Homm. de l'auteur à Mme de R.

2057. — L'armée française en 1867 (par le général Trochu). Paris, Amyot, 1867, in-8, br.

2058. — Rapports militaires écrits de Berlin (1866-70) par le colonel baron Stoffel. 2e édit., Paris, Garnier, 1871, in-8, br.

2059. — * Portraits politiques du dix-neuvième siècle. La duchesse d'Orléans. Paris, 1856, broch. in-12, br.

2060. — Lettres à M. Panizzi (1850-70) par Prosper Mérimée. Paris, Calman-Lévy, 1881, 2 vol. in-8, br.

République.

2061. — Lettres à une inconnue par Prosper Mérimée. Paris, Michel Lévy, 1874, 2 vol. in-8, d.-rel. et c. m. r. Petit.

Donné à P. de M.

2062. — Prosper Mérimée. Lettres à une autre inconnue. Paris, Michel Lévy, 1875, in-18, br.

2063. — Les princes d'Orléans (Portraits contemporains) par Charles Yriarte. Paris, Plon, 1872, in-12, br.

2064. — Henri de France, par H. de Pène. Paris, H. Oudin, 1884, in-4, d.-rel. chag. gris, tr. dor.

2065 — X. Doudan. Mélanges et lettres. Paris, Calmann Lévy, 1876-77, 4 vol. in-8. br.

2066. — L'armée en France. Histoire et organisation. Versailles, L. Bernard, 1884, 3 vol. in-18, br.

OUVRAGES HÉRALDIQUES.

Science du blason.

2067. — La nouvelle méthode raisonnée du blason... par le P. F. C. Menestrier. Lyon, Bruyset, 1723, in-12, v. b.

Ordres de chevalerie.

2068. — L'ordre de Malte. Ses grands Maîtres et ses chevaliers, par M. de Saint-Allais. Paris, 1839, in-8, m. v. dent. int., tr. dor. Niedrée. *Ex libris* de Pominet.

2069. — Histoire des chevaliers hospitaliers de Saint-Jean de Jérusalem, appelés depuis les chevaliers de Rhodes et aujourd'hui les chevaliers de Malte, par M. l'abbé de Vertot. Paris, Rollin, 1726, 4 vol. in-4, v. m.

Donné à P. de M.

2070. — Mazas (Alexandre). Histoire de l'ordre royal et militaire de Saint-Louis depuis son institution en 1693 jusqu'en 1830. Paris, Didot et Dentu, 1860-61, 3 vol. in-8, dem.-r. v. f. Couronne de comt. et init. de Mme de R.

2071. — L'Ordre du Saint-Esprit aux xviii° et xix° siècles par Félix Panhard. Paris, J.-B. Dumoulin, 1868, in-8, m. r. dent. int., tr. dor. Armes de Bastard s. l. p. Niedrée.
Donné à P. de M.

2072. — Histoire des ordres royaux et militaires de Notre-Dame du Mont-Carmel et de Saint Lazare de Jérusalem. Paris, imp. roy., 1772, in-4, m. r., dent. int. tr. dor., armes de Bastard s. l. p. Niedrée.
Donné à P. de M.

HISTOIRE DE LA NOBLESSE ET DE LA FÉODALITÉ.

2073. — * Dictionnaire critique et raisonné des étiquettes de la Cour. Paris, P. Mongie, 1818, 2 t. en 1 vol. in-8, d.-rel. v. r.

2074. — Noms féodaux ou noms de ceux qui ont tenu fiefs en France... par un membre de l'Académie des Inscriptions et Belles Lettres. Paris, 1826, 2 vol. in-8, m. r. dent. int. tr. dor. Armes de Bastard s. l. p. Niedrée.
Donné à P. de M.

2075. — Lettres inédites de L. P. d'Hozier et de J. du Castre d'Auvigny, publ. par Jules Silhol. Paris, acad. des bibliophiles. 1869, in-16, d. rel. et c. m. r. Petit.
Donné à P. de M.

2076. — La noblesse commerçante, par M. l'abbé Coyer. Londres et Paris, Duchesne, 1756, in-12, v. m.

2077. — Les nobles et les vilains du temps passé ou recherches critiques sur la noblesse et les usurpations nobiliaires, par Alph. Chassant. Paris, Aubry, 1857, in-16, vél. tête dor.
Donné à P. de M.

2078. — Nobiliana. Curiosités nobiliaires et héraldiques, suite du livre intitulé : Les nobles et les vilains par Alph. Chassant. Paris, Aubry, 1858, in-16, vél., tête dor,
Donné à P. de M.

HISTOIRE HÉRALDIQUE, NOBILIAIRE ET GÉNÉALOGIQUE.

Généralités.

2079. — Armorial des principales maisons et familles du royaume... par M. Dubuisson. Ouvrage enrichi de près de quatre mille écussons gravés en taille douce. Paris, 1757, 2 vol. in-12, v. m., tr. dor.

2080. — Caffiaux (dom). Trésor généalogique ou extraits des titres anciens qui concernent les maisons et familles de France... t. I, Paris, Philippe-Denys Pierres, 1777, in-4, m. v. dent. int. tr. dor. armes de Mme de R. s. l. p.

Donné à P. de M.

2081. — Liste de messieurs les chevaliers, chapelains conventuels et servants d'armes des trois vénérables langues de Provence, Auvergne et France. A Malte, de l'impr. magistrale, 1778, in-8, m. v., dent. int., armes de Mme de R. s. l. p., tr. dor. Petit.

Donné à P. de M.

2082. — Combles (de). Tableau historique de la noblesse. T. I. Paris, Nyon, 1784, in-8°, dem.-rel. v. brun. Couronne de comt. et init. de Mme de R.

2083. — Dictionnaire héraldique contenant les armes et blasons des princes, prélats, grands officiers... par Jacques Chevillard le fils. Paris, 1722, in-12, m. vert, dent. int., tr. dor. Niedrée. *Ex libris* de Pominet.

2084. — Nobiliaire universel de France par M. de Saint-Allais. Paris, bureau du nobiliaire univ. de France, 1814-1843. 21 vol. in-8. Tomes I et II en 2 part. Ensemble 23 vol. m. r. tête dor. Niedrée.

Donné à P. de M.

2085. — Armorial général de l'Empire français... présenté à Sa Majesté l'empereur roi, par Henry Simon. 1812, 2 vol. in-f° m. r. dent. int tr. dor., armes des Bastard s. l. p. Belz-Niedrée.

Donné à P. de M.

2086. — Généalogie des Bourbons. France, Espagne,

Naples, Parme, Orléans. Mai 1872. Lith. Boldoduc. In-f° en largeur. Pièce encadrée.

2087. — Généalogie d'Henri de Bourbon, duc de Bordeaux. In-f° plano. Juliot lith. Tours. Pièce encadrée.

PROVINCES.

Aunis et Saintonge.

2088. — Pièces pour servir à l'histoire de la Saintonge et de l'Aunis. Procès-verbal de l'assemblée des trois ordres de la sénéchaussée de Saintonge le 16 mars 1789. Saintes, Fontanier, 1863, broch. in-8 de 68 pp. br.

Auvergne.

2989. — Dictionnaire des anciennes familles de l'Auvergne, par Ambroise Tardieu. Moulins, imp. Desrosiers, 1884, in-4, cart.

2090. — Recherches sur Randan, ancien Duché-Pairie. Riom, imp. Thibaud, 1830, in-8, m. bl., dent. int., tr. dor. armes de Bastard s. l. p. Niedrée.

Donné à P. de M.

Bourgogne.

2091. — * Histoire des ducs de Bourgogne de la maison de Valois, par M. de Barante. Paris, Ladvocat, 1824-26, 13 vol. in-8, d.-rel. v. f.

Bretagne.

2092. — Récit des funérailles d'Anne de Bretagne.... par Bretaigne, son héraut d'armes, publié par L. Merlet et Max. de Gombert. Paris, Aubry, 1858, in-16, cart. brad.

Donné à P. de M.

2093. — Evesché de Saint-Malo. Anciennes réformations. Documents inédits publiés par M. Henri des Salles. Paris, Franck, 1864, in-8, m. r. dent. int. tr. dor. Armes de Mme de R. s. l. p , Petit.

Donné à P. de M.

2094. — Perthuis (Alexandre) et S. de La Nicollière-Teijeiro. Le Livre doré de l'hôtel-de-Ville de Nantes avec les armoiries et les jetons des maires. Nantes. J. Grinsard, 1873, 2 t. in-8, pl. en 1 vol. dem-rel. et coins. m. r. aux armes de M. de Bastard. Belz-Niedrée.
Donné à P. de M.

Champagne.

2095. — Histoire de la ville de Châlons-sur-Marne et de ses monuments par L. Barbat. Châlons-sur-Marne, imp. T. Martin, 1855, 2 vol. in-4. cart. toile.

Guienne et Gascogne.

2096. — Almanach historique de la province de Guienne pour l'année commune 1790. Bordeaux, Labottière, in-32. v. m.

2097. — Boscheron des Portes (C.-B.-F.) Histoire du Parlement de Bordeaux depuis sa création jusqu'à sa suppression. Bordeaux, Ch. Lefebvre, 1877, in-8, 2 vol. broch. exemp. pap. de Hollande, n° 19 au nom de Mme la comtesse de Raymond.
Donné à P. de M.

2098. — Drouyn (Léo). La Guienne militaire. Bordeaux et Paris, 1865, 3 vol. in-4. pl. m r. dent. int. f. comp. tr. dor., armes de Bastard s l. p. Belz-Niedrée.
Donné à P. de M.

2099. — Contes populaires de la Gascogne, par Cénac Moncaut. Paris. Dentu, 1861, in-12, br.

2100. — Histoire de la ville de Bordeaux, par dom Devienne. Bordeaux, Lacaze. 1862, 2 vol. in-4, m. r. dent. int. tr. dor. armes de Bastard s. l. p. Petit.
Donné à P. de M.

2101. — O'Reilly (abbé Patrice-John). Histoire complète de Bordeaux. Bordeaux, Paris, 1857-58, 2 part. en 7 vol. in-8 dem.-rel. et coins m. r., aux armes de M. de Bastard. Niedrée.
Donné à P. de M.

2102. — Histoire de la guerre de Guyenne par le colonel Balthazar. Réimp. par M. Charles Barry. Bordeaux, Lefebvre, 1876, in-18, m. brun, dent. int. tr. dor., armes de Mme de R. s. l. p. Petit.

Donné à P. de M.

2103. — Mémoires sur la vie publique et privée de Claude Pellot... par O'Reilly. Paris, Rouen, 1881-82, 2 vol, in-8. br.

2104. — Notice sur Pierre de Brach, poète bordelais du XVIe siècle, par Reinhold Dezeimeris. Paris, Aubry, 1858, in-16, cart. brad.

Donné à P. de M.

2105. — Publications de la Société des bibliophiles de Guyenne.

T. I. La reprise de la Floride. — Remarques et corrections d'Estienne de La Boëtie. — Mémoires de Jean de Fabas. — Plaintes de la Guyenne au roy. 1868.

T. II. Poésies de Martin Despois. — Supplément logarithmique par Léonelli. — Louis XIII à Bordeaux. 1876.

Chronique Bordeloise par Jean de Gaufreteau, 2 vol. 1876-78.

Chronique d'Etienne de Cruseau. 2 vol. 1879-81.

Tablettes des bibliophiles de Guyenne t. I, II, III et 1er fascicule du t. IV. 1869-83. Exemplaire n° VIII au nom de Mme de R.

Mélanges. t. III, 1er, 2e et 3e fascicules, 1882 ; t. IV, 1er fascicule.

Chronique du Parlement de Bordeaux, par Jean de Metivier, publiée par Arthur de Brezetz et Jules Delpit. 1886, t. I

Ensemble 10 vol. et 5 fascicules, in-8, imp. Gounouilhou, pap. de Hollande, br.

Donné à P. de M. [1].

---

[1] Il semble que le paragraphe suivant du codicille de Mme de R. se rapporte à cette série.

« S'il (M. Pierre de Montesquieu) a de son père les tirages de la « Société de la Gironde, il laissera, s'il le veut, la même collection « tirée à mon nom, aux Archives. »

2106. — Henri IV en Gascogne (1553-1589). Essai historique par Ch. de Batz-Trenquelléon. Paris, Oudin, 1885, in-8, br.

2107. — Recueil des ouvrages de la célèbre Mlle Labrousse, du bourg de Vauxains en Périgord. Bordeaux, Brossier, 1797. in-8, d.-rel. v. f. Exemp. d'Arthur Dinaux avec une note autogr. de ce bibliophile.

2108. — Armorial de la noblesse du Périgord, par M. Alfred de Froidefond. Périgueux, imp. Dupont, 1858, in-8, m. r., dent. int , tr. dor. armes de Bastard s. l. p. Belz-Niedrée.

Donné à P. de M.

2109. — Théophile Malvezin. Michel de Montaigne. Son origine, sa famille. Bordeaux, Ch. Lefebvre, 1875, in-8, m. d. L., dent. int., tr. dor., armes de Mme de R. s. l. p. Petit.

Donné à P. de M.

2110. — Histoire générale de la province de Quercy par Guillaume Lacoste, publiée par les soins de MM. L. Combarieu et F. Gangardel. Cahors, Girma. 1883-85, in-8, br.

Exemplaire sur papier de Hollande au nom de Mme la comtesse de Raymond, n° 22.

Donné à P. de M.

2111. — Annuaire statistique et administratif du département du Lot pour l'année 1854. Cahors, J.-P. Combarieu, in-8, br.

2112. — Département du Lot. 4 cartes de l'état-major, collées sur toile, pliées dans un étui.

2113. — Bastard d'Estang (vicomte de). La noblesse d'Armagnac en 1789, ses procès-verbaux et ses doléances. Paris, Dentu, 1862, in-8, m r., dent. int., f. comp. tr. dor. armes de Bastard s. l. p.. Belz-Niedrée.

Donné à P. de M.

2114. — Histoire de la maison de Montesquiou-Fezensac, par M. le duc de Fezensac. Paris, Guiraudet, 1847, in-8, m. r., dent. int., f. comp. s. l. p. tr. dor. Cottin-Simier.

2115 — Le testament du maréchal Blaise de Monluc. publié en entier pour la première fois avec un codicille inédit par M. Clément-Simon. Agen, P. Noubel, 1872, in-8, 70 pp. d.-rel v. f. Petit.

Donné à P. de M.

2116. — Notes sur Jean de Puydorphile, capitaine Gaspard, et récit d'une chevauchée au XVIe siècle, par le comte Odet de La Hitte. Auch, 1883, broch. de 11 pp. in-8, br.

Agenais.

2117. — Briefve narration de tout ce qui c'est passe en la ville d'Agen en Agenois depuis la declaration d'icelle au party de la saincte union. A Lyon, par Jean Patasson, 1590, petit in-8, 29 pp , cart toile. *Ex libris* de Pominet.

2118. — L'asassinat (sic) du sieur de Boisse Pardaillan, gouverneur de Mon-Heur avec la prise de cette ville rebelle. Lyon, Claude Armand, 1622, pet. in-8, 16 pp. d.-rel. v. f.

2119. — Ordonnance de Louis XV, roi de France et de Navarre, concernant les testamens (août 1735.) In-4, 19 pp. Agen, de l'imp de Raymond Gayau, 1736.

2120. — Procès-verbal de l'assemblée des trois ordres de la sénéchaussée d'Agenais, tenue à Agen au mois de mars 1789. Agen, imp. Vᵉ Noublel. in-8. m. r. dent. int. tr. dor, armes de Mᵐᵉ de R. s. l. p.

Donné à P. de M.

2121. — Bibliographie générale de l'Agenais et des parties du Condomois et du Bazadais incorporées dans le département de Lot-et-Garonne..., par Jules Andrieu. Paris, Agen, 1886, in-8, t. I, exempl. sur pap. vélin, br.

2122. — Contes et proverbes populaires recueillis en Armagnac, par J.-Fr. Bladé. Paris, libr. A Franck, 1867, in-8, d.-rel. v. f.

2123. — Poésies populaires en langue française, recueillies dans l'Armagnac et l'Agenais. Paris, Champion. 1879, in-8, br.

2124. — Proverbes et devinettes populaires recueillis dans l'Armagnac et l'Agenais. Paris. Champion, 1880, in-8. br.

2125. — *Discours de M F.-L. Bonnin, curé-archiprêtre d'Astaffort, prononcé dans son église, à l'occasion de la fête du Comice agricole, le 8 septembre 1867. Agen, Pr. Noubel, 1867, broch. in-8 de 27 pp.

2126. — La bannière d'Agen, par M.Jules de Bourrousse de Laffore. Agen. 1853, in-8, 32 pp. br.

2127. — Généalogie des marquis du Cauzé de Nazelle, par Jules de Bourrousse de Laffore. Bordeaux, Gounouilhou, 1870, in-4, d.-rel. et c. chag. vert.

2128. — La Miramondo. Pastouralo en lengatge d'Agen. Agen, T. Gayau, 1700, in 12, d-rel. et c. v. f.

2129. — Voyaige d'oultremer en Jhérusalem, par le Seigneur de Caumont, l'an 1418, publié par le marquis de La Grange. Paris Aubry, 1858, in-8, vél.

Donné à P. de M.

2130. — L'église d'Agen devant la persécution et l'hérésie au IVe siècle, par l'abbé Léopold Dardy. Agen, Michel et Médan, 1881, in 12 br.

2131. — A Monsieur J.-F. Bladé La Grange du diable. par Al. Ducos Duhauron. Agen, imp. Bonnet, 1865, in-8, 17 pp. br.

2132. — *Œuvres posthumes. Poésies anti-romantiques par Fr Duvignau (Washington) Paris, Garnier, 1849, in-12 br.

2133. — La guirlande des Marguerites Sonnets dédiés à la ville de Nérac. Nérac, Bordeaux, 1876, in-8. m. brun, dent. int., tr. dor., armes de Mme de R. s. l. pl. Petit.

Donné à P. de M.

2134. — * Las papillotos de Jasmin Agen, imp. Pr. Noubel, 1843-63, 4 vol., in-8, d.-rel. v. vert.

2135. — La lutte pour l'existence. Conférence faite à Nérac, le 24 décembre 1882, par Léonce de Larmandie. Nérac, imp. Dutilh. Broch. in-12 de 21 pp. br.

2136. — La ville d'Agen pendant l'épidémie de 1628 à 1631, par M. Ad. Magen. Agen,P. Noubel,1862,in-8,56 pp. d.-rel. v. f. Petit.

Donné à P. de M.

2137. — La ville d'Agen sous le sénéchalat de Pierre de Peyronenc, par M. Ad. Magen. Paris, imp. impér.,1865,in-8, 50 pp., d.-rel. v. f. Petit.

Donné à P. de M.

2138. — Deux lettres de rémission inédites, publiées par M. Ad. Magen. Agen, P. Noubel, 1872, in-8, 25 pp., d.-rel. v. f. Petit.

Donné à P. de M.

2139. — Documents sur Jules-César Scaliger et sa famille, publiés par M. Ad. Magen. Agen. P. Noubel, 1873, in-8, d.-rel. v. f. Petit.

Donné à P. de M.

2140. — Une lettre inédite de Henri IV, publiée par M. Ad. Magen. Agen, imp. Lamy. 1879, broch. de 11 pp. in-8. br.

2141. — Lettre pastorale de Monseigneur l'illustrissime et révérendissime Jules, évêque, comte d'Agen.... a tous les ecclésiastiques de son diocèse. avec un recueil des statuts synodaux. Agen, Armand Bru, 1700, in-12. v. brun.

2142. — * Poésies fugitives. Agen. R. Noubel, 1815, in-12, 71 pp. cart.

2143. — Essai sur la vie et les ouvrages de Florimond de Raymond, par Ph. Tamizey de Larroque. Paris, Aubry, 1867, in-8, m. r. armes de Mme de R. s. l. p.

Donné à P. de M.

(Le même) mêmes conditions, m. br.

2144. — Les saints d'Agen. Album. Br. in-4, de 14 ff. s. l. 1885. Exempl n° 1 sur pap. de luxe.

2145. — Médée, tragédie, (par Richard Glover,) traduite de l'anglais par M. de Saint-Amans, insérée par Mme la baronne de Vasse dans la traduction du théâtre anglais. ouvrage dédié à S. A. R. le Prince Henri de Prusse. Paris,chez la Ve Ballard, 1786, in-8, d.-rel. v. brun.

2146. — * Voyage agricole, botanique et pittoresque dans une partie des landes de Lot-et-Garonne et de celles de la Gironde, par M. de Saint-Amans. Agen, Pr. Noubel, 1818, in-8, br.

2147. — * Flore Agenaise ou description méthodique des plantes par M. de Saint-Amans. Agen, Pr. Noubel, 1821, in 8, d.-rel. v. bleu.

2148. — * Coup d'œil sur le département de Lot-et-Garonne en 1828, par M. de Saint-Amans. Agen, P. Noubel, 1828, in-32, d.-rel. v. b.

2149. — Lettres d'Espagne (par la comtesse J. de Robersan. Edit. M. Tamizey de Larroque). Paris, Victor Palmé 1866, in-8, d.-rel v. f.

2150. — Mémoires de Jean d'Antras de Samazan..., publiés pour la première fois par M. J. de Carsalade du Pont et M. Ph. Tamizey de Larroque. Sauveterre-de-Guyenne, Chollet,1880, in-8, br. Un des 10 ex. sur papier de Hollande, n° 2, au nom de Mme de R.

Donné à P. de M.

Languedoc.

2151. — Le trésor des pièces toulousaines, collection d'opuscules relatifs à la ville de Toulouse. Toulouse, Abadie, 1862, in-12,cart.

2152. — Calendrier de Toulouse, administratif, judiciaire et commercial pour l'année 1867. Toulouse, imp. Douladoure, in-32, br.

2153. — Almanach populaire du Languedoc. Toulouse, 1833, 1834, 2. vol. in-12,br.

Limousin.

2154. — Histoire des vicomtes et de la vicomté de Limoges, par F. Marvaud. Paris, J.-B. Dumoulin,1873, 2 vol. in-8, d.-rel. et c. m. viol. tête dor.

Lorraine.

2155. — La Lorraine ancienne et moderne ou l'ancien duché de Mosellane.... par Mre Jean Mussey. S. l., 1712, in-16, v. f. Petit.

Donné à P. de M.

Lyonnais.

2156. — Armorial de la province de Beaujolais, par le baron Ferdinand de La Roche La Carelle. Imp. L. Perrin, Lyon, 1853, in-8, m. b., dent. int., tr. dor, Niedrée. *Ex-libris* de Pominet.

2157. — Almanach astronomique et historique de la ville de Lyon et des provinces du Lyonnais, Forez et Beaujolois, pour l'année bissextile 1788. Lyon, in-8, v. brun.

Normandie.

2158. — Le journal de la comtesse de Sauzay. Intérieur d'un château normand au xvie siècle par M. le comte H. de La Ferrière-Percy. Paris, Aubry, 1859, in-16, d.-rel. et c. m. vert, tête dor.

Donné à P. de M.

2159. — Les La Boderie. — Etude sur une famille normande, par M. le comte H. de La Ferrière-Percy. Paris, Aubry, 1857, in-16, d.-rel. toile.

Donné à P. de M.

Orléanais.

2160 — Dangeau et ses seigneurs (1064-1790) par M. Maurice de Possesse. Chartres, imp. Ed. Garnier, 1878, petit in-8, br.

Paris.

2161. — * Histoire physique, civile et morale de Paris.., par J. A. Dulaure. Paris, Guillaume, 1823-24, 10 vol. in-8, d.-rel. v. f. Atlas. In-folio en large, d.-rel. v. rouge.

Maisons nobles.

2162. — Duchesne (André). Histoire généalogique de

la maison de Montmorency et de Laval. Paris, Seb. Cramoisy, 1624, in-fol., m. r., dent. int., f. comp. et armes de Bastard s. l. p. tr. dor. Niedrée.

Donné à P. de M.

2163. — Histoire généalogique de la maison de Neufville d'après d'anciennes chartes et des documents inédits, par A. C. de Neufville. Amsterdam, 1869, in-4, m. r., dent. int., tr. dor., armes de Bastard s. l. p. Niedrée.

Donné à P. de M.

2164. — Généalogie historique de la maison de Saint-Mauris..., par C E.-P., marquis de Saint-Mauris. S. l. n. d. (1832) in-folio, m. r., dent. int., tr. dor., armes des Bastard s. l. p. (Belz-Niedrée).

Donné à P. de M.

2165. — Généalogie de la très illustre, très ancienne et autrefois souveraine maison de La Tour...., recueillie par le sieur Flacchio. Bruxelles, chez Antoine Claudinot. 1709, 3 vol. in-f°, m. brun, dent int., tr. dor. Armes des Bastard s. l p. Belz-Niedrée.

Donné à P. de M.

2166. — Généalogie de la maison de Roquelaure, tirée du vol. VII de l'hist. généal. et chronol. des grands officiers de la couronne. Paris, imp. veuve Thiboust, 1762, in-8, m. v., dent. int., tr. dor. Armes de Mme de R. s. l. p. Petit.

Donné à P. de M.

2167. — Archives généalogiques de la maison de Sartiges, suivie de l'armorial de ses alliances. Clermont-Ferrand. imp. F. Thibaud, 1865, in-4, m. r. dent. int., tr. dor., Brany. Exempl. n° 14.

Donné à P. de M.

2168. — Généalogie de la maison de Bastard, originaire du comté Nantais, existant encore en Guienne. Paris, Schneider, 1847, in-4, dem.-rel. et c. m. r., armes de Bastard.

Donné à P. de M.

2169. — Notice historique sur la maison de Chabannes ou de Chabannées. Clermont-Ferrand, imp. F Thibaut, 1864, in-4. cart. brad.

2170. — Histoire généalogique et héraldique sur la maison des Tyrel..., par M. Cuvillier-Morel-d'Acy. Paris, 1869, in-8, m. r. dent. int. tr. dor. Armes des Bastard s. l. p. Niedrée.

Donné à P. de M.

2171. — Esquisses biographiques extraites des tablettes généalogiques de la maison de Goethals, par le chevalier Lévêque de La Basse-Moûturie. Paris, Le Normant, 1837, in-12, m. vert, dent. int., tr. dor., armes de Mme de R. s. l. p. Niedrée.

Donné à P. de M.

2172. — Histoire généalogique de la maison de Plœuc, par Denis de Thézan. Beauvais, imp. Eugène Laffineur, 1873, m. r., dent. int., tr. dor. Armes des Bastard sur les plats. Belz-Niedrée.

Donné à P. de M.

DOCUMENTS POUR L'HISTOIRE DES FAMILLES.

2173. — (Portefeuille). — Mémoires. Factums. Parlement de Toulouse, xviiie siècle. De Martres, au nom de ses enfants. donataires de l'abbé de Carrière, contre Jean Paul de Flottes, héritier de l'abbé de Carrière. In-f°, 17 pp.

2174. — Louis de Mondran, écuyer, contre Joseph Portella. In-f°, 6 pp.

2175. — Charles de Monlezun de Lupiac, comte de Moncassin, contre les sieurs Arexis. In-f°, 5 pp.

2176. — De Montesquiou, comte de Marsan, contre Labat et Estevé. 4 fact. in-f° de 16, 19, 40. 14 pp.

2177. — Petit contre de Saint-Félix, seigneur de Deyne. In-f°, 24 pp.

2178. — Rose de Rességuier, épouse de noble François d'Esparbès, contre Jean Lartigue. In-f°, 8 pp.

2179. — Louis-François de Nozié de Laval, contre Bernard-Gaudens de Méritens. In-f°, 7 pp.

2180. — Antoine d'Albert, contre la communauté de Gourdon. In-f°, 12 pp.

2181. — François-Bazile Baric, contre Lambert de Preissac de Maravat. In-f°, 13 pp.

2182. — Augustin de Baron de Belesta, contre Ladebat, de Seissan de Marignan et le chapitre de Condom. 2 fact. in-f°, 28 et 29 pp.

2183. — Jacques de Courdurier contre Jean de Laporte. In-f°, 12 pp.

2184. — (Portefeuille). — Mémoires, consultations, factums. Parlements de Toulouse et de Bordeaux xviii° siècle.

Jean de Gautier de Savignac contre Marie-Marguerite de Gautier de Savignac. In-f°. 5 pp.

Philibert de Guérin, baron de Montjaloux, contre Philibert Dapcher. In-f°, 10 pp.

Marie-Charlotte d'Hozier de Lagarde contre Joseph Bousquet. In-f°, 19 pp.

Jean et Catherine Levère contre Barthélemi Levère. 2 fact. in-f°, 18, 28 pp.

Antoine-Noel Delclaux, curé de Castelnau-de-Monratier contre Jean-Léon de Bonal, baron de Castelnau-de-Monratier. (Droits honorifiques dans l'église). In-f°, 25 pp.

Le syndic des habitants de Salelles contre le prieur (dîmes). In-f°, 10 pp.

César-Malvin de Montazet, seigneur de Pachins contre les tenanciers des fiefs de Bourran et La Barasquié. Plans mss. desdits fiefs. In-f°, 34 pp.

Louis-Jean-Pierre-Marie Gilbert de Moncalm de Gozon contre la communauté du Vestrié (droits de pêche). In-f°, 9 pp.

De Mourlens contre de Sapté. 3 fact. in-f° 11, 20, 10 pp.

Jean-Philippe Descrimes contre Vacqué de Falagret. In-f°, 8 pp.

Jean-Paul Degua de Malves, contre Dangely de La Baume. In-f°, 25 pp.

Jean de Saint-Julien de Corbières contre Louise Ducros. 3 fact. in-f°, 20, 4, 8 pp.

Marie-Anne de Saint-Félix contre Jeanne de Peytès. In-f°, 12 pp.

Charles de Serignat, seigneur de Saint-Jean Pouge, contre Garros. 2 fact. in-f° et in-4, 18 et 10 pp.

Marquise de Poulpry contre le sieur Chambert. In-f°, 16 pp.

2185. — (Portefeuille.) — Mémoires, factums, consultations. Parlement de Toulouse, xviii° siècle.

Le duc d'Uzès contre le marquis d'Apchier. 6 fact. in-4 de 100, 70, 23, 44, 8, 4 pp.

Elisabeth Desnault, héritière de Pierre Félix de Boschier, contre Marie-Julie, fille naturelle dudit sieur de Boschier. 13 fact. in-4 de 41, 48, 40, 38, 20, 32, 27, 17, 8, 26, 9, 40, 29 pp.

2186. — Volume br. Requête, mémoires, factums pour Pierre de Lur, marquis de Saluces et Henri-Hercule-Joseph de Lur, comte de Saluces, l'un et l'autre maréchaux de camp des armées du roi, contre Comarieu, inspecteur-général du Domaine de la Couronne. Conseil d'Etat, xviii° s. 5 fact. in-4 de 60, 18, 46, 164, 81 pp.

2187. — (Portefeuille.) - Factums etc. pour la dame de Valory contre M° Courtin, avocat. Châtelet, xviii° s. 9 fact. in-4 de 65, 18, 23, 40, 23, 10, 70, 34, 106 pp. et 1 fact. in-12 de 35 pp.

2188. — (Portefeuille.) — Succession du sieur Boucher, secrétaire du roi. Procès entre les héritiers directs et une fille naturelle. Paris, xviii° s. 10 fact. in-4 de 30, 111, 43, 42, 8, 8, 29, 50, 4, 42 pp. et 1 note ms.

2189. — (Portefeuille.) — Le duc de Lorges contre le vicomte et la vicomtesse de Choiseul. (2° création du duché Lorges.) Paris, xviii° s. 11 fact. etc. in-4 de 53, 104, 16, 28, 8, 27, 45, 52, 55, 8, 31 pp.

2190. — (Portefeuille.) — Le comte de Guines, ambassadeur du roi, contre Tort, son ci-devant secrétaire. (Jeu à la banque). Paris, Châtelet, xviii° s. 5 fact. etc. in-4 de 186, 83, 47, 15, 96 pp.

2191. — (Portefeuille.) — Factums, mémoires, etc. du XVIII⁰ s.

De Meyzieu, contre le marquis de Brunoy, 2 fact. in-4, de 28, 28 pp.

Dame Cheverlanges contre M. Chabrol, 2 fact. in-4, de 12, 12 pp.

Jean-Charles de Montalembert contre le sieur du Tillet. 2 fact. in-4 de 92 et 34 pp.

Le chevalier de Mourlens contre l'abbé de Sapte. 3 fact. in-4 de 28, 16, 72 pp.

Hatte de Rougemont. (Reconnaissance d'état-civil.) 6 fact. in-4 de 59, 10, 53, 59, 53, 8 pp.

Comte de Morangiès contre la dame Romain et le sieur Dujonquai. 3 fact. in-4 de 101 22, 31 pp.

2192. — (Portefeuille.) — Factums, mémoires, etc. du XVIII⁰ s.

Jean-François-Régis de Vignes, marquis de Puylaroque, contre la dame de Montesquieu, marquise d'Hautpoul. 4 fact. in-4 de 80, 87, 36, 61 pp.

Dame Marie-Rose-Josephe de Farjonel de Monze contre J.-Jos. Marie de Farjonel. 5 fact. in-4] de 65, 38, 26, 15, 54 pp.

2193. — (Portefeuille.) — Factums, mémoires etc., du XVIII⁰ s.

Monlien Ducoudray contre la dame de Roncherolles. (Adultère.) 2 fact. in-4 de 125, 276 pp.

2194. — (Portefeuille.) — Factums, mémoires, etc. du XVIII⁰ s.

Marie-Catherine Palherols contre Jean-François Lafont. In-4, 28 pp.

Duc de Luxembourg contre Biou. In-4, 12 pp.

Comte d'Ouches. (Revendication de la terre d'Apremont en Lorraine). In-4, 16 pp.

Armand-Louis-Joseph Paris de Montmartel contre Boudot. In-4, 14 pp.

Les hoirs de J.-B.-Raymond de Pavée contre les consuls de Sommières In-4, 15 pp.

De Pagès, vicomte de Beaufort, contre Pagès. In-4, 27 pp.

Joseph de Péglion contre les héritiers d'Albert de Luynes, prince de Grimberghen. In-4, 149 pp.

Brigitte Lassalle contre Marc-Antoine Acher de Cahuzac. In-4, 76 pp.

2195. — (Portefeuille.) — Factums, mémoires, etc., du XVIIIe s.

Le comte de Broglie contre l'abbé Georgel. 4 fact. in-4, de 10, 3, 13, 6 pp.

Catherine Rigal contre Henri Massol, seigneur de Jonquières. 3 fact. in-4, de 44, 69, 36 pp.

Jacques-Louis de Bec de-Lièvre. In-4, 54 pp.

De La Godinière contre sa femme et Louis Roure. (Adultère). In-4, 50 pp.

Le vicomte de Besse contre Camille-Crispin Nègre. In-4, 14 pp.

Baron et baronne de Bagge. 2 fact. in-4 de 39 et 23 pp.

L'avocat Linguet (accusé de calomnies). 10 fact. in-4 de 46, 90, 3, 36, 40, 4, 7, 45, 15, 32 pp.

Bonnet contre de Rachas. In-4, 27 pp.

Succession du baron de Bousbèque. In-4, 29 pp.

Marquis d'Apchier contre le duc d'Uzès. 4 fact. in-4 de 88, 28, 37, 99 pp.

2196. — (Portefeuille). — Factums, mémoires, etc. du XVIIIe s.

La marquise de Livry contre le sieur de Campistron. In-4, 34 pp.

Dame de Labat contre le sieur de Kéralio. In-4, 16 pp.

De La Ronce de Colombel. In-4, 32 pp.

De Rouvray, chevalier, contre de Reverseaux. In-4, 21 pp.

Comtesse de Béthune. 5 fact. in-4 de 62, 7, 84, 67, 26 pp.

De Vilemore contre le duc de Bouillon. In-4, 16 pp.

Joseph Moulins Brunet d'Evry contre Charles Girard. In-4, 34 pp.

Denise contre de Baudouin. In-4, 40 pp.

Marquis de Bussy contre les directeurs de la Compagnie des Indes. In-4, 23 pp.

2197. — (Portefeuille). — Factums, mémoires, etc. du XVIIIe s.

Gobeau de Rouvroy contre Werwost. In-4, 48 pp.

Alexandre-Pierre du Gaigneau de Châteaumorant contre Jean Bomberault de La Vallée In-4. 25 pp.

Guillaume Duplessis contre la demoiselle de Beauval. In-4, 38 pp.

Marie-Charlotte de Guilhem de Clermont-du-Bosc. In-4, 22 pp.

Jean-Baptiste de Granal contre Constantin de Batx. 2 fact. in-4, 30 et 21 pp.

Ve Leclerc contre le marquis du Roure. In-4, 11 pp.

Duc de Luxembourg. In-4, 21 pp.

Comte de Joyeuse contre Nottret. In-4, 15 pp.

Pierre de Jassaud contre Boyaval. In-4, 23 pp.

De Lur de Saluces. In-4, 76 pp.

François de Vedel-Montel, accusé de complicité de faux par le duc de Richelieu. In-4, 134 pp.

2198. — (Portefeuille). — Factums, mémoires, etc. du XVIIIe s.

De Lafare, 8 fact. in-4 de 28, 68, 16, 11, 4, 43, 42, 23 pp.

Jeanne-Françoise-Rose du Bousquet contre Jean-Léon Ronal. In-4, 46 pp.

Charles-François de L'Enfernat contre Louis-Hilaire du Boucher. 2 fact. in-4 de 15 et 33 pp.

Jacques-Joseph Dignot de La Maillauderie contre Claude-Louis-Marie Puvis. In-4, 29 pp.

Desportes de Precy contre Madeleine Petitier de Chaumail. In-4, 55 pp.

Joseph Dubois contre Guillaume Desmaisons. In-4, 22 pp.

Le chevalier de Baudouin des Pins. In-4, 43 pp.

Elie de Beaumont contre le sieur de La Roque. In-4, 37 pp.

De Maillé Brezé. In-4, 22 pp.

2199. — (Portefeuille.) — Factums, mémoires, etc. du xviii° s.

Noël Madier contre le marquis de Gras. In-4, 26 pp.

Jean-Baptiste Fortemps, prêtre, contre François de Mailly, archevêque de Reims. In-4, 11 pp.

Laurent-Félix-Hyacinthe de Marquetel contre les curateurs du prince de Guéméné. 2 fact. in-4 de 14 et 4 pp.

De Meung de La Ferté. In-4, 48 pp.

De Brunoy. In-4, 19 pp.

Charlotte-Elisabeth de Monmerqué contre Olimpe-Philippe de Conighan. In-4, 55 pp.

Alexandre-François, comte de Mun contre Jean-Charles-Louis-Augustin Daspe, baron de Meilhan. 9 fact. in-4 de 34, 44, 50, 65. 57, 60, 21, 10, 40, 36 pp.

Jean-Antoine Raynal contre Alexandre-Claude-George-Hypolite d'Advizard. 3 fact. in-4 de 20, 16, 7 pp.

2200. — (Portefeuille). — Factums, mémoires, etc., xviii° siècle.

La baronne de Malleville contre le président de Senaux. 3 fact. in-4 de 13, 8, 15 pp.

Maurice-Louis Henry contre Jean-Baptiste Gilbert Gérard. In-4, 32 pp.

Dame de Carrion de Murviel, contre dame de Lacroix de Candillargues. 6 fact. in-4 de 32, 20, 50, 72, 7, 35 pp.

Anne-Catherine Carré contre Hubert. In-4, 12 pp.

Laurent de Chéry contre Jean Robin. In-4, 31 pp.

Pierre-Philibert Guérin de Chavaniac contre Charlotte-Louise de Motier de Lafayette. 2 fact. in-4, de 77 et 38 pp.

De Mazade de Perein. 5 fact. in folio, de 15, 4, 23, 13, 6 pp. Notes mss. de Mme de R.

Jean Desinnocends contre Jean Soulès. In-folio, 16 pp.

2201. — (Portefeuille). — Factums, mémoires, etc., xviii° s.

Le comte de Montcalm contre de Brandouin de Balaguier; — contre le marquis d'Avèze. 2 fact. in-4, de 142, 83 pp.

De Thézan contre divers. 4 fact. in-4, de 10, 27, 81, 31 pp.

Guillaume-Pierre Tavernier de Boullongne contre le marquis de Joyeuse. In-4. 18 pp.

Le Chevalier de Solages contre divers. In-4, 57 pp.

De Tanus. In-4, 54 pp.

Marquise de Choiseul Beaupré contre Duplessis. In-4, 38 pp.

Comte de Choiseul Gouffier. In-4, 36 pp.

De Choiseul. In-4, 16 pp.

Comte de Carcado. In-4, 11 pp.

Pierre de La Cave contre de Narbonne-Florensac. In-4, 82 pp.

Collet de Charmoy contre de Formanoir de Palteau. In 4, 35 pp.

2202. — (Portefeuille). — Factums, mémoires, etc., XVIIIe s.

Comte de Caylus. In-4, 18 pp.

De Castellane. évêque et gouverneur de Mende. In-4, 109 pp.

Sieur Carrelet. In-4, 16 pp.

Gabrielle Dufaur de Bioule-Daliès contre Tristan de Papus. 3 fact in-4, de 57, 32, 12 pp.

Etienne-François d'Aligre contre François-Joseph-Emmanuel de Crussol d'Usès. 7 fact. in-4, de 24, 8, 17, 8, 4, 2, 8 pp.

Prince de Marsan. In-4, 23 pp.

Vicomte d'Esclignac, marquis de Fimarcon, contre le comte de Preissac. 4 fact. in-4 de 16, 12, 4, 30 pp.

Le comte de Bragelongue contre de Pelletot. In-4, 76 pp.

Durey de Noinville. In-4, 64 pp.

2203. — (Portefeuille). — Factums, mémoires, etc , XVIIIe s.

Créanciers de Milleville. 8 fact. in-4, de 32, 7. 7, 12, 26, 4, 7, 36 pp.

Gabrielle-Josephe Fortisson contre Jean Lachaume. In-4, 74 pp.

De Vienne contre de Seissan de Marignan. In-4, 11 pp.

Jean-Baptiste de Varoquier, contre Michel-Etienne Dizarn. In-4, 45 pp.

De Vernhes contre de Senaux. 2 fact. in-4, de 30 et 16 pp.

Les héritiers du marquis de Ville-Vieille contre les habitants de Sommières. 2 fact. in-4, de 29 et 44 pp.

Dame Marie-Edmée Chevalier de Ribourdin contre René Liégeard de Ligny. 8 fact. in-f° et in-4, de 62, 3, 48, 36, 8, 4, 42, 9 pp.

Jean-François Roux de Pauliac. In-4, 27 pp.

Marquis et chevalier de Veynes et de Plan, contre le marquis de Latour-Dupin. In-4, 71 pp.

2204. — (Portefeuille). — Factums, mémoires, etc., xviii° siècle.

Demoiselle de Sers de Nogarède contre Villeneuve. 2 fact. in-4, 25 et 32 pp.

Guillaume Rafin d'Hauterive contre Guillaume Juliart. In-f°, 14 pp.

Les hoirs de dame de Monlezun de Saint-Padon contre M° Francain. 2 fact. in-4, de 20 et 7 pp.

Dame Deslacs, veuve du baron de Pelegrue, contre Bonal, seigneur de Castelnau. In-f°, 8 pp.

Marguerite de Morlan contre divers. In-f°, 27 pp.

Auxion de Saint-Martin contre la comtesse de Paulo. In-f°, 28 pp.

De La Prune-Cardonnac contre le comte de Clarac. In-f°, 10 pp.

Philippe Picot, baron de Basus, contre Marie-Antoinette de Caussade. 2 fact. in-f°, de 22, 22 pp.

2205. — (Portefeuille). — Factums, mémoires, etc.. xviii° s.

Dame Anne de Rufies contre Claude-François de Jougla. In-f°, 10 pp.

Vicomte d'Alos contre la communauté de Rogale. In-f°, 38 pp.

Begon contre Louise-Marguerite Cornier. In-f°, 24 pp.

Joseph-Hyacinthe de Benavent de Sales contre dame Marie-Thérèse de Gléon de Durban. In-f°, 12 pp.

Jean-Paul de Bernardy contre Gabriel Florent de Latour. In-f°, 15 pp.

Jacques de Panafieu contre Pierre Bonniol. In-f°, 12 pp.
Marquis de Mirepoix. In-f°, 5 pp.
Guillaume Lavolvène contre Faure. 2 fact. in-f°, 23 et 12 pp.
De Limairac contre Jean-Jacques de Balza. In-f°, 20 pp.

2206. — (Portefeuille). — Factums, mémoires, etc., xviii° s.

Marguerite de Sales contre Marie de Bruès. In-f°, 12 pp.
D'Arlach. In-f°, 8 pp.
De Genibrouze contre de Larrivière. In-f°, 8 pp.
Marie Dufaur de Pibrac contre Simon de Cazalès. In-f°, 7 pp.
Cabantous contre Jean-Joseph de Tayrac. 2 fact. in-f°, 20 et 12 pp.
De Seissan. In-f°, 7 pp.
De Tenet contre le comte et le marquis de Castelbajac. 2 fact. in-f°, de 10, 39 pp
Gabriel de Solages contre Jean-Antoine de Barran. 2 fact. in-f°, de 51 et 90 pp.
Marquise de Cabris. In-4, 82 pp.

2207. — (Portefeuille). — Factums, mémoires, etc., xviii° s.

Jacques Lafforgue de Bellegarde contre de Seignan. 2 fact. in-4, 27 et 14 pp.
Louise de Castelbajac contre Guillaume Benquès. In-f°, 12 pp.
Urbain-Elisabeth de Ségla contre Bertrand de Comynihau d'Olive. In-4, 22 pp.
Jean-Marc-Arnaud de Revel contre le syndic de l'hôpital de La Grave de Toulouse. 4 fact. in-4, de 31, 26, 46, 55 pp.
De Sourches. In-4, 58 pp.
De Boubée-Brouquens contre Barret. In-4, 12 pp.
Guestier contre Mitchell. In-4, 47 pp.

2208. — (Portefeuille). — Factums, mémoires, etc., xix° s.

La dame de Brassac contre le citoyen de Puntis. 4 fact. in-4, de 16, 16, 54, 60 pp.

Mlle Larissa Merle. In-4, 48 pp.

Jean-Michel Laroche contre le marquis d'Hautefort. In-4, 22 pp.

Martin Laroche contre Jean Beauregard. In-4. 34 pp.

Henri-Léon-Edmond de Morin, baron de Sendat, contre Jean Plantié. In-4, 36 pp.

Boubée de Brouquens. In-4, 189 pp.

Beaudouin et Gouges contre Sourcil. In-4, 27 pp.

Pierre Changeur. In-4, 54 pp.

Les héritiers Delaveau contre les héritiers de Peyroche. In-4, 28 pp.

2209. — (Portefeuille). — Factums, mémoires, etc., XIXe s.

Mme de Mellet de Bonas contre Auguste Robert. In-4, 19 pp.

De Lagarde contre Lhuilier. In-4, 35 pp.

Guillaume Labarthe. In-4, 34 pp.

Laroque contre Lacrompe. In-4, 13 pp.

Pline Faurie. In-4, 20 pp.

Edouard de Bethman contre Basse 2 fact. in-4, de 27 et 25 pp.

Les héritiers de Ducluzeau de Maréal contre Jérôme Lamy. In 4, 55 pp.

De Bonneval contre du Gout. In-4, 39 pp.

Les héritiers de Louis-Grand de Bellussière contre divers. In-4, 83 pp.

2210. — Note à la cour d'appel d'Agen pour M. Marraud contre M. Duvignau. (2 broch. in-8, Paris, 1883, de 63 et 74 pp.) br.

2211. — (Portefeuille). — 5 pièces, papier, in-folio en large.

Lettres de faire part pour les enterrements de Catherine de Mailly; — Henri-Nicolas Lecomte d'Effincourt; — Jacques Coutier-Clicquot; — Anne-Thérèse Nivet de Dugny; —

Marie-Anne-Julie Hoquet. (1773-1786.) Encadrements noirs. Initiales ornées

Etranger.

2212. — Annuaire statistique des familles de Gand, par Gustave Hoorebeke. Gand, imp. Annoot-Braeckman, 1858-61, 4 vol. in-32, v. f., armes de Mme de R. s. l. p., tr. dor. Petit.

Donné à P. de M.

2213. — Collection de tombes, épitaphes et blasons recueillis dans les églises et couvents de La Hesbaye. Gand, Gyselynck, 1845, in-8, d. r. et c. v. f. tête dor. Niedrée.

2214. — Généalogie de la famille du Chastel de La Howardries, par le comte Paul du Chastel de la Howardries. Tournai, imp. Malo et Levasseur, 1872. In-8, m. r. dent. int., tr. dor. armes de Bastard s. l. p. Niedrée

Donné à P. de M.

2215. — Notice historique, généalogique sur la maison du Bois-Halbran..., par le chevalier Joseph-Anacharsis du Bois Halbran. Paris, 1870, in-12, m. b. dent. int , tr. dor. armes de Bastard s. l. p. Belz-Niedrée.

Donné à P. de M.

2216. — Généalogie de la maison royale de Savoie. In-folio plano, imp. à 3 couleurs, par Louis Perrin, 1855. Pièce encadrée.

2217. — Le blason des couleurs en armes, livrées et devises par Sicille, hérault d'Alphonse V, roi d'Aragon, publié et annoté, par Hippolyte Cocheris. Paris, Aubry, 1860, in-16, cart. brad.

Donné à P. de M.

2218. — Armorial historique de Neuchâtel, par A. de Mandrot et G. du Bois-de-Pury. Neuchâtel, imp. James Attinger, 1864, in-4, d.-rel. et c. m. r. tr. dor. Niedrée.

2219. — Armorial historique du canton de Vaud, par A. de Mandrot. Lausanne, Martignier, 1856, in-4, m. r. dent. int., tr. dor. Petit.

Donné à P. de M.

Biographies.

2220. — Adadémie des sciences et des arts, contenant les vies et les éloges histor. des hommes illustres, par Isaac Bullart. Amsterdam, 1682. 2 vol. in-f°, v jas.
Donné à P. de M.

2221. — * Dictionnaire historique et critique de Pierre Bayle. Nouv. édit. Paris, Desoer, 1820. 16 vol. in-8, d.-rel. v. b.

2222. — * Biographie universelle classique ou dictionnaire portatif, par une société de gens de lettres. Paris, Charles Gosselin, 1829, 4 vol. in-8, d.-rel. v. f.

2223. — Mélanges biographiques et littéraires, par M. Guizot. Paris, Michel Lévy, 1868, in-8, br.

2224. — La famille de Jeanne d'Arc, par E. de Bouteiller et G. de Braux, lorrains. Paris et Orléans, 1878. in-8, br. Papier de Hollande.
Donné à P. de M.

2225. — Nouvelles recherches sur la famille de Jeanne d'Arc, par E. de Bouteiller et G. de Braux. Paris, Claudin, 1879, in-8, br. Pap. de Hol.
Donné à P. de M.

2226. — Bernard Palissy. Etude sur sa vie et ses travaux par Louis Audiat. Paris, Didier, 1868, in-12, d -rel. v. f.

2227. — Madame de Beauharnais de Miramion. Sa vie et ses œuvres charitables (1629-1696), par Alfred Bonneau. Paris, Poussielgue, 1868, in-8, d.-rel. m. violet.

2228. — Auguste Vitu. La maison mortuaire de Molière. Paris, A. Lemerre, 1883, in-8, br.

2229. — Un patricien au xviie siècle. Louis de Geer. Etude biographique, par Pierre de Witt. Paris, Didier, 1885, in-8, br.

2230. — Une abbesse de Fontevrault au xviie siècle. Gabrielle de Rochechouart..., par Pierre Clément. 2e édit. Paris, Didier, 1871, in-12, d.-rel. chag. vert.

2231. — Mémoires touchant la vie et les écrits de Marie de Rabutin Chantal, par le baron Walckenaer. 3ᵉ édit., Paris, Firmin Didot, 1856-65, 6 vol. in-8, d.-r. et c. m. b. Petit.
Donné à P. de M.

2232. — Madame de Sévigné en Bretagne, par Léon de La Brière. Paris, Jules Gervais, 1882, in-18, br.

2233. — Deux chrétiennes pendant la peste de 1720, par Charles de Ribbe. Paris, Joseph Albanel, 1874, in-12, br.

2234. — * Histoire de Maurice, comte de Saxe, par M. le baron d'Espagnac. Paris, 1773, 2 vol. in-12, v. m.

2235. — * Histoire de Maurice, comte de Saxe. Dresde, G.-Conrad Walther, 1770, 2 vol. cart.

2236. — Anne-Paule-Dominique de Noailles, marquise de Montagu. 4ᵉ édit., Paris, Dentu, 1865, in-12, d.-rel. m. r.

2237. — Vie de Madame de La Fayette, par Mᵐᵉ de Lasteyrie, sa fille. Paris, Téchener, 1868, in-12, d.-rel. m. rouge.

2238. — De la propriété littéraire. — Un procès contre M. le duc de Noailles et consorts, ou fin de l'histoire de la marquise de Montagu, par Auguste Callet. Paris, libr. nouv., 1865, in-8, d.-rel. m. r.

2239. — Vie d'Antoine du Prat, chancelier de France…, par le marquis du Prat. Paris, Techener, 1857, in 8, d.-rel. chag. marron.

2240. — Glanes et regains récoltés dans les archives de la maison du Prat. Versailles, Beau jeune, 1865, in-8, d.-rel. chag. marron.

2241. — Notes sur les tableaux vendus, pillés, saccagés et sauvés de mon pauvre vieux château de La Goupillère, par Mᵐᵉ du Prat, née Brillon. Versailles, imp. Beau jeune, 1863, in-8, d.-rel. chag. marron.

2242. — Vie de la princesse de Poix, née Beauveau, par la vicomtesse de Noailles (1750-1833). Paris, typ. Lahure, 1855, in-8, d.-rel. m. rouge.

2243. — Rivarol Sa vie et ses œuvres, par M. Léonce Curnier. Nimes, imp. Ballivet, 1858, in-12, d.-rel. v. vert.

2244. — * Mémoires de Marie-Françoise Dumesnil en réponse aux mémoires d'Hyppolite Clairon. Paris. Dentu, an VII, in-8, d.-rel. v. violet.

2245. — * Mémoires de George-Anne Bellamy, actrice du théâtre de Covent-Garden, traduit de l'anglais, par A.-V. Benoist. Paris, H. Nicolle, an VII, 2 vol. in-8, d.-rel. v. bleu.

2246. — * Oraison funèbre de Maurice de Tascher et d'Eugène de Tascher, par leur frère, le baron Ferdinand de Tascher. Paris, 1814, in-8, br.

2247. — Lettres inédites de Jacques Faye et de Charles Faye, publiées par Eugène Halphen. Paris. Champion, 1880, in-8, br. Pap. de Hol.

Donné à P. de M.

2248. — Souvenirs et correspondance tirés des papiers de Madame Récamier. Paris, Michel Lévy, 1860, 2 vol. in-8, d.-rel. v. bleu.

2249. — Vie de Becquey, ministre d'Etat, par Beugnot. Paris, Firmin Didot, 1852, in-8, m. r., dent int., tr. dor. Niedrée. *Ex libris* de Pominet.

2250. — Victor Hugo avant 1830, par Edmond Biré. Paris, Nantes, 1883, in 18, br.

2251. — Paul de Musset. Biographie de Alfred de Musset. Sa vie et ses œuvres. 2e édit. Paris, Charpentier, 1877, in-18, br.

2252. — Madame Swetchine, sa vie et ses œuvres, publiées par le comte de Falloux. Paris, A. Vaton, 1860, 2 vol. in-12, d.-rel. v. vert.

2253. — Comtesse de Charpin Feugerolles. Isabeau de Cremeaux, baronne de Feugerolles. Lyon, Pitrat, 1882, broch. in-8, de 30 pp. br.

2254. — Prosper Mérimée. Ses portraits, ses dessins, sa bibliothèque. Etude par M. Tourneux. Paris, Charavay, 1879, in-8, br., pap. de Hol.

Donné à P. de M.

2255 — Notice sur M. le duc de Luynes, membre de l'Institut, par J. L. A. Huillard-Bréholles. Paris, Plon, 1868, in-8, br.

2256. — Maurice de Guérin. — Journal, lettres et poèmes, publiés par G. S. Trébutien.

2257. — Eugénie de Guérin. — Journal et lettres. — Lettres. Paris, Didier, 1863-65, 3 vol. in-18, d.-rel. v. r.

2258. — *Quelques années de ma vie, par Alexandrine des Echerolles. Moulins, Martial Place, 1843, 2 vol in-8, br.

2259. — Claude Vento (Violette). Les grandes dames d'aujourd'hui. Illustrations de Saint-Elme Gautier. Paris, Dentu, 1886, in-8, br.

Bibliographie.

2260. — La librairie de Jean, duc de Berry, au château de Mehun-sur-Yèvre (1416), publié par Hiver de Beauvoir. Paris, Aubry, 1860, in-16, d.-rel. m. bleu.

Donné à P. de M.

2261. — Le bibliophile français. Gazette illustrée des amateurs de livres, d'estampes et de haute curiosité. Paris, 1868-73, 7 vol. in-4, d.-rel. et c. m. r. tête dor.

Donné à P. de M.

2262. — Montesquieu. Sa réception à l'Académie française et la 2ᵉ édition des Lettres Persanes (Louis Vian). Paris, Didier, s. d. br. in-12 de 24 pp. br.

2263. — Montesquieu. Bibliographie de ses œuvres, par M. Louis Vian. Paris, Durand, 1872, broch. in-12, 32 pp. br.

2264. — Histoire de la Bibliothèque Mazarine, par Alfred Franklin. Paris, Aubry, 1860, in-16, d.-rel. chag. vert.

Donné à P. de M.

2265. — Histoire de l'Académie française, par MM. Pellisson et d'Olivet. Paris, J. B. Coignard, 1743, 2 vol. in-12, v. m.

2266. — Philobiblion, excellent traité sur l'amour des livres, par Richard de Bury... traduit... par Hippolyte Cocheris. Paris, Aubry, in-16 cart. brad.

Donné à P. de M.

2267. — A. Poulet-Malassis. Les ex-libris français. Paris, P. Rouquette, 1875, broch. in-8 de 79 pp. br. et album.

2268. — Joannis Guigard. Armorial du bibliophile. Paris, Bachelin-Deflorenne, 1870-73, 2 vol. in-8, m. f., dent. int., tr. dor., armes de Bastard s. l. p. Niedrée.

Donné à P. de M.

2269. — Histoire des livres populaires ou de la littérature du colportage, par Charles Nisard. Paris, Dentu, 1864, 2 vol. in-18, br.

2270. — Catalogues de bibliothèques: Arthur Dinaux, 1864; — comte de L... 1866; — comte d'U... 1868. Ens. 4 vol. in-8, br.

2271. — Catalogue des livres composant la bibliothèque de feu M. le baron James de Rothschild. T. I. Paris, Damascène Morgand, 1884, in-8, br.

2272. — Causeries d'un curieux, variétés d'histoire et d'art tirées d'un cabinet d'autographes et de dessins. Paris, Plon, 1862, 2 vol. in-8, d.-rel. m. du Lev. Initiales M. R. et couronne de comte s. l. dos.

2273. — Les autographes en France et à l'étranger, par M. de Lescure. Paris, Jules Gay, 1865, in-8, br.

2274. — Les archives de la France, par le marquis de Laborde. Paris, v^{ve} Renouard, 1867, in-12, d.-rel. v. r.

Etranger.

2275. — Discours sur l'histoire universelle, par J.-B. Bossuet, précédé d'une notice littéraire par M. Tissot. Paris, L. Curmer, s. d., 2 vol. in-4, d.-rel. et c. chag. violet, tr. sup. dor.

2276. — * Histoire ancienne, par M. Rollin. Nouv. édit., Paris, v^{ve} Estienne, 1748-52, 13 t. in-12 en 14 vol. v. m.

2277. — * Histoire de Polybe, nouvellement traduite du grec, par dom Vincent Thuillier. Paris, 1727-30, 6 vol. in-4, v. m.

2278. — * Les œuvres morales de Plutarque translatées de grec en françois. Genève, imp. de Jacob Stœr, 1621, in-8, vél.

2279. — * Les vies des hommes illustres, traduites du

grec de Plutarque avec notes, par D. Ricard. Paris, Lebigre, 1832, 10 vol. in-8, d.-rel. v. r.

2280. — * La porte ouverte pour parvenir à la connaissance du paganisme caché ou la vraie représentation de la vie, des mœurs, de la religion et du service divin des Bramines... par le sieur Abraham Roger..., traduite en françois par le sieur Thomas La Grue. Amsterdam, Jean Schipper, 1670, in-4, v. p.

2281. — Michelet. Histoire romaine. Paris, Chamerot, 2 vol. in-18, br.

2282. — * Les Commentaires de César de la traduction de Perrot, sieur d'Ablancourt. Amsterdam, Abraham Wolfgang. 1678, in-12, vél.

2283. — Histoire de Jules César (par Napoléon III.) Paris, Plon, 1865-66, 2 vol. g. in-8, br.

2284. — * L'histoire des douze Césars empereurs romains avec leurs portraits, escrite en latin par Suétone et nouvellement traduite par du Teil. Lyon, J.-B. de Ville, 1685, in-12, v. f.

2285. — Les Césars, par le comte Franz de Champagny. 2ᵉ édit., Paris, L. Maison, 1853, 2 vol. in-8, d.-rel. v. violet.

2286. — Les Antonins, par le comte de Champagny. Paris, Ambroise Bray, 1863, 3 vol. in-8, br.

2287. — Histoire de l'ancien et du nouveau testament, imitée de Christophe Schmid, par J. Derome. Paris, Herder et Cⁱᵉ, 1836, 2 vol. in-8, d.-rel. v. bleu.

2288. — Vie de Jésus par Ernest Renan. 7ᵉ édition, Paris, Michel Lévy, 1863, in-8, br.

2289. — Les apôtres par Ernest Renan. Paris, Michel Lévy, 1866, in-8, br.

2290. — Rome et la Judée au temps de la chute de Néron, par le comte Franz de Champagny. Paris, Jacques Lecoffre, in-8, br.

2291. — * Vie de saint-Jean Chrysostome, patriarche de Constantinople. Lyon, Jean-Mathieu, 1683, in-8, v. p.

2292. — * Histoire générale de l'Etat présent de l'Europe Londres et Paris, Costard, 1774, 2 vol. in-12, v. m.

2293. — Œuvres complètes de Benvenuto Cellini, traduites par Léopold Leclanché. 2ᵉ édit., Paris, Paulin, 1847, in-12, 2 t. en 1 vol. d.-rel. v. violet.

2294. — La diplomatie vénitienne. — Les princes de l'Europe au xvıᵉ siècle... par M. Armand Baschet. Paris, Plon, 1862, in-8, br.

2295. — * Testament politique du cardinal Jules Albéroni, trad. de l'italien par le C. de R. B. M. Lausanne, Bousquet, 1753, in-12, v. m.

2296. — Le roi Victor-Emmanuel (1820-1864) par M. Charles de La Varenne. Paris, Plon, 1865, in-8, br.

2297. — * Le comte de Cavour. Récits et souvenirs par W. de La Rive. Paris, Hetzel, 1862, in-8, br.

2298. — * Histoire abrégée de l'Inquisition d'Espagne par Léonard Gallois. Paris, Chassériau, 1823, in-12, d.-rel. v. f.

2299. — Calendario manual guia de forasteros de Madrid. Madrid, 1855, 1865, 1866, 3 vol. in-16, cart. brad.

2300. — T. B. Macaulay. — Histoire d'Angleterre depuis l'avènement de Jacques II, trad. par le baron Jules de Peyronnet. Paris, Perrotin, 1853, 2 vol.
Histoire du règne de Guillaume III. Paris, 1857, 3 vol.
Ens. 5 vol. in-8, d.-rel. v. vert.

2301. — * Histoire d'Angleterre par David Hume, continuée jusqu'à nos jours par Smolett, Adolphus et Aikin, trad. nouv. par M. Campenon. Paris, Furne, 1839-40, 13 vol. in-8, d.-rel. v. v.

2302. — * Collection des Mémoires relatifs à la Révolution d'Angleterre. Paris, Béchet ; Rouen, 1823 et 1824, 25 vol. in-8, d.-rel. v. f.

2303. — Histoire des révolutions d'Angleterre par le Père d'Orléans. Paris, P.-Fr. Giffart, 1751, 4 vol. in-12, v. m.

2304. — Saint-Anselme de Cantorbéry... par Charles de Rémusat. Paris, Didier, 1853, in-8, d.-rel. v. vert.

2305. —Vie de Marie Stuart, reine d'Ecosse par F. Gentz, traduit de l'allemand par M. Damase de Raymond. Paris, cabinet de lect. et libr. de Rosa, 1813, in-32, d.-rel. v. f.

2306. — Louise de Kéroualle, duchesse de Portsmouth (1649-1734) par H. Forneron. Paris, Plon, 1886, in-8, br.

2307. — * La vie du général Monk, duc d'Albemarle... trad. de l'anglois de Thomas Gumble. Rouen, Jacques Lucas, 1672, in-12, br.

2308. — Revue Britannique ou choix d'articles traduits des meilleurs écrits périodiques de la Grande-Bretagne. Paris, 1825-1830.

T. 1 à 20 en 10 vol. cart.
T. 23 à 26 en 2 vol. cart.
T. 27, 3 livr. br.
T. 28, 29 en 1 vol. cart.
T. 30, 2 livr. br.

2309. — * Diorama de Londres ou tableau des mœurs britanniques en 1822, par M. E. D. S. Arcieu. Paris, Fr. Louis, 1823, in-8, d.-rel. v. f.

2310. — The pocket peerage of Great Britain and Ireland. London, 1851, 1855.

The peerage, baronetage and knightage of Great Britain and Ireland. Londres, 1858, 1859. 4 vol. in-16, cart. brad.

2311. — Les associations ouvrières en Angleterre (Trades-Unions) par M. le comte de Paris. Paris, Germer Baillière, 1869, in-12, d.-rel. m. du Lev.

2312. — La société de Berlin — de Londres — de Vienne — de Madrid, par le comte Paul Vasili. Paris, nouvelle revue, 1884-86, 4 vol. in-8, br.

2313. — Carte générale de l'Allemagne, comprenant l'ensemble des états de l'Europe centrale, par E. Andriveau. Paris, 1870. In-f° sur toile, plié.

2314. — * Histoire des principaux évènements du règne de F. Guillaume II, roi de Prusse... par L. P. Ségur l'aîné, Paris, Buisson, an IX, 3 vol. in-8, d.-rel. v. brun.

2315. — * Tableau géographique et politique des royaumes de Hongrie, d'Esclavonie, de Croatie, par M. Denian, trad. de l'allemand, publié par MM. Roth et Raymond. Paris, l'Huillier, 1809, in-8, d.-r. v. vert.

2316. — * Tableau statistique de la monarchie autrichienne au commencement de la guerre présente, par MM. Raymond et Roth. Paris, Arthus-Bertrand, 1809, in-8, d.-rel. v. vert.

2317. — * Vienne. Précis historique (par M. Damase de Raymond.) Paris, chez Latour, 1809, in-8, 85 pp., d.-rel. v. vert.

2318. — Histoire de Gustaf II Adolphe par André Fryxell traduit du suédois, par Mlle R. du Puget. Paris, s. d., in-16, d.-rel. v. f.

2319. — Histoire de Jean Sobieski, roi de Pologne, par M. l'abbé Coyer. Varsovie et Paris, Duchesne, 1761, 3 vol. in-12, v. m.

2320. — * Tableau historique, géographique, militaire et moral de l'Empire de Russie. Paris, Le Normant, 1812, 2 vol. in-8, d.-rel. v. violet.

2321. — * Mignet. — Histoire de Marie Stuart. Paris, Paulin, 1859, 2 vol.

Notices historiques. Paris, Paulin, 1853, 2 vol.

Charles-Quint. Paris, Paulin, 1854.

Antonio Pérez et Philippe II. Paris, Paulin, 1846.

Ens. 6 vol. in-8, d.-rel. et c. chag. gris.

2322. — * Vie, correspondance et écrits de Washington publiés d'après l'édition américaine par M. Guizot. Paris, Gosselin, 1840, 6 vol. in-8, d.-rel. v. rouge. Atlas, in-4, d.-rel. v. f.

Dictionnaires. Revues. Journaux.

2323. — Dictionnaire universel des contemporains par G. Vapereau. 2ᵉ édit., Paris, Hachette, 1861, cart. brad.

2324. — * Dictionnaire portatif des arts et métiers. Paris, Lacombe, 1766, 2 vol. in-32, v. m.

2325. — * Dictionnaire général et curieux... par M. César de Roquefort. Lyon, P. Guillimin, 1685, in-f°, v. m.

2326. — * Livre de poste contenant : 1° L'indication des relais, etc. pour l'an 1841. Paris, imp. roy. 1841, in-8, d.-rel. v. violet.

2327. — * Revue des deux mondes. 1845-64, d.-rel. v. f. par trimestre, de 1845 à 1856, par deux mois, de 1856 à 1864, ensemble 92 vol.

2328. — Id. 1864 à 1886, d.-rel. v. f. par deux mois, ensemble 135 vol. Le dernier semestre 1886 en livraisons.

2329. — * L'Illustration. T. III à LVI, 1844-70, 54 vol. in-f° d.-r. v. f.

2330. — * Le Monde Illustré 1857-64, 13 vol. cart. Id. 1864-71, 15 vol. cart.

2331. — Alphonse Karr. Les Guêpes. Paris, novembre 1839 à décembre 1840, 14 livraisons.

Les Guêpes. Paris, Nice, 1871-72, livr. 1 à 18, 20 à 23.

2332. — La Lanterne, par Henri Rochefort. 11 premiers numéros, 31 mai à 8 août 1868.

2333. — Le numéro extraordinaire du Figaro, 26 octobre 1869, illustré par Bertall. In-4, br.

2334. — The Graphic. Christmas. 1882. In-f° d.-rel. v. r.

Objets divers.

2335. — Perspective de la ville d'Agen vue du faux bourg du Passage, faite en 1648. Lith. encadrée. Légende encadrée.

2336. — Ancien beffroi de la maison de ville d'Agen, démoli en 1847. Dess. par L. Ducos du Hauron. Pièce encadrée.

2337. — Horloge de la Mairie d'Agen. H. Brécy. Grav. encadrée.

2338. — Carte du duché d'Aiguillon par P. Duval d'Abbeville. Paris, 1677. In-f° en large. Sur toile.

2339. — Placard.

« Département des chambres du Parlement de Toulouse,
« commencé le douzième novembre 1685, finissant à pareil
« jour 1686. » In-f° collé sur toile.

MEUBLES

5 *Bibliothèques*.

1. Bois blanc, 2ᵐ 25 de hauteur, 2ᵐ 30 de largeur ; pourvue de 4 tablettes fixes, accompagnée de 2 corps de bibliothèque mesurant chacun 1ᵐ 45 de hauteur sur 0ᵐ 85 de largeur.
2. Bois blanc, pourvue d'un seul rayon, avec des montants en croix de Saint-André. Hauteur 1ᵐ 20, largeur 1ᵐ 20, profondeur 0ᵐ 55.
3. Chêne. Hauteur 2ᵐ 20 ; largeur 2ᵐ 50. Corniche ornée de billettes.
4. Bois blanc. Hauteur 1ᵐ 90 ; largeur 2ᵐ 05. Corniche ornée d'une torsade.
5. Bois blanc. Hauteur 1ᵐ 15 ; largeur 0ᵐ 90.

Table en chêne blanc.
Grande chaise aux armes de Mme de R.
Encrier en porcelaine de Sèvres, aux armes de Mme de R.

INDEX

DES NOMS DE LIEU ET DES NOMS DE PERSONNE (¹)

A

About (Edmond), 1821, 2053 bis.
Absac (d'), **42**.
Acher de Cahuzac, 2194.
Archia de Bigaragua de Dordaygue (d'), **87**.
Adhémar-Cazevieille (d'), 1519.
Adhémar de Montfalcon (Jean-Balthazar d'), 168.
Advizard (d'), 2199.
Agen, 565, 890, 891, 2335 à 2337.
Agenais, 72, 147, 148, 166.
Agnew (David C. A.), 548.
Aguesseau (d'), 1981.
— (Henri), 169.
Aignan, 9.
Aignan, 1992.
Aiguières (d'), **42**.
Aiguillon, 115.
— duché, 2338.
Albéroni (Jules), 2295.
Albert (d'), 2180.
— de Laval, 9, **42**, **43**.
Albassard (d'), **42**.
Albret (d') duché, 131, 147.
Alcher Desplanels (d'), **42**.
Aldéguier (Flavien d'), 735.

Alembert (d'), 1599.
Alespée (d'), **43**.
Alexandre VII, pape, 152.
Aligre (d'), 2202.
Alleguèdes (d'), **43**.
Allemans (Lot-et-Garonne), 5.
Allom (Thomas), 1632, 1869.
Almagro (comte d'), 1550.
Alos (d'), 2205.
Aloy (Antoine), 736.
Alton Shée (d'), 663.
Amanieu de Buat, **42**.
Amourous, notaire, 74.
Andiran, 40.
— (d'), 130.
— (Frédéric), 737.
Andouins (d'), **40**.
Andrieu (Guillaume-Jules), 738 à 746, 2121.
Andrieu (d'), **42**.
Andrieux, 171, 1701.
Andriveau (E), 2313.
— Goujon (J.), 2048.
Ange de Sainte-Rosalie (P.), 1114.
Angoulême (Marguerite d'), 1732
Anquez (L.), 1590.
Anselme (Père), 1192, 1193.

(¹) Les renvois de cette table correspondent aux numéros des articles.
Les noms de lieu sont en italique.
Les chiffres gras se réfèrent aux articles dans lesquels se trouvent des renseignements généalogiques inédits.

Anthé (Lot-et-Garonne), 71.
Antraigues (comte d'), 1456.
Antras de Samazan (J. d'), 2150.
Apchier (marquis d'), 2185, 2195.
Apremont (Lorraine), 2194.
Arago (Jacques-Etienne-Victor), 172.
Arasse (château. — Lot-et-G.) 4, 73.
Arblade (d'), 1181.
Arbouville (Mme d'), 1791.
Arc (Jeanne d'), 104.
Arcieu (E. D. S.), 2309.
Argenson (d'), 162.
— marquis, 1980.
Arioste, 1647.
Arlach (d'), 2206.
Arlincourt (vicomte d'), 689, 690.
Armagnac de Biran-Goas (d'), **43**.
Armaillé (comtesse d'), 624.
Armengaud (J. G. D.), 1615.
Arnault (Antoine-Vincent), 173.
— (Lucien), 1706.
Arneth (Alfred d'), 1993.
Aroux de La Serre (d'), **40**.
Arpens (paroisse. — L.-et-G.), 73.
Aspremont (d'), **40**.
Assezat (d'), **40**.
Assier (A d'), 1324.
Astaffort (L.-et-G.), 160.
Aubas de Gratiollet (d'), 1478.
Auber, (d'), **40**.
— de Peyrelongue, **42**.
Aubigné (Th.-Agrippa d'), 1734, 1920, 1921.
Aucapitaine (Henri), 1487.
Audebard de Ferrussac (d'), **42**, **69**.
Audiat (Louis), 590, 2226.
Audié, notaire, 121.
Audin, 1571.
Audric de Bazillac (d'), 7.
Augeard (d'), **42**.

Augier (Emile), **174**, 1715, 1718, 1719.
— de Massilos, **119**.
Augustin (S^t), 1566.
Aulnis (vicomte d'), 663.
Aumale (duc d'), 222, 681, 682, 684, 1892, 2037.
Aure (d'), **40**.
Auriac (d'), 1222.
Auriolle, 9.
Aurout (d'), **42**.
Aussy (Denys d'), 1273, 1275.
Autran, 175.
Autremat, 13.
Aux de Lazcourt (d'), **91**.
— de Romégas, **40**.
Auxion (d'), **40**, **43**.
Auxillon (d'), **40**.
Auzac (d'), **42**.
Ave Maria (couvent de l'), 152.
Avenel, 584.
Avèze (marquis d'), 2201.
Aydie (d'), **40**.
Ayguesvives, 24.
Aymard d'Alby de Châteaurenard, **42**

B

Babeau (Albert), 634.
Bac (Jean-Louis-Théodore), 176.
Bacalan (de), **44**.
Bachaumont, 1743.
Bachelin-Deflorenne, 720, 721.
Baciochi (Félix), 177.
Bacoue, **119**.
Bade (princesse Marie de), 178.
Baecker (L. de), 1098.
Bagge (de), 2195.
Bailet de Berdolle-Goudourville, **42**.
Bailhesbatz, 4.
Baillet (de), **42**.

Bailleul (de), 732.
Balaguier (de), **40**.
Balguerie (de), **42**, **44**.
Ballias (de), **42**.
Balthazar (colonel), 1943, 2102.
Balza (de), 2205.
Balzac (de), **40**.
— (Henri), 1794, 1795.
Bap (de), **42**, **44**.
Baradat de Lacaze (Charles), 749.
Baraguay d'Illiers, maréchal de France, 179.
Barante (de), 2025, 2091.
Barasquié (La), fief, 2184.
Baratet (de), 44, 130.
Barbaste (L.-et-G.), 131.
Barbat (L.), 2095.
Barbey d'Aurevilly, 1799 à 1802.
Barbezières (de), **40**.
Barbier, 1971.
— (Auguste), 1679.
— de La Serre, **10**, **42**, 130.
Barbot (Amos), 1273.
— de La Trésorière (Marc-André), 1266.
Bardachin (de), **40**.
Bardin (de), 130.
— de Mongairol, **44**.
Bardonin (de), **42**, **44**, **118**.
— de Sansac, **5**.
Barennes, notaire, 72.
Baroche, 180, 181.
Baron de Bélesta (de), 2182.
Baroque, **119**.
Barrailh (de), **42**.
Barran (de), 2206.
Barrau, 22.
Barrau (de), **44**.
— de Parron, **40**.
Barrère (abbé, 750 à 752.

Barret de Nazaris, **42**.
Barrière (Fr.), 1894.
Barrio, 130.
Barroussel (de), **44**.
Barrot (Odilon), 182.
Barry E O'Meara, 2019.
Barsalou, **116**.
Barthalès (Alfred), 753.
Barthe, 183.
Barthélemy (abbé), 1875.
— (Anatole de), 1095, 1103, 1111.
— (Edouard), 606, 1092, 1093, 1126, 1306.
Baschet (Armand), 1450, 1949, 2294.
Bascle de Lagrèze (Gustave), 1283, 1288, 1926.
Bassano (duc de), 184.
Bassignac (de), **3**.
Bassompierre (de), 1936.
Bastard (de), 185, 2168.
— d'Estang, comte, 1895.
— — vicomte, 2113.
Bastide (Jules), 186.
Batx (de), 2197.
Batz de Trenquelléon (de), **72**.
— Mme, 127.
— (Charles), 754, 1368, 2106.
Baudouin (de), 2196.
— des Pins, 2198.
Bauclas (G. H. de), 1199.
Bauffremont (de), 1180.
Baurein (abbé), 1317, 1327.
Baux (Jules), 1295.
Bayle (Pierre), 2221.
Baylle (de), **42**.
Bazancourt (César), 187.
Bazillac (de), **6**, **7**, **40**, **45**.
Bazin (A.), 1932.

Bazon (de), **42**.
Bazordan (de), 40, **45**.
Bazot (Théophile), 1348.
Béarn (de), **40**.
— comtesse, 2009 bis.
— du Saumont, **45**.
Beaudot (de), **72**.
Beaugué (Jean de), 1531.
Beaulac (de), **42**, **45**.
Beaumarchais, 1850.
Beaumont (de), **42**, 2198.
— (Adalbert), 1061.
— de Beaujoly, **42**.
— du Repaire, **45**.
Beaune (Henri), 1108.
Beauregard (Passage d'Agen), 4.
Beausoleil, seigneurie, 54.
Beautian, notaire, 74.
Beauval (de), 2197.
Beauville (L.-et-G.), 71.
Beauville (de), **5, 40, 45, 104**.
Beaux-Oncles (de), **46**.
Bec-de-Lièvre (de), 2195.
Béchade-Labarthe (Guillaume), 755.
Béchon de Caussade, **42**, **46**.
Bédat (comm. de Saint-Cirq), 4.
Bédat (du), 2.
Bédoyère (de La), 188.
Beecker Stowe (H.), 1784.
Belarché de Bonnossiès, **42**.
Belcastel (baronnie), 37.
Belcastel, **38**.
Belfort (L. de), 1099.
Belisle (duc de), 162.
Bellamy (Georges-Anne), 2245.
Bellegarde, 14.
Belleval (Louis-René de), 1988.
— (René), 1903.
Belleyme (Louis-Marie de), 189.
Belloy (de), 1711.

Bellussière, 2209.
Belsunze (de), 84.
Bénac de), **71**.
Bénavent de Sales (de), 2205.
Bénédetti, 190.
Benque (de), **40, 46, 104**.
Benquet (de), **40**.
Benvenuto Cellini, 2293.
Béon (de), **40**.
Bérail (de), **42**.
Béranger, 191.
— (P.-J.), 1677, 1678.
Béraud (de), **42**.
Bérauld (J. Gratien de), 146.
Béraut (de), **40. 119**.
Berchoux (Jean), 1673.
Bérenger, 192.
Bérengier (Théophile), 756.
Bergues-Lagarde (P.C.), 757.
Berland (abbé), 1317.
Berlioz (Louis-Hector), 193.
Bernadau, 1329.
Bernard (de), **42**.
Bernardin de Saint-Pierre, 1758.
Bernardy (de), 2205.
Bernis, 1662.
Berquier (Jules Le), 679.
Berrac (de, **40, 46, 85**.
Berryer, 194, 680.
Berthoud (Henry), 195.
Bertin de Boyer (de), **42**.
Bertrand (de), **6**.
— de Crozefond, **42**.
Bertrandy, 1364,
Berty (Adolphe), 1628.
Besdel (P.-F.), 1826.
Bessas de La Mégie (O. de), 1109.
Besse (de), 2195.
Bessières (J.), 1406.
Bethman (de), 2209.

— 283 —

Béthune (de), 2196.
Beugnot, 2005, 2249.
Beyle (Henri), 1775.
Bézat (de), 152.
Bézolles (de), **36, 40, 46**.
Bibal (docteur de), 77, 80, 81, 95, 105.
Bideran de Saint-Sernin, **42**.
Biénassis-de-Caulusson (A.-B.-E. de), 758.
Bigillion (Emile), 716, 724.
Bigot de Préameneu, 196.
Bilhonis (Vincent), vicaire général, 152.
Binos (de), 40.
Biran de Gohas (de), 93.
Biré (Edmond), 2250.
Biron (château), 135.
Biron (Charles-Armand), maréchal, 197.
Biston (P.), 1097.
Bitaubé, 131, 1668.
Bixio, 198.
Bizemont (Alfred de), 1135.
Bladé (Jean-François), 759 à 770, 2122 à 2124.
Blanc (Louis), 2032.
Blanchard (de), **42**.
Blois (de), **47**.
— (Mlle Elisabeth), 121.
Blond (Le), 1977.
Boab (Hugues), notaire, 156.
Bodin (Félix), 2003.
Boëtie (Antoine de La), 535.
Boileau, **47**.
— Despréaux, 1658.
Bois de Fontaine de Gaudusson (Gaston du), 82.
Bois-de-Pury (G. du) 2218.

Bois-Halbran (Joseph-Anacharsis), 2115.
Boislisle (A. de), 584.
Boisse, 5.
Boissonnade (de), **5, 92, 122**.
Boissonneau, 131.
Boissy (marquis de), 199, 658.
Boisverdun (comm. de Tombebœuf), 13.
Bombal (G.-E.), 1489.
Bomberault de La Vallée, 2197.
Bompart (de), **47**.
Bonal (de), **42**, 2204, 2184.
Bonald (vicomte de), 200.
Bonaparte (prince Jérôme), 202.
— (prince Pierre), 205.
— (prince Victor), 208.
Bonas (château. — Gers), 73.
Bonbonnoux, 549.
Bonhomme (abbé Jules), 1387.
Bonnaire (de), **40, 47**.
Bonneau (Alfred), 2227.
Bonnefont (de), **42**.
— de Cardelus, **47**.
Bonnefoux (de), **42**, 1172.
Bonnemère (Eugène), 1887.
Bonnesserre de Saint-Denis, 1137.
Bonneval (de), 2209.
Bonneville de Marsangy (L.), 661.
Bonnin (F.-L.), 2125.
Bonny (de), **42**.
Bordier (Henri), 554.
Borel d'Hauterive, 1133, 1134, 1313.
Boscheron des Portes (C.-B.-F.), 2097.
Boschier (de), 2185.
Boscq (de), **47**.
Bossost de Campels (de), **6**.
Bossuet, 1872, 2275.

Botet de Lacaze, **119**.
Boubée-Brouquens (de), 2207, 2208.
Boucher, 2188.
— (du), 2198.
Bouchet de Roger, **2**.
Boudon (de), **42**.
— de Saint-Amans, **4, 48**.
— — (Casimir), 771.
— — (J.-Fl.), 772, 773, 1559 à 1561, 2145 à 2148.
Bouglé, 209, 210.
Bouilhet, 211.
Bouillé (René de), 1909.
Bouillet (J.-B.), 1277.
Bouillon (chevalier de), 212.
— (ducs de), 131, 1146, 2196.
Boulac (de), **42**.
Boulin (de), **42**.
Bourbillon de Laprade (de), **42**.
Bourbon (Charles-Louis de), 220.
— (L. M. A. de), 218.
— (reine Marie-Amélie), 219, 2047.
Bourdeau (F. G.), 1362.
Bourdeille (Pierre de), sieur de Brantôme, 1910, 1911.
Bourg (Henry du), 1254, 1464.
Bournazel (marquis de), 711.
Bourran (fief. — L.-et-G.), 2184.
Bourran (de), **42**.
Bourrousse de Laffore (de), **73, 74**.
— (Jules), 774 à 781, 2126, 2127.
— (Timoléon), 982.
Boursin (E.), 674.
Bousbèque, 2195.
Bousquet (du), 2198.
— de Caubeyres, **42**.

Boussac, 4.
Boussort de Campels (de), **7, 102**.
Bouteiller (E. de), 1904, 2224, 2225.
Boutet de Caussens (de), **48**.
Bouthier de Saint-Sernin, **42**.
Boutier de Catus, 48.
Bouton (Victor), 1062, 1494.
Bouyssou de Fontarget, **42**.
Bouyssy (J.-J.-Oscar), 783.
Bouzet (du), **40**, 132.
Braguelongue (de), 2202.
Brajac (de), 48.
Brandouin de Balaguier (de), 2201.
Braque (de), **1238**.
Brazalem (château. — L.-et-G.), 72, 1557.
Brassac (de), 2208.
Brassay (de), 131.
Brauval, 12.
Braux (G. de), 1904, 2224, 2225.
Bréda (comtes de), 1184.
Brède (La), seigneurie, 72.
Bréhant (de), 1298.
Brémond (Alphonse), 1465 à 1468.
— d'Ars, 1270, 1301.
Brénieu (de), **72**.
Bresner (Frédérika), 1774.
Bressoles *ou* Brezolles (de), **4, 42, 48, 104**.
Bresson (Jacques), 1065.
Bretaigne, 2092.
Breton (Paul), 658.
Brezetz (Arthur de), 1349.
Bric (de), **117**.
Bridiers-Villemor, 1164.
Bridoire (seigneurie.— Périgord), 102.
Brie de Teysson (de), **42**.
Brière (Léon de La), 2232.

Briffaut, **48**.
Brimont (L.-et-G.), 4, 40.
Briteste (Agenais), 4.
Brivazac (de), 131.
Brocas (de), **119**.
— (Marie), 146.
Broé (Jacques-Nicolas de), 225.
Broglie (de) comte, 2195.
— duc, 611.
— (Achille-Victor), 226.
— (Albert), 227.
— (Emmanuel), 614.
Brohan (Mlle), 383.
— (Augustine), 228.
Brondeau, 1167.
Brons (de), **42**.
Brostaret, **119**.
Brué (A.-H.), 531.
Bruès (de), 2206.
Bruet (de), **42**.
Brugeles (dom Louis-Clément de), 1354.
Brugière (La), 4.
Bruilhois, 4.
Brulart de Sillery de Genlis, **42**.
Brun (Adrien), 1692.
— (Emile), 1689.
Brunet (Jacques-Charles), 706.
— d'Evry, 2196.
Brunoy (marquis de), 2191.
Bruyère, **42**.
— (La), 1597, 1598, 1601.
Buard (de), **79**.
Buat (seigneurie), 54.
Buffon, 1611.
Bugeaud, maréchal, 229.
Buisson (de), 132.
Bullart (Isaac), 2220.
Bully (Edouard-Roger de), 230.
Burdin (Gustave de), 1477.

Burgue (du), **64**.
Burgué (Pierre), 146.
Burke (John), 1528.
Burosse (de), 132.
Burqué, **119**, 132.
Bury (Richard de), 2266.
Buscon (baronnie.— L.-et-G.), 18.
Busnes (Albéric de), 1138.
Bussault (de), **42**.
Bussières (marquis de), 113.
Bussy (marquis de), 2196.
— Rabutin, 1845, 1958.
Buxet (L.-et-G.), 215.
Byron (Lord), 1653.

C

Cabalsaut (paroisse.— L.-et-G.), 73.
Cabannes (abbé L.-E.), 784.
Cabié (**Edm.**), 1474.
Cabris (de), 2206.
Cabrit, **49**.
Cadelen (Albigeois), 5.
Cadot d'Argeneuil (de), **42**.
Caffiaux (dom), 2080.
Caillié (René), 1871.
Callet (Auguste), 2238.
Calemart de Lafayette (L.), 666.
Calonges (L.-et-G.), 214.
Calvet (F.-A.), 1400, 1401, 1421.
Calvimont (de), **42**.
Cambacérès (archevêque de Rouen), 231.
— (prince de), 232.
Cambefort (de), **4**, 1151.
Cambes (L.-et-G.), 4.
Cambes (de), **49**.
Camoreyt (Eugène), 1378.
Campets (seigneurie), 136.
Campistron (de), 2196.
Canabazes, **21**.

Cancon (baronnie. — L.-et-G.), 15, 28, 40.
Canel (A.), 1501.
Canolle (de), **42**.
Canrobert (maréchal), 233.
Canterac d'Andiran, **119**.
Cantu (César), 1896.
Caors (Jacques de), 234.
Capot (abbé Anastase), 786 à 788.
— de Feuillide, 235.
Carbonier, 1172.
Carbonneau (de), **11, 42, 49**.
Carbonnié (de), ou Carbonnier, **42, 49**.
Carbuccia (Pierre), 515.
Carcado (de), 2201.
Cardaillac de Marchastel de Peyre (de), **40**.
Cardounet (paroisse. — L.-et-G.), 74.
Carmentran (de), **3, 72**.
— d'Espalais, **42**.
Carré de Busserolle (J.-X.), 1527.
Carrière (de), 2173.
Carrion de Murviel (de), 2200.
Carsalade du Pont (abbé Jules de), 7, 60, 93, 1367, 1371, 1473, 2150.
Carte (Thomas), 1353.
Carville, 731.
Cassagnet (de), **40**.
Cassany-Mazet, **79**.
— (Auguste), 789, 790.
Casseneuil (L.-et-G.), 23.
Cassini, 791.
Cassius (de), **42**.
Castaing (du), **119**.
Castanède, 18.
Castelbajac (de), 2206, 2207.
Castelgaillard (L.-et-G.), 5.
Casteljaloux (L.-et-G.), 114, 119.

Castella (baronnie — L.-et-G.), 47.
Castellane, **76**.
— (de), 2202.
— maréchal, 236.
— de Salernes, **49**.
Castelnau *ou* Castelnaud (de), **40**.
— marquis, 237.
— Coaraze, **6**.
Castelnau-de-Monratier (Lot), 2184, 2204.
Castelnaud-sur-Gupie (L.-et-G.), 14.
Costelpers (de), **40**.
Castels, 4.
Castillon d'Aspet (H.), 1289, 1390, 1391.
Castillou (paroisse.— L.-et-G.), 73.
Castre d'Auvigny (J. du), 2075.
Castries (duc de), 238.
Catala (J.), 795.
Cathala-Coture (de), 1397.
Caubios (de), **40**.
— d'Andiran, **49**.
Caucabanes (de), **119**.
Cauderoue (L.-et-G.), 40.
Caumurtin (de), 1303, 1304, 1307.
Caumont (de), 135, 2129.
— (Nompar), duc de Laforce 578.
— Laforce, **40, 42**.
— De Lamothe-Rouge, **40**.
Cauna (baron de), 1365, 1385.
— (A. de), 519.
Caupenne (de), **40**.
Caussade (de), 2204.
Cauzac, seigneurie (L.-et-G.), 5, 15, 71.
Cauze, 15.
— de Nazelles (du), 1556.
Cave (de La), 2201.
Caylus (de), 2202.

Cayon (Jean), 1493.
Cazabonne de La Jonquière, 239.
Cazalès (de), 2206.
Cazamajour (de), **110**.
Cazauran (abbé), 1372, 1380.
Cazeaux (de), **42**.
Cazenove (Raoul de), 707, 1966.
Cazettes-Duverger (de), **42**.
Cellier-Dufayel (N. H.), 1086.
Cénac-Moncaut, 2099.
Cervantès, 1730, 1731.
César, 1898, 2282.
Césena (Amédée de), 694.
Cessac, 9.
Cessac (de), 1220.
Cassole (H. de), 717.
Chabannes (de), 2169.
Chabau (abbé J.-B.), 1279.
Chabot de l'Allier, 245.
Chabrol de Volwic (comte de), 246.
Cham, 1765.
Chambord (comte de), 224, 692.
Chamboret (de), **42**.
Champagny (Franz de), 2285, 2286, 2290.
— (J.-B. Nompère), 247.
Champier (de), **42, 50**.
Champmas (abbé X.-L.), 797.
Chanin de Bartas (du), **50**.
Chapelle, 1743.
Chapt de Rastignac, **42**, 1244, 1486.
Charente (dép.), 560.
Charente-Inférieure (dép.), 564.
Charpin-Feugerolles (de), 2253.
Charry (de), **42**.
Chasles (V.-E. Philarète), 240.
Chasot de Nantigny (Louis), 1194, 1205.
Chassant (Alphonse), 2077, 2078.
Chassarel (d e), **42**.

Chasteigner (comte Alexis de), 1334.
Chastel de La Howardries (comte Paul du), 2214.
Chastellux (comte de), 1231, 1249, 1294.
Chastenet (de), **40**.
— de Puységur, **50**.
Châtaigneraie (marquis de La), 124.
Châteaubriand (de), 608, 1853.
Châteaugiron (marquis de), 717.
Châteaurenard (de), **72**, 1178, 1182.
Châteauroux (Mme de), 1983.
Chaudes-Aigues (Ch.-Barth.), 241.
Chaudordy (comte de), 798.
Chaulieu (abbé de), 1661.
Chaupin de Labruyère, **42**.
Chaussade (de), **40**.
Chauveau (A.), 242.
Chazaud (A.), 1195.
Chenu (A.), 670.
Cherbuliez (Victor), 1623.
Cherché (de), 1094.
Chérin, 104, 1077, 1241.
Chéruel (A.), 592.
Chéry (de), 2200.
Chesnaye-des-Bois (de La), 1206, 1227, 1228.
Chesterfield (Lord), 1607.
Chevalier (Le), 717.
— d'Escages (de), **42**.
— de Ribourdin, 2203.
Cheverlanges, 2191.
Chevreul (Henri), 1636.
Chevrier (Jules), 1631.
Chigniac, 9.
Choiseul (de), 2189.
— (duc), 2000.
— Beaupré, 2201.
— Gouffier, 2201.
Ciezkowski (comte A.), 1085.

Cieutat (de), 12, **50**.
Cirot de Laville (abbé), 244.
Clabault, 1396.
Clairet (de), **3**.
Clairon (Hippolyte), 1827.
Clarac (de), 2204.
Claret, **92**.
Claretie (Jules), 1824.
Claudin, 727.
Clausel de Coussergues, 248.
Clavaulx (des), **119**.
Clément (abbé), 1580.
— XI, pape, 152.
— (Pierre), 597, 1906, 2230.
— Simon, 1361, 1381, 1906, 2115, 1361, 1381, 1484, 1525.
Clergerie (de La), **42**.
Clerget (Hubert), 697.
Clermont (François de Paule de), 1935.
Clermont-Dessous (seigneurie. — L.-et-G.) 14, 66.
Clermont-Dessus (seigneurie. — L.-et-G.) 73.
Clock, **42**.
Cocheris (Hippolyte), 2217.
Cocumont (L.-et-G.), 14.
Codoing (de), **50**.
Coëtaulem, 1256.
Cohen de Vinkenhoef, 1064.
Colbert, ministre, 249.
— (J.-B.), 601.
— (N.-J.), 655.
— de Croissy, 250.
Colineau (de), **2**.
Collen (Henry), 1529.
Collet (Louise), 1823.
— de Charmoy, 2201.
Collin d'Harleville, 1704.
Comarieu, 2186.

Comarque (de), **42**.
Combebonnet (seigneurie. — L.-et-G.,) 40, 71.
Combes (François), 734.
— (abbé A.-L.-L.), 799.
Combles (de), 1063, 2082.
Cominges (de), **40**.
Commynes (Philippe de), 1905.
Comynihan d'Olive (de), 2207.
Condé (baron de), 1452.
— (prince de), 143, 216.
Condom (Gers), 121, 161, 166, 566, 2182.
Condom (de), **42**.
Condomois, 1, 147, 148.
Conighan (de), 2199.
Conqueret (de), **50**.
Consalvi (cardinal), 2015.
Constant, **119**.
— (Benjamin), 1760.
— d'Yanville (comte H.), 1449.
Contades (Gérard de), 647, 649, 1504.
Conti (prince de), 152, 217.
Coppée (François), 1685 à 1687, 1726 à 1728, 1817.
Coquet (de), **3, 50, 73, 89**.
— (Marie), 80, 81, 96, 1557.
Cormenin (vicomte de), 251.
Corneille (O.), 1693.
Cornély, 1242.
Corraro (Angelo), 1951.
Cortête (de), **3, 72**.
— de Prades, 2128.
Cossane (de), **42**.
Cossé-Brissac (E.-H.-Timoléon) évêque de Condom, 452.
Costa de Beauregard, 662.
Couët de Labastide (Le), **42**.
Coulman, 253.

Coulmann (J.-J.), 2016.
Couloussac (de), **42**.
Courcelles (de), 1212, 1233.
Courdurier (de), 2183.
Courier (Paul-Louis), 254, 2029 à 2031.
Cournuaud (de), **50**.
Cours (vicomté), 18.
Cours (de), **40**.
— de Pauilhac, **42**.
— de Thomazeau, **42**.
Court (Joseph-Désiré), 255.
Cousin (Victor), 256, 1940.
Consseau (de), **42**.
Coustin (de), 50.
Coutaud (E.), 1319.
Coux (Antoine de), évêque de Condom, 257.
Couyssel, 9.
Coxe (W.), 1864.
Coyer (abbé), 2076, 2319.
Crazannes (Ch. et H. de), 800.
Crébillon, 1698, 1699.
Crémieux (Ad.), 258.
Créquy (marquise de), 1991.
Cros (Père L.-M.-G.), 1990.
— (du), **42**.
Croze (Joseph de), 573.
Crozet (Ernest), 801, 802.
Cruseau (Etienne de), 2105.
Crussol d'Uzès (de), 2202.
Cruzel, notaire, 71, 72.
— de Nort, **50**, 74.
Cugnac (de), 1155.
— évêque de Lectoure, 259.
Cujula (seigneurie. — L.-et-G.), 79.
Cunolio d'Espalais (de), **3**.
Cuq (L.-et-G.), 4, 40.
Curie-Seimbres (A.), 1366.
Curnier (Léonce), 1942, 2243.

Currer Bell, 1782.
Cuvier (Georges), 260.
Cuvillier-Morel d'Acy, 2170.

D

Dague (de La), **51**.
Dalès de Latour, **42**.
Dambray (Charles), 262.
Dancelin, **51**.
Dangeau (marquis de), 1961.
Dangely de La Baume, 2184.
Dangeros, **5**, **51**.
— de Castelgaillard, **42**.
Dangibeaud, 1267.
Daniel (Père G.), 1879.
Dante, 1645.
Dardy (abbé Léopold), 803, 2130.
Darnal (Jean), 1326.
Darniac, **42**.
Daru (comte), 261.
Dash (comtesse), 263.
Daspe, 2199.
Dasques, **51**.
Dauban (C. A.), 644.
Daumier, 1754.
Daurée, **73**.
— de Prades, **42**.
Davach de Thèze, **42**.
David, **1492**.
— d'Angers, 264.
Daydie, chevalier, 1841.
Debans de Saint-Georges, **42**.
Decases (Mme L.), 265.
Defaure d'Audibran, **42**.
Deffand (marquise du), 1828.
Degans (Mathieu), 146.
Degua de Malvès, 2184.
Dejean, 132.
Delaborde (Henri), vicomte, 266.
Delahante (Adrien), 636.

Delas, **42**.
Delavigne (Casimir), 1676, 1709.
Delille (abbé), 1674, 1675.
— (Charles-Jean), 1632.
Delley de Blancmesnil (comte de), 1082.
Delmas de Grammont (Henri), 1517.
Delpit (Jules), 1349.
Delpon (G.-A.), 1399.
Delrieu (abbé J.-B.), 804 à 809.
Delvincourt, 267.
Demestre, **42**.
Demonts, notaire, 121.
Denais (Joseph), 1263.
Denvian, 2315.
Derome (J.), 2287.
Descamps, 133.
Deschamps (Emile), 268.
Desclaux, **42**.
Descrimes, 1153, **2184**.
Descudé, 1174.
Descuraing, **119**.
Deshoms de Favols, **42, 51**, 132.
Deshoulières (Mme et Mlle), 1664, 1665.
Desjardins (Gustave), 1976.
Desmaze (Charles), 1448.
Desnoiresterres (Gustave), 629, 1840, 1885, 1989.
Desnoyers (J.-P.-Fr. Stanislas), 269.
Despans, notaire, 73, 116.
Despax (abbé), 1442.
Despierres, 2007.
Despois (Martin), 2105.
Desponts (E.), 1370.
Desportes de Précy, 2198.
Devèze (de), **40**.
— (de La), 1360.
Devic (dom C.), 1455.
Devienne (dom), **2100**.

Diderot, 1738.
Didier (Charles), 688, 1813.
Dienne (comte de), 87.
Digeon (de), **13, 51**.
— de Monteton, **42**.
Dignot de La Maillauderie, 2198.
Dinaux (Arthur), 2270.
Doche (M.-E. de Plumkett), 270.
Dondas (seigneurie— L.-et-G.), 73, 74.
Donnet, cardinal, archevêque de Bordeaux, 271.
— (A), 1321.
Dordaygue, **42**.
Dordé de Millac, **42, 51**.
Dordé de Saint-Bauzel, **42**.
Doré (Gustave), 272.
Dorgoulhous de Peyférié, **42**.
Doublet (P.-J.-L.-O.), 656.
Doudan (X.), 2065.
Douzon, 52.
Drouilhet de Sigalas, **42**.
Drouyn (Léo), 1336, 1441, 2098.
Droz (Gustave), 1805, 1811.
Dubédat (J.-B.), 811.
Dubernard, 1148.
Dubois, **6**, 2198.
Dubor (de), 520.
Duboscq de Pesquidoux, 1185.
Dubreuil (Louis), 273.
Dubuisson, 2079.
Ducarlat, **42**.
Ducasse, **119**.
— (Joseph), 146.
Ducauze de Nazelles, **117**.
Duchamin, **42**.
Duchâtel (comte), 274.
Duchemin (évêque de Condom), **275**.
Duchesne (André), 2162.
Duclos, 1878.
Ducos-Duhauron (Al.), 2131.

Ducos (J.-M.-C.), 812.
Ducoudray, 2193.
Ducourneau (Al.), 1323.
Ducros, **52**.
Dufau, **117**.
Dufaur, notaire, 155.
— de Bioulle-Dalliès, 2202.
— de Pibrac, 2206.
Dufor (J.-N.), 616.
Dufour (Emile), 1408 à 1414, 1690.
— de Pradt, 276.
— Labarthe (Joseph), 1162.
Duguesclin (B.-J.-B.-R.), évêque de Cahors, 277.
Dugros, **42**.
Duguie (La), 18.
Dujarrier, 278.
Dulaure (J.-A.), 2161.
Dulong, 133.
Dumas (Alexandre), 175, 279, 1710, 1779, 1780.
— — fils, 280, 297, 1714, 1796.
Dumège (Al.), 281.
Dumesnil (Marie-François), 2244.
Dumon (P.-Sylvain), ministre, 282.
Dumoulin (J.-B.), 718.
Dupanloup (évêque d'Orléans), 283.
Dupin, 284.
Duplan, notaire, 95.
Duplessis, 2197.
Dupont (Léonce), 813.
— de Bussac, 285.
Duprat, **119**.
— de Mézailles, **34**.
Dupré (Léo), 1101.
— de Saint-Maur, 286.
Durance, 149, 150.
Durand de Carabelles, **42**.
Duranty, 213, 373.

Duras (duc de), 287.
Durey de Noinville, 2202.
Durfort (de), **40, 52, 103**.
— (J.), 152.
— de Duras, **42**.
Dussieux (L.), 1196, 1454.
Duthiers (Joseph), 72.
Duval (Alexandre), 1711.
Duvert (Félix-Auguste), 288.
Duvignau (Fr.), 2132.
Duvigneau (P.-H.), **814**.
Duvoisin (J.-B.), évêque de Nantes, 289.

E

Ebrard (d'), **42, 53**.
Echaus (d'), **40**.
Echerolles (Alexandrine des), 2258.
Effincourt (d'), 2211.
Eglise de Lalande (L'), **42**.
Elbène (Barthélemy d'), évêque d'Agen, 152.
Encause, 5.
Enfernat (de L'), 2198.
Engherant Le Franc, 1314.
Epernon (duc d'), 5.
Epinay (Mme d'), 1978.
Erard du Châtelet, 1965.
Erasme, 1592, 1593.
Escalup (Gers), 33.
Escassefort (L.-et-G.), 14.
Escayrac de Lauture (d'), **53**.
Eschassériaux (baron), 1269, 1271.
Eschavannes (Jouffroy d'), 1216.
Esclapon (seigneurie), 123.
Esclignac (d'), 2202.
Escodeca de Boisse (d'), **5, 104, 118, 133**.
Escouloubre (d'), 1158.
Escudié, 130.

Espagnac (baron d'), 2234.
Espalais (Port-Sainte-Marie), 4.
Esparbès (d'), **53**, 2178.
— de Lussan (Fr.), sénéchal, 161.
Espée (d'), **53**.
Espiens (L.-et-G.), 96.
Espines (abbé de L'), 1233.
Estillac (L.-et-G.), 109.
Estoile (Pierre de L'), 1915.
Estrées (maréchale d'), 133.
— (Jacques), 1051.
Estutt de Solminiac (d'), **42**.
Eudel (Paul), 1634.
Everat (Edouard), 1282.
Eymet (Dordogne), 23.
Eymet (d'), **40**.
Eyriès (Gustave), 1629.
Eytier (d'), **42**.

F

Fabas (Jean de), 2105.
Fabe (Dominique), notaire, 163 à 165.
Fabri (M.-L.), 290.
Fage (René), 1488, 1491.
Faget de Saint-Julien, **54**.
Falloux (comte de), 2252.
Famin (F.), 1516.
Fanti (Manfred), 291.
Fargues, 150.
Farjonel de Monze (de), 2192.
Faucher (César), 292.
— (Constantin), 293.
Fauconneau-Dufresne, 1245.
Faudoas (de), 1429.
— comte, 294.
Faugarolles (La Croix-Blanche. — L.-et-G.), 22, 40.
Faugère-Dubourg (J.-G.-A.), 817, 818.

Faulong (de), 54.
Faure, 2205.
— (de), **3**, **72**, 80, **97**.
Favières (de), 54.
Favre (Jean), 819.
— (Jules), 295.
Fayette (Mme de La), 1735.
Fayolles (de), 6.
Fazas de Laboissière, **42**.
Ferragus, 684.
Ferran, 133.
Ferrand (de), 14, **42**. **54**.
— (Antoine), 625.
— de Lostalot, **97**.
Ferrière. **119**.
— Percy (comte H. de La), 1908, 1919, 2158, 2159.
Ferron (de), 152.
Feugarolles (L.-et-G.), 96.
Févedorowna, impératrice de Russie, 296.
Feydeau (Ernest), 297, 1806.
Fézensac (duc de), 298.
Fieux (L.-et-G.), 161.
Filartigue (de), **54**.
Filleau (Henri), 1510, 1511.
Fimarcon, marquisat, 5, 71, 97, 111, 112, 113 2202.
Fitte (de La), 835.
Fizelière (Abel de La), 1635.
Flacchio, 2165.
Flaubert (Gustave), 1803.
Fléchier, 1278, 1581.
Fleurans, **42**.
Fleury (P. de), 1261.
Flottes (de), 2173.
Flourens (M -J.-P.), 300.
Fluxeaux, 13.
Foissac (de), **42**, 133.
Foix (de), **40**, 1290.

Foy (général), 2023.
Font del Nègre (La), 19.
Fontaine (La), 1659.
Fontanes (de), 301.
Fontenelle, 1852.
Fontenilles, 4.
Fonterouget (de), 54.
Fontirou (fort.— L.-et-G.), 4, 72, 97.
Forbin (comte de), 1868.
— d'Oppède, 607.
Forcade, notaire, 69.
— (de), **42. 54.**
Forgues (Eugène), 660.
Formanoir de Paltot (de), 2201.
Forneron (H.), 572, 646, 1537, 2306.
Fossat (du), **15, 40, 97.**
Fosses (seigneurie), 136.
Fould (Edouard), 302.
Fourc (du), **31.**
Fourcroy (A.-Fr. de), 303.
Fourmont (H. de), 1236.
Fournier (Edouard), 1630, 1724, 1858 à 1860.
— de Saint-Amans, **42, 54.**
Fraissengues, 133.
Franc, 22, 40.
François de Sales (saint), 1578, 1579.
Franklin (Alfred), 2264.
Fratin, 304.
Fraysses (paroisse. — L.-et-G.), 73.
Frédégaire, 1899.
Fresne de Beaucourt (du), 305, 569.
Frézouls (Antonin), 61, 598, 1138.
Frizel de Villars, **42.**
Froidefond (Alfred de), 2108.
Froissard (Jean), 1901.
Fronsac, marquisat, 21.
Fryxell (André), 2318.
Fumel (de), **42, 72.**

G

Gabriac, 16.
Gadras, 133.
Gagneur (M. L.), 673.
Gaigneau de Châteaumorant (du), 2197.
Gaillard, 1907.
Galapian (L.-et-G.), 20.
Galapian (de), 143.
Galard (de), **42, 55,** 1250.
Galaup (de), **42.**
Galibert (de), **42, 55.**
Galieu, notaire, 72.
Galiffe (J.-A.), 1546, 1548.
Gallois (Léonard), 2298.
Galz (de), **110.**
— de Malvirade, 1179.
Gamel de Carty (de), **55.**
Gans (de), **119.**
Garde (F.), **714.**
— (H. de La), 547.
Gardère (Joseph), 121.
Gardes (de), **3.**
Garin (de), **55.**
Garnier-Pagès (L.-A.), 306.
Garroussel (seigneurie), 44.
Gascq (de), **4, 42, 99, 119.**
Gasparin, (A.-E. comte de), 307.
Gasquet (de), **94.**
— (du), **122.**
Gastelier de la Tour, 1475.
Gatz (de), **42.**
Gauban (Octave), 1337.
Gaubert, **119.**
Gaufreteau (de), 5.
— (Jean), 2105.
Gaujal (baron de), 1395.
Gaullieur (Ernest), 1340.
Gaun-Desguillons, 1167.

Gauran, 133.
Gautier (Théophile), 308, 1776.
— de Savignac (de), **55**, 2184.
Gavaudun (L.-et-G.), 117.
Gayau (J.), 820.
Geffroy (A.), 1993.
Gélas (de), **40**.
Geneste (de), **55**.
Génibrouze (de), 2206.
Geniès de Lapoujade de Langle, **42**.
Génin (J.-L.), 1568.
Gentz (F.), 2305.
Germain (Félix), 1090.
Gérotz, Giraut de Fontirou, **42**.
Gervain de Roquepiquet (de), **42**, 146.
Gilbert, 1666.
Girardin (Emile de), 309, 1722, 1723.
— — (Mme), 1790.
Gironde (dép.), 559.
Gironde (de), **42, 55, 71**.
Glady, 134.
Gléon de Durban (de), 2205.
Glouvet (Jules de), 1818 à 1820.
Glovert (Richard), 2145.
Gobeau de Rouvroy, 2197.
Godailh (de), **4, 42**.
— (Jean et Louis), 72.
Godefroy, 580.
Godinière (de La), 2195.
Gœthe, 1745 à 1747.
Goldsmith (Olivier), 1770.
Gombauld, 135.
Gombault de Razac (de), **42**.
Goncourt (Edmond et Jules de), 612, 623, 638, 640.
Gondon (Jules), 1541.
Gondrin-Bellegarde (de), 310.
Gontaud (de), 40.
— Biron, 135.

Gonzagues (Anne de), 596.
Gordièges (de), **16, 55**.
Gordon (de), **55**.
Goth (de), **42**.
Gouget (A.), 1512.
Gourdon (Lot), 2180.
Gourdon (Edouard), 311.
— de Genouillac (H.), 1520.
Gourgue (de), **40**.
Gout (du), 2209.
— de Saint-Aignan, **40, 56**.
Goutte (de La), **18**.
Goux (J.-B.), 821.
Gouy (comte de), 654.
— (Louis-Marthe de), 312.
Gramont (de) *ou* de Grammont, 1252.
— comte, 1934.
Granal (de), 2197.
Grandmaison (Charles), 1221.
Grandville, 1756, 1763.
Grange (marquis de La), 2129.
Granier de Cassagnac (A.), 2049.
Gras (marquis de), 2199.
Grassot (comte Emmanuel-Ferdinand de), 1404.
Crasset (E.-F. de), 1072.
Gravier (du), **42**.
Gravina e Requesens, 313.
Grégoire de Tours, 1899.
Grenade, 104.
Grenier (de), **42**.
— de Malardeau, **42**.
Grignan (de), 314.
Grillon de Mothes, **42**.
Gripière de Moncroc, **42, 119**, 1164.
Grossoles (de), **56**.
— de Flamarens, **42**.
Groussou (de), 56.
— (H.), 822, 823.
Grozelier (Alfred de), 1543.

Guéméné (de), 2199.
Guérin (de), 2184.
— (Eugénie), 315, 2257.
— (Maurice), 2256.
— de Chavaniac, 2200.
— de Lachèze, **42, 56**.
Gueyze (château. — L.-et-G.), 72.
Gueyze, 1557.
Guichard (E.), 1622.
Guigard (Joannis), 1203, 1224, 2268.
Guilbert (Mlle A.), 1619, 1620.
Guilhem de Clermont-du-Boscq (de) 2197.
Guilhem de Lansac, **42**.
Guilhermy (de), 648.
Guinard, 316.
Guines (comte de), 2190.
Guinodie (Raymond), 1341.
Guiraud (Alexandre), 1711.
— (Charles), 602.
Guiron (de), **3**.
Guiscard (de), **42**.
Guixerix, 5.
Guizot, 1877, 2223, 2322.
— (Fr.-P.-G.), 317.
Gumble (Thomas), 2307.
Guyonnet (de), **42**.

H

Haag, 551, 552.
Habasque (Fr.), 824 à 827.
Halévy, 318.
Hallot (d') *ou* d'Halot, **3, 72**.
Halphen (Eugène), 1928, 2247.
Hamilton (Antoine), 1739.
— Douglas, 319.
Hanau (prince de), 320.
Hardouin de Péréfixe, 1925.
Harpe (J.-F. La), 1639.
Hatte de Rougemont, 2191.

Hausset (Mme du), 1984.
Hautcastel, 5.
Hautefort (d'), 2208.
Hautesrives (L.-et-G.), 24.
Hébrard (abbé P.), 828.
— (d'), **77**.
Heckeren (baron de), 321.
Hector, **42, 72**.
— de Monsenot, **57**.
Henri II, roi de Navarre, 150.
— IV, 213.
Henry (Louis), 522, 523.
Hérisson (de), 135.
Hermite-Souliers (J.-B. de L'), 1443.
Héroard (Jean), 1931.
Héron, **122**.
Hésing, 243.
Hézecques (comte d'), 628.
Hillière (La, château), 95.
Hitte (comte Odet de La), 1373, 1374, 1392, 2116.
Hiver de Beauvoir, 2260.
Hodde (Lucien de La), 668.
Hoffmann, 1771.
Hollebeke (Léopold van), 1539.
Homère, 1641.
Hoorebeke (Gustave), 2212.
Horace, 1642, 1643.
Houssaye (Arsène), 322, 1839.
— (M.), 585, 586.
Hozier (d'), 1204, 1210, 1223, 1229, 1235.
— (J.-Fr.), 1083.
— (L.-P.), 2075.
— De La Garde, 2184.
— de Sérigny, **104**.
— — (A. M.), 104.
Hubert (d'), 1507.
Hugo (A.), 695.
— (Victor), 323, 1680, 1762.

Hugues (Edmond), 550.
Huillard-Bréholles (J.-L.-A.), 2255.
Hulier (L'), **42**.
Hume (David), 2301.

I

Ichard, **17**.
Imbert, **57**.
Imhof (J.-C.), 1536.
Isle (J. de L'), 1315, 1316.
Iugonous (de) *ou* Jougounous, **6**.
Izaut (d'), 1165.

J

Jacobet de Mazières, **42**.
Jacoubet, **57**.
Janin (Jules), 676, 1807, 1808, 2041.
— de Gabriac (de), **5, 72**.
Jasmin, 326, 2134.
Jassaud (de), 2197.
Jaurgain (J.-B.-E. de), 1258.
Jay (du), 72.
Jehan, 274.
Jeyan (de), **3**, 135.
Jobert (abbé Gayraud), 829.
Johannot (Tony), 1764.
Joinville (de), 567.
— (prince), 223.
Joli (Guy), 1941.
— du Sabla, **119**.
Joret (Charles), 603.
Joubert (J.), 1604.
Jougla (de), 2205.
Jougounous *voir* Iougounous.
Joyeuse (de), 2201.
— comte, 2197.
Jubinal (Achille), 327.
Judith, 328.
Juillac (vicomte Gustave de), 1463.
Jung (Théodore), 605.

Jussieu (de), 1610.
— (A.-L.), 329.
Justinien, 1591.

K

Karr (Alphonse), 186, 241, 330, 338, 368, 440, 450, 453, 2331.
Kelly (comte O'), 1532, 1539, 1554, 1582.
Kéralio (de), 2196.
Krüdner (Mme de), 1769.

L

Labarthe, 9, **76**.
— de Lamoulière, **42**.
Labat, 830, 831.
— (de), **69**, 2196.
— de Lapeyrière, **42**.
Labaume (Eugène), 2018.
Labbe (Philippe), 533.
Labessière (de), 1141.
Labiche (Eugène), 331.
Labit, **6, 58, 86**.
— capitaine, 144.
Laboirie de Saint-Sulpice (de), **57**.
Laborde (de), **72**.
— marquis, 2274.
— de Lacassagne, **2**.
Laborderie de Malabal, **42**.
Laborie (de), **42**.
Laboulbène (de), 1160.
— de Montesquiou, **57**.
Laboureur (Le), 1202.
Labrousse (Mlle), 2107.
Lacaze du Thiers (de), **42**.
Lacenne (L.-et-G.), 4, 40.
Lacépède (L.-et-G.), 40, 73.
Lacépède (comte de), 332.
Lachèze, 103.
Laclaverie (de), **42**.

Lacombe, 1614.
— notaire, 74.
Lacordaire (H.), 333.
Lacoste (Guillaume), 2110.
— (de), 135.
Lacretelle (Charles), 1889, 1891.
Lacroix (A.), 1314.
— (J.), 793.
— (Paul), 1625, 1626.
— de Candillargues, 2200.
Lacrosse (de), **42**.
— baron, 334.
Lacuée (Gérard), 335.
— (J.-Gérard), 833.
— de Cessac, **2, 72**.
Lacvivier (de), notaire, 73.
Ladevèze (de), **40**.
Ladvocat (abbé), 1862.
Lafabrie de La Sylvestrie (de), **42**.
Lafaille (G.), 1461.
Lafare (de), 2198.
Laffore (de), **71**.
Lafforgue (Prosper), 1363.
— de Bellegarde (de), 2207.
Lafitte de Pelleguignon (de), 57.
— Lajoannenque (Prosper de), 834.
Lafon (de), **80, 81**.
Lafont, 2194.
— Blagnac (de), **42**.
— du Cujula, **42, 57, 73, 1557**.
— — (C.-M.), 836.
— de Féneyrols, **57**.
— Monplaisir, **42**.
Lafox (L.-et-G.), 52, 103.
Lagarde (fief. — Port-Sainte-Marie), 79.
Lagarde (J.-A.), 838.
— (L.-F.-P.), 837.
— (de), 2209.
Lagardelle (de), **42**.

Lagnelis (Agenais), 4.
Lagoutte de Lapoujade (de), **57**.
Lagrange (de), **42**.
Lagrèze, **71**.
— Fossat (A.), 1359, 1480.
Lagutère, 161.
Laigneau (Léonce de), 1432.
Laignous, 135.
Lainé, 336, 1079, 1213.
Lair (J.), 593.
Lajaunie (de), **42**.
Lalande (de), **42**.
Laliman, 135.
Lally-Tollendal (Gérard), 337.
Lamartine (A. de), 338, 1681, 2006.
Lamazelière-Réaup, 339.
Lambert (Juliette), 340.
Lambilly (comte de), 715.
Lameth (de), **42**.
Lamothe-Bexat (L.-et-G.), 4.
Lamothe-Ferrand (L.-et-G.), 22.
Lamothe-Pellegrue, 93.
Lamothe-Rouge (de), 2.
Lamothe-Vedel (de), **27**.
Lamourous (de), **2, 42**.
Lanau (de), **42**.
Lanauze (de), **42**.
Lançon de Lepou, 119.
Landas (de), **58**.
Langdon (Marie), 1785.
Langle (château. — Lot), 82.
Lanneau (de), 341.
Lansac (de), **5**, 1173, 1217.
Laplagne-Barris, 99.
Laplume (L.-et-G.), 71, 213.
Laporte (de), **42**, 2183.
Lard (de), **58, 73, 99**.
— de Rigoulières (de), 42.
Larmandie (Léonce de), 2135.
Laroche (J.-L. de), 840.

Larochefoucauld d'Estissac, 135.
Laroque (L.-et-G.), 40.
Laroque (Gilles-André de), 1074.
Larramet, 1187.
Larriviere (de), 2206.
Larrocan d'Aiguebère (J.-B. de), 539.
Larroudé (de), **58**.
Lartigue (de), **42**.
Lary (de), 1171.
Las (de), **4, 40, 72,** 135.
— de Brimont (de), **58**.
Laserre (L.-et-C.), 13.
Lassalle (X. de), 839.
Lassalle-Bertrand,(château - L.-et-G.) 72.
Lassalle de Laprade (de), **42, 58**.
Lasseran (de), 58.
— de Massencôme, **6, 86, 144**
Lassus de Nestier, **42**.
Lasteyrie (de), **58**.
— (Mme), 2237.
Lataste (de), **58**.
Latour (de), 1177, 2205.
— d'Auvergne, cardinal, 342.
— — évêque d'Arras, 343.
— Dupin (de), 2203.
Latourre (château. — Gers), 121.
Lau (du), **118**.
— de Lusignan (de), **42**.
Laugerie, 19.
Laurentie, 344.
Laurière de Moncaut (de), **42**.
Lause de Plaisance (de), **42**.
Lauzières-Thémines (de), 39, **40, 42 104**.
Lauzun (duc de), 2008.
— (Philippe), 841 à 851.
Lavaissière, 1393.
— (abbé), 1403.

Laval, 9.
Lavallée (Théophile), 595, 1884.
Lavardac (L.-et-G.), 149.
Lavergne (Alexandre de), 1812.
— (Léonce de), 626.
Lavie (de), **42**.
Lavolvène (de), **59**, 2205.
Lebeurier (abbé P.-F.), 1502.
Lebon, 345.
Lectoure (Gers), 1, 71, 153 à 160.
Léglise, **119**.
Legouvé, 346, 1714, 1715.
Lehec (Henri), 1197.
Lemaistre de Sacy, 1562.
Lemaître, 1174.
Lemoine (Edouard), 678.
Lemontey (P.-L.), 1970.
Lenclos (Ninon de), 1753.
Léonard, 1670.
— (de), **42, 59, 74.**
Léonelli, 2105.
Léotard (de), **42**.
Leroux (Pierre), 347.
Lesage, 1712.
— (A.), 538.
Lescale de Vérone (de), **42**.
Lescazes (de), **59**.
Lescure (de), 2273.
Lesparre, 15.
Lesparre-du-Roc (de), **42**.
Lespès de Lostelneau, **5, 59**.
Lesueur de Pérès, 852 à 854.
Létélié (André), 1272.
Lévêque de La Basse-Moûturie, 2171.
Levère, 2184.
Leverrier, 348.
Levesou de Vesins, **42**.
— évêque d'Agen, 349.
Lévis (de), 1159.
— Mirepoix, **92, 104**.

Leydet, notaire, 74.
Lézir de Salvezou (de), 59.
Liadières, 667.
Lias (baronnie), 21.
Liégeard de Ligny, 2203.
Ligardes (Gers), 33.
Ligier, 350.
Ligonier, 138.
Limairac *ou* Limayrac, 2205.
— (Léopold), 1407.
— (Paulin), 351.
Limozin de Saint-Michel, **42**.
Lind (Jenny), 352.
Linguet, avocat, 2195.
Lion (du), **37, 38**.
— de Belcastel, **117**.
— de Gasquès, **42**.
Lireux (Auguste), 1765.
Lisle (de), 4.
Liszt, 353.
Livry (de), 2196.
Litton Bulwer (Edouard), 1783.
Loches (de), **59**.
Lomagne (vicomte de), 1355.
Loménie (Louis de), 630 à 632.
Longueval (de), **42, 59**.
Lorédan-Larchey, 1609.
Lorges (duc de), 2189.
Losse, 21.
Lostelnaud, 27.
Lot-et-Garonne, 561 à 563.
Loubatéry (de), **2, 72**.
Louis XIII, 214, 855.
— XIV, 162, 1960.
— XV, 215.
— Philippe, 221.
Louvois, ministre, 162.
Lucas (Pierre), 1115.
— de Montigny, 709.
Luce (Siméon), 1901.

Lugagnac, 23.
Lugat (de), **42, 59,** 136.
Luppé (de), **40**, 1175.
— du Garrané (J.-B. de), 539.
Lur de Saluces (de), 2186, 2197.
— (Henry), 1542.
Lusignan (L.-et-G.), 20.
Lusignan (de), **20, 59**, 1182.
Lussan, 161.
Lustrac (L.-et-G.), 21.
Lustrac (de), **21, 59, 71, 104**.
— de Canabazès, **42**.
Luxembourg (duc de), 2194, **2197**.
Luynes (duc de), 1979, 2194.
Luzech (Lot), 82.
Lyon (de), **40**.

M

Macaulay (T.-B.), 2300.
Mac-Carthy, **42**.
Mackau (baron de), 354.
Madaillan (canton de Prayssas. —L.-et-G.), 15.
— près La-Sauvetat-du-Drot. — L.-et-G.), 9.
Madaillan (de), **40, 74**.
Magen (Adolphe), 60, 104, 107, 860 à 878, 2136 à 2140.
Magnan (maréchal), 355.
Magnas, **1**.
Magneney (Claude), 1201.
Magnieu (E. de), **620**.
Magny (de), 1214.
— marquis, 1053.
— vicomte, 1189.
— (E.), 1500.
Mahul, 1472.
Maichin (Armand), 1264.
Maillé Brezé (de), 2198.
Mailly (de), 1239, 2199, 2211.

Maine (de), **60**.
Maison (maréchal), 221, 356.
Maistre (comte de), 525.
— (Xavier de), 1749.
Malateste (de), **42**.
Maleprade (de), **42**.
Malfilâtre, 1667.
Malherbe, 1655.
Malleville (de), 2200.
Malus (Jean), 157 à 160.
Malvès, 27.
Malvezin (Théophile), 1338, 2109.
Malvin de Montazet, **42**, 357, 2184.
Mandrot (A. de), 2218, 2219.
Mansour Kaïetbey, 358.
Manzoni (Alexandre), 1767.
Marbotin (de), 1176.
Marcadis (L.-et-G.), 161.
Marcellus (comte de), 880, 881.
Marchais, 136.
Marchand (Prosper), 536.
Marchegay (Paul), 575.
Marches (A. S. des), 1292.
Maret (duc de Bassano), 359.
Marfori, 360.
Marguerite de Valois, 577.
Marquessac (baron H. de), 1356.
Marquetel (de), 2199.
Marsan (de), **40**.
— (prince de), 2202.
Martel, 4.
Martel de Lagalvagne de Charmont (de), **42**.
Martin (L.-Aimé), 1608.
— (Théodore), 1533.
Martineau, **80**.
— (Miss), 1773.
Martres (de), 2173.
Marvaud (F.), 2154.
Mas d'Agenais (L.-et-G.), 79, 214.

Mas Paysac (du), 1420.
Mascaron, évêque d'Agen, 2141.
Masparault (de), **40**, **42**.
Masquart (de), **117**.
Massac (de), **42**.
Massas (de), **40**.
Masséna, duc de Rivoli, 361.
Massillon, 1577.
Massol, 2195.
Masson, 111, 1376.
— notaire, **71**.
— (Frédéric), 618.
Matagrin (Amédée), 1422, 1424.
Mathieu (de), **96**.
— (abbé D.), 1495.
— de La Drôme, 362.
Mathilde (princesse), 203.
Maulde (de), 770.
Mauléon (de), **35**, **60**, **104**.
— (J.), évêque de Comminges, 152.
Maupas (de), 2053.
Maurelle (de La), **3**.
Maurès (de), **60**.
— (Anne), 166.
Maurilhac (de), **6**.
Mauroux, 5.
Maury (cardinal), 363.
Mauvezin (baronnie. — L.-et-G.), 5, 14, 54.
Mauzac (de), **90**.
Mayenne (duc de), 5, 364.
Maynard, 104.
— (Géraud de), 1469.
Mazade de Perein (de), 2200.
Mazarin (cardinal), 365.
Mazas (Alexandre), 2070.
Mazelières (de), **60**, **104**.
Mazens (L.), 1474.
Mazières, 16.

Méhoul, 74.
Meilhan (L.-et-G.), 90, 2199.
Melet (de), **42, 117, 120**.
Mellet (de), 1150.
— de Bonas, 2209.
Melon, 1139.
Mende (Lozère), 2202.
Menaux (L.-et-G.), 96.
Ménestrier (C.-Fr.), 1057 à 1059.
— (P.-F.-C.), 2067.
Mennechet (Edouard), 1835.
Menou (Antony de), 1804.
Mercier de Sainte-Croix, **42**.
Mérilhon (Joseph), 366.
Mérimée (Prosper), 367, 1792, 1793, 1857, 2060 à 2062.
Méritens (de), 2197.
Merle de Massonneau, **42**.
Merville, 1707.
Méry, 368.
Mésanger (de), **4**.
Metge (de), **60, 72**.
Métivier (J. de), 1349, 2105.
Meung de La Ferté (de), 2199.
Meyrueis (Ch.), 1786.
Meyzieu (de), 2191.
Mézeray (de), 1881.
Mézin (L.-et-G.), 114, 151.
Michaud, 1900.
Michel (Georges), 500.
Michelet (J.), 1856, 1882, 1883, 2002, 2281.
Mignet, 369, 2321.
— de Bussy, 1076.
Millac de Croizac, **42**.
Milleville (Henry-J.-G. de), 1218.
Milton, 1649, 1650.
Minaudière (La), 4.
Miot, 370.
Mirabeau (comte de), 709.

Miradoux (Gers), 143.
Mirambat de Laval, 146.
Mirambeau, 5.
Mirambeau (de), 116.
Miran (marquisat), 5.
Mirepoix (de), 2205.
Missandre (de), **42, 125**.
Mistral (Frédéric), 371.
Mocquart (Constans), 372.
Molière, 1693, 1697.
Molimard (de), **60**.
Monblan (comté), 5.
Monbrison (G. de), 1916, 1917.
Moncalm de Gozon (de), 2184.
Moncaut (L.-et-G.), 109.
Monclar (L.-et-G.), 73, 96.
Moncuquet, 5.
— (seigneurie. — Tarn), 138 à 141
Mondenard (de), **109**.
Mondran (de), 2173.
Monestay de Chazeron, **42**, 162.
Mongayral de Cazelle, **40**.
Monlezun (de), **40, 42**.
— (abbé J.-J.), 1357.
— Campagne, **5**.
— De Lupiac, 2174.
— de Saint-Padon, 2204.
Monluc (de), **6, 58, 86**, 144, 375.
— (Blaise), 5, 40, 104, 373, 574, 1912 à 1914, 2115.
Monmerqué (de), 2199.
Monroq, 376.
Mons (de), **72**.
Mont (de), **40**.
Mont-de-Marsan (Landes), 152.
Montagu (marquis de), 2236, 2238.
Montagut de Mondenard (de), **60**.
Montagudet, 23.
Montaigne (Michel), 1594, 1595.

22

Montaigu, 5.
Montalembert (de), **42**, **73**, 164, 2191.
— (comte), 377, 530, 568, 665, 1570.
Montalivet (comte de), 378, 2045.
Montastruc, 14.
— (Armagnac), 31.
Montaut (de), **40**.
Montay (Quercy), 5.
Montayral (seigneurie. — L.-et-G.), 130.
Montcalm (de), 2201.
Montesquieu (L.-et-G.), 161
Montesquieu, 1737, 1848, 2192.
Montesquiou (de), **40**, 2176.
— (marquis), 641.
— Fézenzac, 1430.
— de Lasseran, **6**.
Montelon (L.-et-G.), 13.
Montferrand (de), **8**, **40**, **61**.
Montfleury (de), 1700.
Montgaillard (abbé de), 2004.
Montgrand (comte Godefroy de), 1518, 1522.
Montlosier (comte de), 2028.
Montméjean (de), **4**, **42**.
— (J.-Joseph), 130.
Montmorency-Luxembourg, 1180.
Montolieu (Isabelle de), 1781.
Montpensier (duc de), 2024.
Montpezat (L.-et-G.), 3.
Montpezat (de), **40**, **42**, **61**, **103**, **104**, 165.
— Carbon, **30**.
Montréal (Agenais), 4.
Montrevel (maréchal de), 379.
Montrol (F. de), 645.
Montsavignac, 5.
Montwiel (L.-et-G.), 15, 40.

Moore (Thomas), 1652.
Morangiès (de), 2191.
Morel (A.), 672.
Morin (de), 2208.
— (Jacques), 1067.
— du Sendat, **110**.
— — (J.-H.), 146.
Morinerie (baron Léon-Michel de La), 1265.
Morlan (de), 2204.
Mornay (Mme de), 581.
Morny (duc de), 188, 580.
Mothe-Ando (La), 1.
Mothe-Belloc, 1171.
Mothe-Mazères (La), 4.
Mothe-Rouge (La), 4.
Mothes (de), **61**, **119**.
— de Blanche), **42**.
Motte Ango de Flers (La), 1257.
Motteville (Mme de), 582.
Moulenq (François), 882, 1415 à 1418.
Mounier, 641.
Mourcin (de), 1427, 1428, 1485.
Mourgues, 73.
Mourlens (de), 2184, 2191.
Mucy (de), **61**.
Mulle, **119**.
Mullié (E.), 537.
Mun (de), 2199.
Munoz (Fernando), 381.
Muraille (de), **2**, **117**.
Murat Lucien, 382.
Muret (Théodore), 687.
Musset (Alfred de), 383, 1682, 1683, 1764.
— (Paul de), 2251.
Mussey (J.), 2155

N

Nadaud (abbé Joseph), 1483.

Napoléon I*er*, 460.
— III, 206, **2283**.
Naquet, 384.
Narbonne (de), **5**.
— Florensac, 2201.
— Lara, **42, 62**.
— — (duc), 384.
Nargassier (de), **2**, 135.
Nasse (J.), 884.
Nathalie, 386.
Nathan, 387.
Naux (L.-et-G.), 4, 72., 40.
Navailles (duc de), 1967.
Necker, 1996.
Nemours (duchesse de), 1941.
Nérac (L.-et-G.), 74, 104, 114, 119.
Nettement (Alfred), 388, 2012.
Neufville (A. C. de), 2163.
Ney (Napoléon), 389.
Neymet (de), **42, 62, 72**.
Nicole (L.-et-G.), 143.
Nicollière (Stéphane de La), 1299.
— Teijéro (S. de La), 2094.
Niel, 390.
— (Georges), 1377.
Nigra (chevalier), 391.
Nisard (Charles, 2269.
Nivet de Dugny, 224.
Noailles (duc de), 1953, 1961.
— (marquis de), 576.
— (vicomtesse de), 2242.
Nodier (Charles), 1715, 1851.
Noé (de), **40**.
Noël, 885, 886.
Nort (de), 22, **40, 62**.
Noubel (Henri), 887.
Noulens (J.), 1181, 1184, 1185, 1250, 1324, 1433, 1434, 1437, 1439, 1503.
Nozié de Laval (de), 2179.

O

Oberkampff, 1549.
Oberkirch (baronne d'), 1997.
Old Nick, 1763.
Olivet, 2265.
Ollivier (Emile), 392.
Orange (prince d'), 393.
Orbessan (d'), **62**.
Orléans (duc d'), 2036, 2040.
— (duchesse d'), 1973 à 1975, 2034, 2035, 2059.
Orly de Mothes (d'), 146.
Ormaney (d'), 1188.
Ornano (comte d', maréchal, 394.
Ornezan (d'), **62**.
— d'Orbessan, **40**.
Orthe (vicomté), 40.
Osmond (Eléonore-Adèle d'), 1809.
Ossun (d'), **40**.
Ostervald (J.-F.), 1563.
Ouches (comte d'), 2194.
Ovide, 1644.
Ozi (Aline), 395.

P

Page (Mlle), 396.
Pagès (de), 2194.
Pailleron (Edouard), 1729.
Paillet, 680.
Palanque, 680.
Palherols, 2194.
Palisse (La), 14.
Paloque (de), **42, 63**.
Panafieu (de), 2205.
Panhard (Félix), 2071.
Papon (Jean), 99, 513.
Papus (de), 2202.
Parades (de), 152.
Paradin (Claude), 1190.
Paramelle (abbé), 1613.

Paravis (L.-et-G.), 152.
Parazols, 9.
Pardaillan (L.-et-G.), 5, 14.
Pardaillan (de), **40, 63, 97,** 1181.
— de Lamothe-Gondrin, **6**.
Paris (comte de), 2311.
— (Louis), 708.
— de Montmartel, 2194.
Parny (Evariste), 1663.
Pascal (Blaise), 1574 à 1576, 1596.
Passelaygue (de), **63**.
— de Sécrétary, **42**.
Patras (de), **33**.
Paty (de), **42**.
Paulliac, 40.
Paulo (de), 2204.
Paupaille, **119**.
Pautet (J.-F.-J.), 1060.
Pavée (de), 2194.
Pavillet, 124, 1476.
Payen de Boisneuf, 1152.
Pé (de), **63**.
Pécaubel, 125.
Péchalvet, 13.
Péchose (de), 42.
Pechpeyron-Beaucaire (de), 40.
Pechpeyrou (de), 1157.
Pechsec (Quercy), 5.
Péglion (de), 2194.
Pélambert, 44.
Pélignot de Bourray (Gabriel-Hector), 110.
Pellegrue (de), **23, 63,** 2204.
Pelletier (abbé Victor), 1506.
Pelletot (de), 2202.
Pellevé (Raoul de), 1922.
Pellicier, (de), **4**.
Pellisson, 2265.
Pène (H. de), 2064.
Pépoli (Joachim), 397.

Pérès (J.-B.), 888, 889.
Pérey (Lucien), 633.
Perreau, 245.
Perricard (L.-et-G.), 18, 24.
Persy (de), **42**.
— de Mondésir, **63**.
Perthuis (Alexandre), 2094.
Pérusse d'Escars (de), 40.
Petit, 2177.
Petilier de Chaumail, 2198.
Peyrecave (de), 40.
Peyrelongue, 40.
Peyrières (L.-et-G.), 13.
Peytes (de), 2184.
Philippe (de), **64**.
Pibrac (de), 1482.
Pic de La Mirandole (Dominge), 398.
Picard (J.-B.), 1711.
Piccioni (Antoine), 512.
Pichon (baron), 399.
Picot (de), **42,** 2204.
Piis (de), **63, 71**.
Pilot (J.-J.-A.), 1521.
Pingaud (L.), 579.
Pins (de), **40**.
Pinteville (de), **29**.
Piolenc (marquis de), 1520.
Pitre-Chevalier, 400.
Place (de La), 1750.
Plan (de), 2203.
Pleix (du), **40**.
Pline-Le-Jeune, 524.
Plissonnières, 4.
Plutarque, 2278, 2279.
Pointe (F. de La), 1068.
Poitiers (Diane de), 72.
Pol de Courcy, 1096.
Polastron (de), **64, 92, 104**.
Polybe, 2277.
Pomaré (reine de Tahiti), 401.

Pompadour (Mme de), 121.
Pons (de), **64**, 136.
— (prince A. de), 1540.
Ponsard (F.), 1715 à 1717.
Pont de Beaulac (du), **64**.
Pontajon (de), **42**, **64**, 76.
Pontmartin (Armand de), 402, 1842 à 1844.
Pope, 1651.
Poplimont (Charles), 1230.
Port-Sainte-Marie (L.-et-G.), 4, 73, 130, 142, 143, 152, 216.
Portalis, 403.
Porte (La), 1423.
— (Armand de La), 1514.
Portets (de), **64**.
Possesse (Maurice de), 2160.
Potier de Courcy, 1296, 1297.
Poudenas (L.-et-G.), 13, 132, 1140.
Pouget, 892.
Poujade (La). 18.
Poulet-Malassis (A), 2267.
Poullain de Trémons (de), **42**, **64**.
Poullard, **64**.
Poulpry (de), 2184.
Poussard (de), **104**.
Pouverseau, **64**.
Pradel (comte de), 2041.
Pradeles, 136.
Prat (du), **34**.
— (marquis), 1243, 1247, 2239, 2240.
— (Mme), 2241.
Prats, 18.
Preissac, **64**.
— (de), 2202.
— de Maraval, 2181.
Prévost (abbé), 1740.
— de Charry, **40**.
Prompsault (J.-L.), 1309.

Prudent (Emile), 404.
Prune-Cardonnac (de La), 2204.
Puch (de), **42**.
Puch-Gensac, 23.
Puget (Loïza), 405.
Pufendorf (Samuel), 544.
Pujols (L.-et-G.), 12.
Puntis (de), 2208.
Puycalvary (L.-et-G.), 61.
Puymaigre (comte A. de), 657.
Puymirol (L.-et-G.), 73, 96.
Puyol (abbé), 1285.
Puypardin, 161.

R

Rabanis (J.), 1322, 1431.
Rabelais (François), 1733.
Rabutin (de), **65**, 1293.
Racan, 1655.
Rachas (de), 2195.
Rachel, 406.
Racine (Jean), 1694, 1695.
— (fils), 1660.
Raffin (de), 24, **42**, **62**, **65**, **104**, 163.
— d'Hauterive, 2204.
Raignac (de), **2**, **42**.
Ramière (de La), **42**.
Ramond de Carbonnières, **78**.
Rance (de), **42**, **65**.
Rangouse, **4**
— (de), 894.
Ratazzi (Létitia), 407.
Rauzan, 15.
Ravenez (L.-W.), 1343.
Raymond, 2316.
— (de), **25**, **42**, **71**, **99**, 116, **117**, 1147.
— (Damase), 2305, 2317, 1829, 1830.

Raymond, (Florimond), 1584 à 1589.
— (Paul), 1389.
— Bernard, **65**.
— de Folmont, **78**, **108**.
— de Lagrange, **72**.
Raynaud (Maurice), 1838.
Réal (Pierre-François), 408.
Rébouis (H.), 895.
Reboul (Jean), 1688.
Récamier (Mme), 2248.
Recours (Gaétan), 73, 896, 897.
Redon (de), **42**, **69**, **74**, 136, 152.
— (J.), 1145.
Regnard, 1702.
Régnault de Saint-Jean d'Angély, 409.
Reilly (abbé Patrice John O'), 2101, 2103.
Reinhold-Dézeimeris, 899, 2104.
Remond (C. de), 1930.
Rémusat (Charles de), 2304.
Renan (Ernest), 410, 2288, 2289.
Rendu (Ambroise), 411.
Rességuier (de), 2178.
Retz (cardinal de), 1941.
Revel (de), 2207.
Reverseaux (de), 2196
Reybaud, 412.
— (Louis), 1755.
— (Mme Charles), 1814.
Reyre de Palaumet (de), **42**.
Riario Sforza, 413.
Ribbe (Charles de), 635, 1890, 2233.
Ribeyre (Félix), 1617.
Ricard (abbé Antoine), 1606.
Richelieu (duc de), 2197.
Rietstap (J.-B.), 1225.
Rieu (du), **42**.
Rigal (de), **42**.
Rigault (Hippolyte), 1610.

Rimonteil (de), **42**.
Riocour (comte de), 1234.
Rissan (de), **42**, **65**.
Rive (W. de La), 2297.
Rives (de), **42**.
Rivière (Henri), 1825.
— De La Bâtie (G. de), 1312.
Robersan (comtesse J. de), 2149.
Robert, notaire, 71.
— (de), **42**.
— (F. des), 583.
Rocafort (de), **6**.
Rochau (de), 2022.
Roche (de), **42**.
Roche-de-Guimps (de La), 3.
Roche de Sainte-Livrade (de), **42**.
Roche La Carelle (Ferdinand de La), 2156.
Rochechouart (comte de), 1246.
Rochefort (Henri), 2332.
— Montreuil, **126**.
Rochefoucauld (de La), **42**, 641, 1602, 1603, 1944.
— Liancourt, 414, 1866.
Rocherand de Laroche (de), **42**.
Rœderer, 415.
Rogale, 2205.
Roger (Abraham), 2280.
— (Pierre), 1081, 1219, 1509.
— de Bellegarde, **2**.
Roi (J. A. L.), 588, 1453.
Roland (Mme), 643.
Rollin, 1638, 2276.
Ronce de Colombel (de La), 2196
Roncherolles (de), 2193.
Roque (de La), 2198.
— (Gilles-André), 1237.
— (Louis), 1126, 1457 à 1460.
Roquecor, 24.
Roquefeuil (de), **88**.

Roquefort (César de), 2325.
Roquelaure, 109.
Roquelaure (de), 161, 2166.
Roquemaure (de), 1156.
Roquépine (Mlle de), 416.
Roqueplan (Nestor), 417.
Roquesérière (Haute-Garonne), 5.
Rossanne (de), **42**.
Rossini, 418.
Roth, 2316.
Rothschild, 419 à 421.
— (James), 2271.
Rotrou, 1703, 1711.
Roucoutelle (Rouergue), 4.
Rougier de La Bergerie, 901.
Rouher, 422.
Rouland, 423.
Roure (marquis du), 2197.
Rousseau (Jean-Jacques), 1851.
Rousseau (Jean-Jacques), 1851.
Rousset (Camille), 599, 1982
Rouvray (de), 2196.
Roux, **42**.
— de Laval, 119.
— — (Louise), 146.
— de Pauliac, 2203.
Roy (Le), 12.
— de Boussol-Vassal, **72**.
Royer (Ernest Le), 424.
Royon Roy de Bonneval, **42**.
Rozières, 77, 84.
Ruble (Alphonse de), 425, 571, 700, 1383, 1384.
Rufies (de), 2205.
Russel (T.-J.-R.), 1530.

S

Sabaros (de), **2**, **4**, **42**.
Sabat (de), **42**.
Sabatier (Abel), 163 à 165.

Sacriste, **119**.
Saffin (de), **42**.
Sage (Le), **40**, 1742.
Saige (Gustave), 1251, 1545.
— (Le), **66**.
Sailhas (de), 1436.
Saint-Allais, 1208, 1209, 1233, 1558, 2068, 2084.
Saint-Amand (Imbert de), 1897.
Saint-André (Agenais), 4.
Saint-Aulaire (comte de), 1939.
Saint-Bauzel, 9.
Saint-Epain (de), 1087.
Saint-Exupéry (de), **71**, **117**, 1253.
Saint-Félix (de), 2177, 2184.
Saint-Genin (Victor de), 1526.
Saint-Géry (Lot), 1.
Saint-Géry (de), **1**, **40**.
Saint-Gillis (de), **2**, **42**.
Saint-Julien de Corbières (de), 2184.
Saint-Lary de Bellegarde, **40**.
Saint-Laurens, 4, 14.
Saint-Léonard (Gers), 6, 71.
Saint-Loubès, 5.
Saint-Luc (marquis de), 142.
Saint-Macaire, 99.
Saint-Marc Girardin, 1831.
Saint-Martin (de), 2204.
Saint-Mauris (C. E. P. marquis de), 2164.
Saint-Pardoux (L.-et-G.), 13.
Saint-Pierre (de), 4.
Saint-Pierre de Laval, 4.
Saint-Pons, 1233.
Saint-Roch, 725.
Saint-Simon (duc de), 594, 1945 à 1948.
Sainte-Albine (Rémond de), 1893.
Sainte-Beuve, 426, 1832 à 1834.
Sainte-Colombe, **92**.

Sainte-Colombe de Tournade, **42**.
Saintfoix (de), 604.
Sajas (de), **66**.
Salelles, 2184.
Sales (de), 2206.
Salles (Henri des), 2093.
Salvandy (de), 427.
Salvagnac (Lot), 1.
Samatan, 5.
Samazeuilh, 74.
— (J.-Fr.), 110, 114, 136, 902 à 913, 1320.
Sand (George), 428, 1714, 1715, 1797, 1798.
Sandeau (Jules), 429, 1815.
Sandret, 104, 121, 1137.
Sangosse, 1161.
Sansac (comté), 44.
Sansac (de), **42**.
Sapey, 430.
Sapte (de), 2184, 2191.
Sardou (Victorien), 1720, 1721.
Sariac (de), **122**.
Sarrau (de), **2, 42, 66, 117**.
Sarrauzet, 4.
Sarrazin (de), 66.
— de Caillade, **42**.
Sarrut (Germain), 1535.
Sartiges (de), 2167.
— d'Angles (baron de), 1404.
Sartines (de), 1987.
Sassenay (comte Ferdinand de), 1552.
Saulabère, 4.
Saubimont, 5.
Saulnier (Frédéric), 1302.
Saumont, 40.
Sauterisse, 136.
Sauvage, **119**.
Sauvagnas (L.-et-G.), 73.
Sauveterre (L.-et-G.), 14.

Sauzay (comtesse de), 2158.
Savary (René), duc de Rovigo, 431.
Savignac, 22, 40.
Scribe, 1715.
Scriwaneck, 432.
Scoraille (de), **42**.
Scorbiac (de), **42**.
Sébastiani, maréchal de France, 433.
Secondat (de), **42**.
Sedaine, 1713.
Sédilhac (de), **66**.
Sediller, 245.
Ségla (de), 2207.
Ségur (de), **6**.
— (L.-P.), 2314.
Seignan (de), 2207.
Seissan (de), 2206.
— de Marignan, 2182, 2203.
Selves, 4.
Sémainville (comte P. de), 1080.
Senaux (de), 2200, 2203.
Sénemaud, 1091.
Sénèque, 521.
Sénigon (de), **42**.
Séré (Ferdinand), 1625.
Sérignat (de), 2184.
Serret (Jules), 914 à 916.
Sers de Nogarède (de), 2204.
Sévigné (marquise de), 1954 à 1958.
Sevin (de), **4, 42, 66, 71, 72, 83**, 127, 136, 152, 1142.
— (L.), 794.
— du Pécile, 1186.
— Miramion, **97**.
Skeahspeare, 1648.
Sibault de Saint-Médard, **42, 66**.
Sicille, 2217.
Silvio Pellico, 1768.
Siméon (comte de), 434.
Simon (Henry), 2085.

Simorre, 4.
Sing'ande (de), **4, 42**.
— (R. P.), 589.
Sireuilh, **37, 38**.
Sirven, 1143.
Sismondi (de), 1880.
Smolett, 2301.
Solages (de), 2201, 2206.
Solle (de), **66**.
— (Jean), 1371.
Sollier (du), **119**.
Sommières, 2194, 2203.
Sorbier, 1310, 1605.
— de La Tourasse, **73**.
— (du), **42, 101**.
Sorel (Alexandre), 1451.
Sos (L.-et-G.), 130.
Soubdès, 86.
Soulary (Joséphin), 1684.
Soulié de Monbrison (J.-B.), 146.
Soult (maréchale), 435.
Soultrait (comte George de), 1291, 1499.
Soumet (Alexandre), 1708.
Sourches (de), 1959, 2207.
Soyecourt (comte de), 1088.
Sponde, 1582.
Spontini, 436.
Staël (Mme de), 1854.
Stahl (P.-J.), 1764.
Statford de Redcliff, 437.
Stein d'Altenstein (baron de), 1538.
Stendhal, 1775.
Sterne, 1714.
Sternhein (Mlle de), 1741.
Stirbey, 438, 439.
Stoffel (baron), 675, 2058.
Sue (Eugène), 440, 1778.
Suétone, 2284.
Sully (duc de), 1924.

Sulpice Sévère, 1567.
Suquet, 116.
Suriray de La Rue, 1475.
Swetchine (Mme de), 2252.
Swift, 1751.
Syrueilh, 1918.

T

Taillandier, 441.
Taine (H.), 442, 639, 2054.
Talazac de Bahus, 40.
Tallemant des Réaux, 1937.
Talleyrand (prince de), 443.
— Périgord, **42**, 1180.
Talon, **122**.
Tamizey de Larroque (Philippe), XI, 8, 125, 917 à 1027, 2143, 2149, 2150.
Tanus (de), 2201.
Tapie, 137, **152**.
— de Monteils, **67**.
Tapol (de), **67**.
Tarbes (Hautes-Pyrénées), 5.
Tardieu, 2014.
— (Ambroise), 540, 541, 1276, 1280, 1281, 2089.
— Lisle, **67**.
Tascher (de), 2246.
— de La Pagerie, 444.
Tasse (Le), 1646.
Taste (La), **4**.
Tastes (de), **119**.
— de Labarthe, **42**.
Tavannes, 1943.
Tavernier de Boullongne, 2201.
Tayrac (L.-et-G.), 4.
Tayrac (de), 2206.
Tenet (de), 2206.
Ténot (Eugène), 2050.

Termes-Dubroca, notaire, 115.
Tersac de Monbercau, **67**.
Thackeray, 1822.
Thémines, 1166.
Théophile, 1656.
Thézan (Denis de), 8, 121, 1481, 2172, 2201.
Thèze (de), 1151.
Thibault (Ch.-Th.), évêque de Montpellier, 445.
Thierry (Augustin), 1876.
Thiers (Adolphe), 446, 2003.
Thil, 94.
Thoiras (de), **5**.
Tholin (G.), 1028 à 1044.
Tholouze (de), **73**.
Thou (J.-A. de), 1893.
Thouin (Gabriel), 1633.
Thuret (Mme E.), 622.
Tillet (du), 2191.
Tilly (comte de), 2008.
Timbrune *ou* Tnimbrune (de), **42**.
— de Valence, **4**, **67**, **104**.
Timon, 2043.
Tirel (L.), 669.
Tisserand (abbé E.), 1523.
Tollemer (abbé), 1505.
Tombebouc (L.-et-G.), 12.
Topffer, 1766.
Torry, 13.
Touchard-Lafosse (J.), 1259.
Touche (de La), 4.
Toullier, 447.
Toulouse (Haute-Garonne), 2207.
Toulouse-Lautrec (comte Raymond de), 1479.
Toumieux (Zénon), 1490.
Tour (de La), **4**, **6**.
— d'Aillane (Jean), 1691.
— de Langle, **82**.
— du Pin, 1248.

Tour de Fontirou (L.-et-G.), 74.
Tourneux, 2254.
Tournon (L.-et-G.), 72, 73.
Tournon (comte de), 1544.
Tourtarel (L.-et-G), 22, 40.
Tourte-Cherbuliez, 1777.
Tourtoulon (Ch. de), 1089, 1471.
Touton, **97**.
Trabouilhet (Louis), 1113.
Trébons, 4.
Treilhard, 641.
Tremoille (duchesse de La), 148.
Treneuil, 1672.
Trenquelléon (Ch. de), 1045.
Tréveret (Jules de), 713.
Trévey (de), **42**.
Trochu (général), 2057.
Trognon (Auguste), 2046.
Tropamer (Henri), 1186.
Tropenat de La Nauze (de), **67**.
Tuquet (L.-et-G.), 40.
Tuquo (Agenais), 4.
Turgot, 449.

U

Uchard, **1557**.
Urvoy (d'), **4**.
Uzès (duc d'), 2185, 2195.

V

Vacqué de Falagret, **26**, 2184.
Vaissette (dom), 1455.
Valence, 4.
Valette (La), 1.
Valon (Alexis de), 1788.
Valori (de), 2187.
— (Ch.), 686.
— (prince Henri), 1524.
Vandal (Albert), 609.
Vander-Burch, 450.
Vandomois (de), **6**.

Vannoz (Mᵐᵉ de), 1671.
Vapereau (G.), 2323.
Vaquier (de), **119**.
Varax (Paul de), 4497, 1498.
Varenne (Charles de La), 2296.
Varoquier (de), 2203.
Vasili (Paul), 2312.
Vassal (de), **42**.
— (C.), 1508.
Vatel, 642.
— (Charles), 1985.
Vatismesnil, 451.
Vatout (J.), 2038.
Vaucocour (de), 1435.
Vaudrey, 452.
Vaugondy (Robert de), 557.
Vaulabelle (Achille de), 2021.
Vaulx (de), 1470.
Veauce (baron de), 514.
Vedel de Lamothe, **27**, **42**, **68**.
Vedel-Montel (de), 2197.
Velu de Clairfontaine (Le), **42**.
Vento (Claude), 2259.
Verdier (du), **40**, **68**.
Verdun (de), **28**.
— Labarthe-Béchade, 1163.
Verdusan *ou* Verduzan (de) **5**, **68**, **97**, **104**.
Vergès (de), 136.
— de Cazeaux, **68**.
Vergnes (de), **68**.
Verneilh (baron de), 1112.
Vèrnéjoul (de), **42**
Vernhes (de), 2203.
Vézins (de), **40**.
Vian (Louis), 615, 2262, 2263.
Viau (de), **2**.
Vicmont de Tournecoupe (de), **68**.
Victoria (reine), 1534.
Viel-Castel (comte Horace de), 1240, 1994, 2051.

Viella, **68**.
Viellart, 245.
Vienne (de), 2203.
Vigier (de), **71**.
Vignerod (de), 136.
— Duplessis-Richelieu, **42**.
— — (Emmanuel-Armand), duc d'Aiguillon, 170.
— — (Louis-Armand), 454.
Vignes (de), 7192.
Vignial, 18.
Vigny (Alfred de), 1761.
Vilatte (de), **42**.
Vilemore (de), 2196.
Villard, 19.
Villars (duc de), 1950.
— (Mᵐᵉ de), 1952.
Ville (de La), **42**.
— de Lacépède, **68**.
— de Mirmont, 1711.
— Vieille, 2203.
Villebeau, 12.
Villefranche-du-Cayran (L.-et-G.), 114, 150.
Villemain, 455.
Villemessant, 456.
Villemot, 457.
Villeneuve, 142.
— d'*Agenais*, 152.
Villeneuve (de), **123**, **124**.
— Arrifar, 124.
— Bargemont (C. comte de), 1046.
— Guibert (comte), 613.
Villepreux (Louis de), 1047, 1048.
Villeréal (L.-et-G.), 71.
Villeréal-Lassagne (de), **68**.
Villers (Henri de), 2044.
Villevieille (dom), 1232.
Villiers (de), 167.
Viollet-Le-Duc, 696, 1627.

Virac, 1388.
Virey (Claude-Enoch), 1929.
Vitet (L.), 1624.
Vitrolles (baron de), 660.
Vitu (Auguste), 121, 1837, 2228.
Vivans (de), **69**.
Vivant (de), **37**, **38**, **107**.
Vivent (de), 1149.
Vivès, 136.
Volat (Jules), 1050.
Volney (C. F.), 1873.
Voltaire, 1705, 1849.
Voysin, 162.

W

Walckenaer, 1836, 2231.
Walsh, 458.
Walter-Scott, 1752.
Waroquier de Combles (comte de), 1052.

Washington, 2322.
West (Gratien), 2055, 2056.
Wetherell (Elisabeth), 1787.
Witt (Pierre de), 2229.
Wurtemberg (Catherine de), 201.
Wyse (princesse Létitia), 204.

Y

Yanoski (Jean), 1902.
Young, 526.
— (Arthur), 1867, 1999.
Yriarte (Charles), 2063.
Yusuf, 459.

Z

Zeller (comte de), 1084.
— (Berthold), 1927.
Zévort (Edgard), 610.

TABLE DES MATIÈRES

	Pages
Extrait du testament de Mme la comtesse de Raymond.	I
Mme la comtesse Marie de Raymond, par M. Ph. Tamizey de Larroque....................	XI
Mme la comtesse Marie de Raymond, par MM. Ad. Magen et G. Tholin....................	XXI
Etat du fonds de Raymond. Divisions du catalogue..	XXXVII

PREMIÈRE PARTIE.

GÉNÉALOGIES ET DOSSIERS GÉNÉALOGIQUES............	1
Notes et copies de pièces à utiliser pour les généalogies..................................	28
Documents originaux. Titres de famille. Manuscrits.	41
Autographes.......................................	61
Collection de cachets armoriés...................	92
Lettres de faire-part de mariages, naissances, décès.	92

DEUXIÈME ET TROISIÈME PARTIE.

BIBLIOTHÈQUE......................................	95
Théologie...	95, 198
Jurisprudence.....................................	95, 200
Sciences et arts..................................	95, 201
Belles-lettres....................................	96, 304
Histoire..	97
— Prolégomènes........................	97, 224
— Histoire universelle................	98
— Histoire des religions..............	98

Pages.

Histoire. Histoire de France	99, 225
— — Inventaires sommaires	99
— — Moyen âge	100, 228
— — Seizième siècle	100, 228
— — Louis XIII	101, 213
— — Louis XIV	102, 231
— — Louis XV, Louis XVI	104, 235
— — Période révolutionnaire	106, 237
— — Epoque moderne	109
— — — Premier Empire	238
— — — Restauration	239
— — — Louis-Philippe	240
— — — République	110, 241
— — — Second Empire	110, 242
— — — République	243
— Archéologie	112
— Sociétés savantes. Revues	112
— Journaux	113
— Bibliographie	113, 271
— Mélanges	114
— Auteurs agenais. Histoire de l'Agenais. Livres imprimés dans l'Agenais	115, 250
Bibliothèque héraldique	145, 243
— Histoire et traités généraux. Manuels du blason	145, 243
— Devises. Cris de guerre	146
— Ordres de chevalerie	147, 243
— Histoire de la noblesse et de la féodalité.	244
— Histoire, organisation, législation de la noblesse	148
— Almanachs nobiliaires	151
— Journaux. Revues	153, 276
— Factums, mémoires, pièces de procédure, arrêts	153, 256
— Histoire des maisons nobles de l'Europe.	159
— Maison royale	160
— Charges, dignités	161
— Histoire des maisons nobles en général.	161

Pages.

Bibliothèque héraldique. Histoire des maisons nobles en particulier.....			164, 254
—	Provinces		166, 246
—	—	Alsace	166
—	—	Angoumois......	167
—	—	Anjou....	167
—	—	Aunis et Saintonge.........	167, 246
—	—	Auvergne..................	168, 246
—	—	Béarn. Navarre. Pays de Foix.	169
—	—	Bourbonnais	169
—	—	Bourgogne	170, 246
—	—	Bresse....................	170
—	—	Bretagne	170, 246
—	—	Champagne	171, 247
—	—	Comtat-Venaissin	171
—	—	Corse.....................	171
—	—	Dauphiné	172
—	—	Flandres..................	172
—	—	Guienne et Gascogne........	172, 247
—	—	Ile-de-France.........	184
—	—	Languedoc............. ...	185, 253
—	—	Limousin..................	188, 253
—	—	Lorraine	189, 254
—	—	Lyonnais..................	189, 254
—	—	Nivernais	189
—	—	Normandie.................	190, 254
—	—	Orléanais	190, 254
—	—	Paris.....................	254
—	—	Picardie...................	190
—	—	Poitou	191
—	—	Provence..................	191
—	—	Savoie....................	192
—	—	Touraine	192
—	Etranger.................		192, 267, 272

TROISIÈME PARTIE.

Manuscrits 197

		Pages
Belles-lettres. — Rhétorique.....................		204
— Poésie.......................		205
— Poésie dramatique................		209
— Fictions en prose................		213
— Philologie. Critique littéraire. Ans, etc..................		220
— Polygraphes................		222
.. Histoire........................		224
— — Biographies		268
Objets divers.....................................		277
Meubles..		278
Index...		279
Table des matières................................		313

AGEN, IMPRIMERIE VEUVE LAMY, RUE VOLTAIRE, 43

www.ingramcontent.com/pod-product-compliance
Lightning Source LLC
Chambersburg PA
CBHW050752170426
43202CB00013B/2401